Martin ZWEIG

ACHETER EN BOURSE AU BON MOMENT

Traduit de l'américain par Franck PAULY en collaboration
avec Antoine DUBLANC et Daniel BRAESCH

« Acheter en Bourse au bon moment » - © VALOR Editions, 1999.
82B avenue des Mimosas - 64700 Hendaye - Tél Paris: 01 48 78 07 77.
Adresse internet : http://valor-editions.com
© Le Journal des FINANCES - 10, Place du général Catroux - 75017 Paris

« Winning on Wall Street » - © Warner Books, 1997.
1271 Avenue of the Americas, New York, NY 10020

Photographie en couverture - © William Whitehurst / The Stock Market

ISBN : 2-909356-15-9

SOMMAIRE

PREFACE

Le marché boursier du troisième millénaire. Sera-t-il différent de celui d'aujourd'hui ?

Il y a quelque trente cinq ans, à l'époque où je débutais ma carrière boursière, les traders des maisons de courtage étaient encore tenus au courant de l'évolution des cours de Bourse grâce à ceux que l'on surnommait alors les coteurs. Leur travail consistait à reproduire à la craie les cours des valeurs phares, tels qu'ils apparaissaient un court instant sur l'écran de cotation.

À l'évidence, les choses ont bien évolué depuis. De nos jours les transactions électroniques instantanées sont monnaie courante. L'autoroute de l'information « en temps réel » étend partout ses tentacules et l'économie, de domestique devient globale. Qu'est-ce que tout cela laisse présager pour les investisseurs à l'orée du nouveau millénaire ?

D'une part, nous pouvons nous attendre à une explosion des volumes traités sur toutes les Bourses de la planète. Alors que des informations de plus en plus précises et pointues sont diffusées sans cesse plus vite, il est techniquement de plus en plus facile de passer des transactions d'achat ou de vente. Un large éventail d'options s'offre aujourd'hui aux traders. Vous pouvez passer vos transactions boursières en ligne directement depuis votre PC, ou vous pouvez les passer par l'intermédiaire de maisons de courtage, certaines étant ouvertes vingt-quatre heures sur vingt-quatre.

Ensuite, la tendance aboutissant à une globalisation de plus en plus forte des économies va se poursuivre et aller en s'amplifiant. Alors que l'information instantanée est facile d'accès, il devient de plus en plus simple pour un résident américain d'acheter des actions et des obligations européennes ou asiatiques. L'inverse est tout aussi vrai. Ce type de placements est déjà monnaie courante chez les particuliers qui passent par des fonds d'investissement spécialisés.

L'information est une matière première devenue essentielle. L'Histoire nous enseigne que l'homme a toujours gagné à savoir avant les autres. L'ancêtre des Rothschild utilisait des pigeons voyageurs pour communiquer plus vite que ses contemporains. Les pigeons ont plus tard été remplacés par le télégraphe, puis par les machines de cotation et le téléphone. Nombre d'entreprises utilisent maintenant la téléconférence tant pour leurs réunions internes ou pour prendre des décisions stratégiques que pour communiquer avec les analystes financiers des grandes banques d'investissement ou publier leurs résultats financiers. Aujourd'hui l'ordinateur et le réseau Internet permettent à un nombre sans cesse croissant d'utilisateurs d'échanger facilement des informations.

À l'époque où j'allais à l'université, j'avais l'habitude de passer des heures à la bibliothèque à éplucher les annuaires édités par Standard & Poor's afin de collecter des informations sur les sociétés que j'étudiais. Aujourd'hui, il me suffit d'appuyer sur quelques touches de mon ordinateur pour obtenir une montagne de données statistiques.

Les gens ont de tout temps eu une soif insatiable d'accéder rapidement à l'information afin d'en tirer un avantage financier. C'est ainsi que de plus en plus de quotidiens, magazines, chaînes de télévision et autres lettres financières consacrent toujours plus de place à la Bourse. Peut-être avons-nous accès à trop d'informations pour pouvoir en tirer le meilleur parti. Mais, ces changements rendent-ils les choses différentes de ce qu'elles ont toujours été ?

Je ne le pense pas. Rappelons-nous que la raison pour laquelle nous voulons savoir avant les autres c'est pour devancer leur action. Mais aujourd'hui, à partir du moment où tout le monde a un accès immédiat à toutes les informations qui influencent les marchés, le jeux est au moins aussi équitable que par le passé.

Pour utiliser une métaphore, prenez par exemple l'invention des tanks et des armes automatiques. Si, pendant la Guerre de Sécession, un des deux camps avait pu avoir accès à ces armes, cela à n'en pas douter aurait été un facteur décisif. Pourtant, pendant la Deuxième Guerre Mondiale, alors que tous les belligérants disposaient de ces armes, elles n'eurent aucun effet majeur sur le déroulement du conflit. Ou plutôt, c'est la façon dont chaque camp utilisa ces technologies qui influença l'issue du conflit. Nous assistons au même phénomène avec l'investissement boursier. Alors que les mêmes informations sont virtuellement accessibles à tous, c'est la façon dont chacun les utilise qui fait la différence.

Malheureusement pour nous, le fait que nous ayons aujourd'hui accès à des informations que nous ne possédions pas hier ne facilite pas pour autant la prise de décision. Par exemple, ce n'est pas parce que nous aurions su au début des années vingt que l'industrie automobile allait révolutionner l'organisation de la société qu'il aurait été judicieux d'investir sur les titres des grands constructeurs automobiles de l'époque.

Rien n'est aussi simple. Il est toujours extrêmement difficile de choisir le bon cheval. Souvenons-nous qu'à l'époque, vous n'auriez pas eu l'occasion d'investir sur Ford qui n'était même pas coté. Par contre, vous auriez pu risquer votre argent sur des sociétés qui ont disparu depuis longtemps. Qui se rappelle de Hupmobile, Stanley Steamer, Stutz, ou bien encore Nash. ... Bien entendu, si vous aviez eu le flair d'acheter General Motors, vous auriez été gagnant dans la durée. Même Chrysler a frôlé par deux fois la faillite. Ceci étant, si vous aviez eu le courage de conserver le titre à ces moments-là, vous n'auriez pas eu à vous en plaindre. Toutes les autres valeurs automobiles qui existaient il y a trois quarts de siècle ont aujourd'hui disparu.

Le même raisonnement tient aussi pour le secteur des transports aériens. Il y a cinquante ou soixante ans, il n'était pas bien difficile de voir que le secteur était promis à un bel avenir. En suivant ce raisonnement pourtant juste, vous courriez le risque d'investir sur un National ou un Easter Airlines, deux compagnies aériennes qui n'existent plus aujourd'hui.

Plus récemment encore, la même chose s'est reproduite dans l'industrie informatique : que ce soit le secteur des constructeurs de gros systèmes, celui des constructeurs de PC ou encore celui des éditeurs de logiciels. Ces secteurs ne pouvaient manifestement que se développer à une vitesse phénoménale. Pourtant, avant de trouver les valeurs gagnantes à long terme, vous n'auriez pas été à l'abri de bien des déboires. A l'aube de cette industrie, les valeurs dominantes étaient IBM et le « BUNCH » (i.e., acronyme qui veut dire « la bande ») composée de Burroughs, Univac (aujourd'hui filiale de Sperry-Rank), NCR (National Cash Register), Control Data et Honeywell. IBM, le leader de la « bande » n'est plus aujourd'hui le tout puissant qu'il fut un temps, quant aux autres, s'ils n'ont pas disparu ils sont au mieux des acteurs marginaux.

Si la facilité d'accès à l'information ne rend pas la tâche de l'investisseur plus aisée dans le choix de la valeur gagnante, cela lui offre cependant bien plus de moyens de spéculer. Autrefois, vous ne pouviez pour spéculer qu'acheter des actions à crédit, ou sur marge, et c'était tout. Aujourd'hui, vous pouvez facilement jouer sur les marchés étrangers, travailler les options ou les futures, vous essayer aux devises etc.. Et il n'est nul besoin d'être une institution pour faire cela. Bref, ce sont là autant d'occasions nouvelles de vous attirer des ennuis.

Au moment où j'écris ces lignes, début 1997, le montant total des actifs des fonds mutuels américains représente la somme astronomique de trois mille milliards de dollars, et l'argent continue de couler à flots sur ces instruments. En dépit de cet afflux régulier de liquidités, il ne faut pas oublier que le marché n'est pas et n'a jamais été à sens unique. Fait sans précédent dans notre histoire boursière, cela fait six ans que nous n'avons eu une seule correction de 10% au moins. Le précédent marché baissier, que je définis comme une baisse d'au moins 20% sur les indices larges de marché, date du dernier trimestre de l'année 1990. Cela ne peut pas durer éternellement.

Nous n'avons pas eu de marché baissier réellement douloureux depuis 1973-74. À cette époque, la baisse fut terrible car la détérioration du marché fut longue et continue avant qu'il n'atteigne ses bas. Vingt-trois ans se sont écoulés depuis les creux du dernier grand marché baissier qui ait existé après celui de la Grande Dépression. Plusieurs générations d'opérateurs ont débarqué depuis lors à Wall Street, et ceux qui avaient vécu cette période noire sont chaque année moins nombreux. La majorité des opérateurs qui sont aujourd'hui sur les marchés n'ont, soit jamais connu de marché baissier, soit seulement des marchés baissiers de courte durée. A moins de jouer leurs cartes intelligemment, tous ces gens pourraient fort bien se retrouver pris dans une boucherie qu'ils ont bien du mal à imaginer.

Je ne prends pas là un simple pari : c'est la vérité brute. Sachez que la Bourse ne peut offrir à long terme qu'une rentabilité proportionnelle à la croissance de l'économie réelle. Bien entendu, à plus court terme, un marché sous-évalué pourra offrir une rentabilité supérieure à la normale. Mais quand cette rentabilité est excessive pendant de longues années, cela veut dire que le marché a pris de l'avance sur la croissance de l'économie réelle, ce qui laisse présager qu'un rattrapage aura lieu. Donc pendant quelques années la rentabilité nette des marchés sera inférieure à la croissance de l'économie réelle, et pourra même être négative.

Le livre que vous avez en main vous sera bien plus utile encore lorsque ces conditions difficiles apparaîtront. Si le marché ne faisait que monter jour après jour, vous n'auriez nul besoin de cet ouvrage et des conseils que j'y prodigue. Dans de telles conditions, la stratégie gagnante consiste simplement à acheter des actions et à les conserver. Si vous vous étiez contentés de suivre cette stratégie tout au long des années quatre-vingts, mis à part quelques petits désagréments en 1987, vous vous en seriez fort bien tirés. J'ai le sentiment que cette stratégie ne sera pas appropriée dans les prochaines années.

Comment vous, lecteur, devriez-vous vous y prendre pour réagir constamment à l'évolution des circonstances ? En deux mots, je pense que vous devriez oublier la stratégie simple de l'achat conservation. Mon avis est que cette stratégie repose sur des bases fallacieuses. Dans la décennie qui se profile, il y a de grandes chances que nous ayons à subir des marchés baissiers plus fréquents et plus vicieux que ceux que nous avons connus depuis deux décennies. Pour réduire votre risque, il y aura des moments où vous devrez vous détacher des marchés d'actions et d'obligations. Tout est question de proportion. Il n'est pas utile que vous vous retrouviez liquide à 100%, mais vous aurez intérêt à couper vos investissements quand le risque croîtra, et à les augmenter quand il diminuera. Je crois fermement que les méthodes de market-timing que j'expose dans ce livre vous aideront précisément à mettre en application ce genre de plan.

On entend souvent dire à Wall Street que « cette fois-ci c'est différent ». Si vous croyez en ce dicton, sachez que c'est à vos risques et périls. Bien entendu, à chaque fois les choses sont peut-être différentes dans le détail, mais il y a toujours beaucoup de similitudes. Comme Yogi Berra aurait pu le dire : « Les similitudes sont différentes ». Mais pour qui sait tirer des leçons de l'Histoire, il semble bien qu'elle se répète avec de subtiles différences.

Par exemple, comme vous le découvrirez en lisant ce livre, lorsque la réserve Fédérale resserre le crédit et que les taux d'intérêt remontent, les marchés boursiers ont tendance à être mal orientés, et vice versa. Si vous suivez mes indicateurs, vous aurez la flexibilité vous permettant d'acheter quand les conditions sont favorables et de vendre dès que le ciel s'assombrit. Ne luttez pas contre vos propres intérêts et ne vous entêtez pas. Lorsque les fondamentaux se détériorent pour un titre donné, vous devriez vous en séparer, et ce, que se soit avec un gain ou une perte. Ne refusez jamais de prendre une perte parce que cela fait du mal à votre ego.

Cette leçon est suffisamment importante pour que j'y insiste. Ne vous accrochez jamais à un titre pour la simple raison que vous ne pouvez accepter de froisser votre ego en prenant vos pertes. Sachez qu'on ne peut toujours gagner. En base-ball, un joueur qui tient la batte et enregistre un taux de réussite de 30% est très fort, avec un taux de 33% il est exceptionnel et digne de figurer dans le livre des records. Cela veut dire que le joueur de base-ball professionnel qui est éliminé deux fois sur trois quand il joue à la batte mérite cependant de figurer dans le livre des records. De même, avoir un taux de réussite de 100% à la Bourse est une pure vue de l'esprit. C'est impossible, les erreurs font partie du jeu. Acceptez vos erreurs, assumez-les, et tirez-en des enseignements.

Même si vous investissez essentiellement au moyen de fonds de gestion collective, les indications que je donne dans ce livre vous seront utiles. Bien entendu, vous n'aurez pas besoin des recettes que j'y décris dans la seconde partie de l'ouvrage et qui concernent la façon de choisir vos titres. L'essentiel n'est pas là. Le plus important dans ce livre, c'est l'usage que je fais de mes différents indicateurs pour me protéger du risque du marché.

Pour vous donner une petite idée de ce qui pourrait vous arriver si vous investissiez sur des fonds de gestion collective, voilà un exemple que j'ai tiré de statistiques de performances collectées par Lipper & Co. Si vous aviez acheté un panachage de tous les fonds dits « de croissance » que Lipper suivait en 1968, vous vous seriez retrouvé perdant en termes de performance dix ans plus tard. Il vous aurait fallu attendre environ dix ans et demi avant de retrouver la valeur de votre investissement initial. Il y aurait bien eu quelques rares années positives comme 1971 et 1972, mais vous auriez tout reperdu les années suivantes.

Imaginez-vous avoir acheté un panachage de fonds « de croissance » il y a dix ans et vous retrouver dans le rouge aujourd'hui. C'est malheureusement le genre de déboires qui peuvent vous arriver en Bourse à certaines époques. Je crois fermement que les méthodes que j'ai testées pendant des années et décrites ici sont encore plus utiles dans ces circonstances. Si mon modèle indique que les risques augmentent, vendez une portion appropriée de vos parts de fonds d'investissement. Rachetez-les quand mes indicateurs se retournent.

Bien que je vienne de montrer du doigt les pièges que nous tendent les marchés, il y a aussi des moments particulièrement propices à l'investissement boursier. Sur le long terme, la rentabilité des actions est supérieure à celle des obligations, à celle des bons du Trésor ou à celle de tout autre instrument financier. Mais les actions ont des périodes fastes et des périodes de vaches maigres. Et paradoxalement, c'est au cours des périodes où le marché boursier est le plus sombre que les opportunités sont les plus grandes. En utilisant mes indicateurs, vous pourrez vous mettre sur la touche quand les conditions seront défavorables. Ainsi vous pouvez passer ces époques sans graves dommages ce qui vous laissera des ressources pour profiter de la reprise des marchés.

Dans le chapitre suivant, je présente une étude de cas réelle montrant comment mes indicateurs et modèles d'investissement m'ont permis de prévoir la reprise des marchés fin 1987 ainsi que de gagner 9% durant ce fameux « lundi noir », jour où le Dow plongea de 22,6%.

Comment j'avais prévu la montée des risques et pris mes bénéfices le jour du krach.

Le jour fatidique du 19 octobre 1987, le Dow Jones plongeait de 22,6 %. Grâce aux indicateurs et aux stratégies décrites dans ce livre, j'avais pris certaines mesures de protection avant le krach. Résultat : mon portefeuille Zweig gagnait 9 % ce « lundi noir ».

Lorsque j'étais enfant, dans les années quarante, les conversations à table évoquaient fréquemment la dépression de la décennie précédente. Cette terrible période et les marchés baissiers qui l'ont marquée me sont toujours présents à l'esprit lorsque j'investis en Bourse. Mais j'ai rapidement appris que si vous vous mettez à crier que « la crise de 1929 est de retour », vous avez toutes les chances de vous tromper plusieurs fois avant d'avoir raison et à ce moment là vous aurez tant «crié au loup » que personne ne vous croira plus... à juste titre. De plus la crise de 1929 et la dépression qui a suivi ont psychologiquement laissé des traces. Pour le moins, les effets dévastateurs du mini-krach de 1987 ont rappelé à certains la crise de 1929.

Avant ce « lundi noir » de 1987, j'avais déjà cru que la crise de 1929 allait se reproduire en septembre 1978. J'étais persuadé que le marché était sur le point de s'effondrer et je n'ai pas hésité à écrire en page une de ma lettre de marché « Krach à l'horizon ». Je m'attachais à comparer la situation de l'époque à celle de 1929. Finalement, le marché chutait brutalement peu de temps après, en octobre. Mais les dégâts se sont limités à une baisse de 13,5% du Dow Jones et de 21% sur ma moyenne (l'indice Zweig non-pondéré).

Ce n'était pas vraiment 1929. Je me suis dit alors que si une conjoncture du type de celle de 1929 se représentait, j'adopterais un profil bas mais que je choisirais une stratégie destinée à protéger mon portefeuille.

En 1987, il fallut attendre septembre pour que j'arrive vraiment à identifier les similarités avec les évènements de 1929, 1946 et 1962. Tous ces cas ont débouché sur un krach, mais 1929 avait le plus de similitudes avec la physionomie du marché précédant le pont du « Labor day ». Ce qui m'amène à vous livrer ce que j'écrivais dans ma lettre de marché avant le krach de 1987.

Dans le numéro du 18 septembre 1987, j'évoquais la hausse du taux d'escompte et les ventes perverses qu'elle avait provoquées en 1946 et 1968 - par la suite il y a aussi eu une hausse des taux en 1969. Je mentionnais aussi la façon dont le marché baissier de 1973 avait débuté, une fois de plus, après une hausse des taux d'escompte. La plupart des spécialistes à Wall Street assuraient alors qu'il fallait au moins trois relèvements de ce taux avant que le danger ne soit vraiment imminent. Enfin, je donnais des graphiques prenant en compte les ratios cours/bénéfices du marché, les rendements des dividendes et la valorisation des actifs des sociétés. Tous visaient à prouver à quel point les actions étaient surévaluées.

Dans le numéro suivant, daté du 9 octobre 1987, je titrais « Montée des risques ». Ma lettre de l'époque débutait alors par : « La physionomie globale des dernières semaines n'est pas sans rappeler celle de 1929, 1946 ou 1962, juste avant que le marché ne s'effondre... Les faits sont là pour le prouver, les risques n'ont jamais été aussi élevés depuis le dernier marché baissier, celui de 1981 ». J'évitais volontairement d'entrer dans les détails sanglants de 1929, 1946 et de 1962. Cela n'était pas vraiment nécessaire et de plus je n'étais pas tout à fait convaincu qu'un nouveau 1929 était à l'horizon. Si j'avais vraiment cru à une crise, j'aurais vendu tous les titres... Je traite de probabilités pas de certitudes : la solution était plutôt du côté de la stratégie que du prosélytisme.

Suivant la même logique, le 25 septembre, je conseillais aux abonnés de placer 1% de leur portefeuille sur des « puts » à échéance novembre. (Les puts sont des options de vente donnant droit à leurs propriétaires de vendre un certain nombre de titres à un prix fixé durant une période déterminée).

Malheureusement, si le marché avait vraiment chuté après le mois de novembre, les puts n'auraient servi à rien. Ces puts n'avaient de sens que si le marché s'effondrait avant la mi-novembre.

Je pensais que pour compenser une chute de l'ampleur de celle de 1946 ou de 1962, les puts auraient suffisamment progressé et auraient même permis de dégager un léger profit. Si je me trompais, les puts devaient à peine représenter une perte de 1 % du portefeuille.

Finalement, le marché a plongé comme en 1929. Entre un plus haut de 2.722 en août 1987 et le plus bas de 1.738 le 19 octobre, le Dow Jones a chuté de 36,1 %. Ce qui n'était pas loin de l'effondrement de 39,6 % d'octobre 1929. Dans le même temps, le prix des puts avait bondi. Je n'avais recommandé l'achat de puts que deux fois en seize ans et je n'avais plus fait une telle recommandation dans ma lettre depuis deux ans.

J'ai vendu les puts par vagues pendant la baisse. Finalement le bénéfice moyen pondéré sur les puts s'est élevé à 2.075 %, ce qui a fait progresser la valeur du portefeuille global de 20,8 % et plus que compenser les pertes subies sur le solde des titres. Résultat de l'opération : le portefeuille a gagné 9 % sur le lundi noir.

Si j'avais été un génie - et il n'y en a pas dans ce métier - j'aurais tout vendu avant le retournement du marché, j'aurais acheté encore plus de puts et je les aurais vendus au plus bas du marché pour faire des milliards. Mais cela est bien loin de la réalité. Le réalisme, c'est de réduire le risque à son minimum lorsque les indicateurs donnent des signes de faiblesse, en espérant faire un maigre bénéfice quand le marché se reprendra.

Pourquoi attachais-je tant d'importance au risque d'une chute bien que j'étais loin d'en être persuadé ? Avant tout, parce que mes indicateurs habituels, prenant en compte la politique monétaire, le sentiment et les conditions du marché, donnaient des indications modérément baissières avant le retoumement. J'ai testé tous ces modèles sur plusieurs décennies et à l'aide d'ordinateurs, et j'ai pu dégager un indice composite en déciles.

Avant que les prix ne s'effondrent, les semaines précédant le krach du 19 octobre, l'indice composite n'atteignait que le quatrième décile. Il s'agissait de la mesure la plus défavorable depuis 1984, bien que lors de la baisse de 1973-1974 l'indice ait touché le premier et le deuxième décile. Le quatrième décile se situe juste en-dessous de la moyenne. Bien entendu, l'indice a évolué la plupart du temps depuis 1984 entre le huitième et le dixième décile.

Chaque fois que l'indice a touché le quatrième décile, l'indice Standard & Poor's n'a perdu que 3,4 % en donnée annuelle, alors que quand il a touché le dernier décile, la perte moyenne a été de plus de 28 %. Ici, l'environnement monétaire était faiblement baissier puisqu'il n'y avait pas de contraction du crédit (la courbe des taux était positive... et c'était là une différence essentielle avec la situation de 1929). Les indicateurs de sentiment étaient à peu près neutres (quoiqu'ils aient été bien plus bas un peu plus tôt en 1987). Le marché, bien entendu, était baissier.

Bref, début octobre 1987, mes indicateurs habituels, que j'ai quantifiés et vérifiés sur des années, étaient négatifs, mais pas excessivement négatifs. Ce qui m'ennuyait, c'étaient les similitudes avec 1929, 1946 et 1962. Cette situation récurrente était caractérisée par une surévaluation des ratios cours/bénéfices et des rendements attendus, s'accompagnant d'une hausse des cours qui échappait à toute correction depuis plusieurs années. Précédemment, lorsque de telles conditions s'étaient présentées à l'issue d'un fort mouvement haussier, nous assistions à une poussée du marché durant quelques mois, puis à une légère correction (c'est le cas en 1986 à 1.755), suivi d'une autre légère correction (comme au printemps 1987 de 2.404 à 2.216), puis à une petite reprise dans un marché étroit, pour finir sur les plus hauts durant deux ou trois mois (ce qui cette fois s'est produit à 2.722 en août).

Les conditions de marché qui ont précédé le krach de 1987 s'apparentaient à des corrections « normales », mais qui ont rapidement dégénéré en chutes. La clé de mon raisonnement était la suivante: tant que des corrections de faibles amplitudes apparaissaient, le sentiment à Wall Street était haussier. Tout le monde ayant appris à ne plus craindre la baisse. Voilà qui m'a vraiment poussé à acheter des puts.

J'ai découvert au gré des années que pour jouer la hausse ou la baisse il faut adopter une stratégie appropriée et la conserver jusqu'au retournement des indicateurs. C'est à ce moment là qu'il faut changer de stratégie. Pour être prêt à tout revirement - et le rester - il faut disposer d'indicateurs de marché fiables. Quand ils vous donnent une indication, suivez-là ! J'ai perdu beaucoup d'argent quand j'ai fait l'erreur d'ignorer mes indicateurs - ou pire encore de perdre confiance en eux -... tel un pilote qui, privé de boussole, navigue à l'aveuglette. J'ai mis près de vingt-huit ans pour mettre au point et améliorer les indicateurs présentés dans ce livre. Ils ne sont pas parfaits, mais sont de loin les plus fiables que je connaisse.

J'essaie de jouer le marché en ma faveur en attendant des indicateurs particulièrement clairs avant de vraiment me prononcer. S'il s'avère que les indicateurs ne penchent pas clairement dans un sens ou dans l'autre, je me contente d'être sur la défensive et d'attendre mon heure. Dans ce livre, je décris et explique comment tirer profit de cette philosophie de l'investissement.

CHAPITRE UN

Pourquoi ce livre est différent ?

Si vous êtes à la recherche d'un livre à la fois simple, fiable et pratique pour jouer en Bourse - et battre le marché - ce livre est pour vous. Je vous indiquerai comment éviter les erreurs les plus courantes, comment préserver votre capital et aussi comment gagner de l'argent. Tout ce qu'il vous faut, c'est avoir envie de passer une demi-heure par semaine à mettre à jour les indicateurs de marché que je vais vous présenter et avoir la volonté de vous plier à cette discipline.

Voyons les choses en face. Personne ne peut continuellement battre le marché. Même Bernard Baruch, le légendaire financier de Wall Street, se ruina au début de sa carrière. Je n'ai pas de boule de cristal et je n'en voudrais pas. J'ai remarqué que ceux qui se fient aux boules de cristal finissent toujours par s'en mordre les doigts. En ce qui me concerne, je suis satisfait lorsque je suis capable de prévoir la tendance du marché, de m'en imprégner et de rester en phase avec cette tendance tant qu'elle dure.

Depuis que je suis conseiller en investissements, j'ai lu la plupart des livres sur la Bourse. C'est triste à dire, mais la plupart ne sont pas très utiles.

Certains de ces livres vous font miroiter un enrichissement rapide ou un gain d'un million de dollars en un clin d'oeil. C'est de la publicité mensongère. Ils vendent du rêve. La cupidité est un moteur très puissant et beaucoup de gens achètent ces livres, espérant qu'en appliquant une formule miracle, ils découvriront la poule aux œufs d'or. C'est bien entendu impossible. Ce serait trop simple.

D'autres livres ne font pas de promesses aussi extravagantes et se contentent d'avancer des systèmes plus ou moins compliqués vous permettant de jouer sur le marché ou de sélectionner des titres. Je soupçonne certains spéculateurs d'avoir frôlé la débâcle en ayant mis ces formules en pratique.

Enfin, il y a les véritables encyclopédies boursières, ces livres qui couvrent toutes les formules d'investissements; des options aux métaux précieux, des prêts conventionnés aux produits de capitalisation, des matières premières aux objets d'art. Il est possible qu'ils décrivent en détail tous les modes d'investissements. Pourtant, j'ai peine à croire que, submergés de données, vous serez plus aptes à prendre vos décisions d'investissements.

Je devrais aussi faire état des livres d'Adam Smith et d'Andrew Tobias. Ils sont distrayants, remplis d'anecdotes pleines d'humour et quelquefois de pensées d'une grande sagesse. Mais ils ne vous donnent pas une méthode vous permettant de gagner de l'argent en Bourse.

Cela dit, ne désespérez pas. Des recherches universitaires ont prouvé qu'il existe certaines méthodes qui permettent de vraiment battre le marché. J'ai inclus ces outils dans ma technique de sélection des titres et j'ai laissé de côté les méthodes qui sont certes populaires, mais malheureusement futiles. Dans ce livre, vous trouverez ce qui fait la différence et vous permettra de faire mieux que le marché.

Je suis fier de mes performances à Wall Street. Parmi tous les conseillers en investissements classés par Hulbert Financial Digest, j'ai été élu numéro un, bien devant les autres, depuis le milieu des années 1980 lorsque ce palmarès a été lancé. J'ai été numéro un pour la sélection de titres deux années de suite. Mes prévisions font partie de celles qui battent le marché chaque année (frais de transactions déduits) depuis la création de ce classement.

On ne devrait pas prendre à la légère ce travail de sélection de titres. Il est difficile d'être toujours gagnant. Bien que les institutions de Wall Street dépensent chaque année des millions de dollars dans l'analyse des actions, les études les plus sérieuses indiquent : (1) que les analystes financiers ne peuvent constamment prédire les revenus par action - ce qui rend les stratégies d'achats d'actions de croissance particulièrement risquées ; (2) que les fonds de gestion collective et autres institutions financières n'ont pas réussi à battre la moyenne du marché quelles que soient les méthodes suivies ; (3) que des outils techniques, comme les analyses graphiques ou de la force relative du marché, ne sont pas plus fiables que le pur hasard ; (4) et que les recherches, fort onéreuses, financées par les sociétés de Bourse ne parviennent pas à identifier les titres qui feront mieux que le marché.

Les méthodes que j'utilise pour anticiper le marché et choisir les titres les plus performants conviennent aussi bien à l'investisseur « père de famille » qu'au spéculateur actif. Mes principes ont été testés et vous pourrez en vérifier les fondements et les détails tout au long de ce livre. Ils marchent !

Je ne peux, bien entendu, aborder tous les paramètres de marché que je prends en compte. Ce serait trop compliqué. J'ai donc simplifié mon approche pour la rendre accessible au plus grand nombre. A cet égard, j'ai essayé de suivre le mot d'Albert Einstein : « Ne simplifiez pas les choses. Rendez-les plus simples ».

Les indicateurs fondamentaux

Je voudrais d'abord évoquer les fondements de mon approche de décision boursière. La plupart des gens me perçoivent comme un technicien, mais en réalité je ne fais qu'utiliser ce qui fonctionne. En fait, je fonde mon jugement sur un certain nombre d'indicateurs fondamentaux.

La tendance du marché est essentiellement dominée par des considérations monétaires, et en premier lieu la politique monétaire de la Réserve Fédérale et les mouvements des taux d'intérêts. Pour suivre ces éléments ainsi que les autres tendances fondamentales, j'ai mis au point différents indicateurs simples que je décrirai plus abondamment par la suite et que j'ai trouvé tout à fait fiables.

Mes outils de base n'incluent que des indicateurs purement techniques. Je fais référence à l'ensemble de ces indicateurs sous le nom générique d'action des prix ou de momentum. Là, je croise des indicateurs à la fois de prix et de volumes afin de mesurer le véritable comportement d'un titre spécifique ou de l'ensemble du marché. Pour apprécier le rôle du momentum, imaginez un vaisseau spatial prêt à partir sur la lune. S'il décolle avec une poussée très forte, il aura assez de chance de pouvoir sortir de l'atmosphère. Sinon il retombera. Grosso modo, le marché se comporte de la même facon. À mon avis, le momentum du marché (prix et volumes) constitue le critère déterminant pour toute décision d'investissement. J'ai une règle d'or: « Ne jamais aller à l'encontre du marché ».

Si vous vous mettez à acheter massivement sur un marché baissier ou si vous sélectionnez des titres qui « surperforment », cela revient à chercher à stopper la chute d'un coffre-fort qui tombe. Les investisseurs sont parfois si obsédés par ce que contient le coffre-fort qu'ils en ignorent les lois de la physique en tentant l'impossible. Cela peut être douloureux. J'en ai pour preuve la triste expérience des fanatiques des bonnes affaires à Wall Street. Non seulement le jeu est dangereux, mais en plus il est inutile. Il est plus facile, plus sûr, et dans la plupart des cas tout aussi intéressant d'attendre que le coffre s'écrase au sol et commence à rebondir avant de le dévaliser.

Je surveille aussi de très près le degré de pessimisme ou d'optimisme du marché. Ce qui me permet de vous présenter mes principaux indicateurs de sentiments, qui constituent des alarmes vous avertissant des possibles retournements de tendance. Je parie que vous seriez étonnés de constater combien les soit-disant experts peuvent se tromper.

Enfin, et ce n'est pas le moins important, j'analyse la valeur réelle d'un titre particulier, ce que j'appelle les fondamentaux. Cela englobe l'analyse des revenus, des dividendes et des postes du bilan. L'analyse fondamentale ne sert pas à grand chose pour prévoir la tendance générale du marché, mais elle est d'une grande utilité pour les valeurs. Ces facteurs fondamentaux représentent à peu près 90 % de la matière de base utilisée pour opérer ma sélection de titres mais ne constituent pas plus de 5 % des éléments pris en compte pour mes prévisions de marché.

On gagne beaucoup d'argent en se mettant dans le sens du marché. Je ne pense pas que l'on puisse nager à contre-courant. Il est rare que je recommande des titres à l'achat lorsque mes modèles de « timing » de marché sont baissiers, ou que je conseille la vente à découvert dans le cas inverse. J'aimerais être complètement investi lorsque le marché monte et complètement liquide lorsqu'il baisse. Mais le marché se fiche bien de mes souhaits. Il faut donc tâcher d'être toujours en harmonie avec le marché. C'est suicidaire d'aller contre la tendance. Une tendance a toujours statistiquement plus de probabilités de se poursuivre que de se renverser.

En fait, environ deux fois sur trois, les marchés sont soit neutres, soit montent ou baissent modérément. Dans de telles circonstances, la tendance du marché n'est pas si essentielle et vous pouvez très bien gagner de l'argent en sélectionnant les bons titres, bien que les rendements ne soient pas aussi importants que ceux d'un marché très haussier.

Sélectionner les valeurs gagnantes

Outre la description de différents indicateurs et de leur utilisation, je vous exposerai mes critères de choix de valeurs. Je m'attache à deux domaines. L'un couvre les revenus et les ratios cours/bénéfices, l'évolution des bénéfices de la société et quelques éléments du bilan. Je ne m'intéresse guère aux produits que fabrique l'entreprise. Si une société affiche de bons résultats pendant quatre ou cinq ans, peu m'importe qu'elle produise des manches à balai ou des composants électroniques. Le deuxième est l'évolution des cours du titre afin de mesurer sa performance. Si le titre va monter, je préfère laisser à d'autres le soin de l'acheter au plus bas. Je veux m'assurer que le titre se comporte bien par rapport à l'ensemble du marché avant d'acheter. J'ai remarqué qu'acheter en phase ascendante constitue un avantage. On doit certes payer une prime, mais les chances de ne pas se tromper sont plus élevées. Les gens semblent penser qu'il faut acheter au plus bas et revendre au plus haut pour gagner en Bourse. C'est absurde. À mon avis, il faut acheter lorsque les probabilités de hausse du marché sont les plus fortes. Si un marché baissier doit se stabiliser à 1.500 sur le Dow Jones avant de remonter, disons à 3.000, vous n'avez pas à acheter à 1.500. Vous pouvez très bien entrer sur le marché à 1.650 si les probabilités de hausse sont, à ce moment-là, de 90 %.

Vous ne devez pas davantage vendre au plus haut. Vous pouvez très bien vous dégager après le plus haut ou bien un peu avant. Vous sortez, par exemple, à 2.800 alors que les probabilités de baisse sont élevées. Cela n'a rien de catastrophique d'acheter à 1.650 et de vendre à 2.800, tout en laissant à d'autres les quelques centaines de points de part et d'autre des extrêmes. Tout ce qui vous intéresse, c'est la probabilité de gagner ou bien de perdre de l'argent. Et vous voulez éviter de faire des pertes. Dès lors, cela ne pose aucun problème d'acheter au-dessus du plus bas et de vendre en-deçà du plus haut.

Une de mes règles de base pour gagner de l'argent sur un marché est de limiter mes pertes et de prendre mes bénéfices. Vous pouvez avoir raison, seulement dans 30 % des cas et tout de même vous en tirer honorablement, si vous savez sortir à temps.

Pour illustrer cette stratégie, je vais vous donner des exemples de titres que j'ai recommandés. Je vous montrerai comment les ordres stop m'ont permis de sortir sur des actions qui ont plongé, mais aussi comment ils m'ont fait rater l'envolée d'un titre. Si le titre est volatil, un brusque mouvement de baisse peut vous faire sortir. Cela arrive. Et alors ? Vous aurez toujours d'autres opportunités. Sur le long terme, les probabilités jouent en faveur de l'utilisation des ordres stop.

Une stratégie d'investissement souple

Maintenant un mot de ma stratégie d'investissement. Je me considère à la fois comme prudent et agressif. De nature, je suis plutôt conservateur. Je n'aime pas le risque. Je veux me protéger, ainsi que les clients qui suivent mes conseils. Mais il y a des circonstances où l'on doit être agressif. Les gens manquent souvent de flexibilité.

Le prudent aura tendance à ne s'intéresser qu'aux titres sûrs et aux bons du Trésor. Il ne gagnera jamais beaucoup d'argent, mais n'en perdra pas beaucoup non plus. L'agressif achètera des titres spéculatifs, se mettra dans le pétrole ou prendra un pari sur l'immobilier. En période de boom économique, il fera fortune, mais reperdra tout quand la conjoncture se retournera.

Aucune de ces deux approches n'est la bonne. Si vous êtes un opérateur agressif, il arrive toujours un moment où il faut être prudent. Si vous êtes plus conservateur, c'est très bien aussi, mais il faudra quelquefois être agressif.

Certains me demandent parfois quelles sont les qualités que devrait avoir un investisseur pour gagner en Bourse. Je leur réponds que la discipline est la qualité la plus importante, la discipline qui vous permet de coller à votre système ou à votre méthode et de ne pas succomber aux tentations qui pourraient vous égarer. Si votre agent de change vous donne un bon tuyau, oubliez-le. Si un ami vous dit « Achète des options sur Bionic

Interplanétaire, tu vas faire fortune ». Oubliez aussi son conseil. Accrochez-vous à votre discipline.

La seconde qualité pour battre le marché est la souplesse. Laissez-moi vous donner un exemple. En février 1980, je pensais que la Bourse allait droit vers un cataclysme. Elle a effectivement commencé à plonger. À l'époque, les frères Hunt tentaient de contrôler le marché de l'argent et tout s'effondra autour d'eux. Certaines maisons de courtage étaient au bord de la faillite à cause de créances douteuses sur les Hunt et on n'était pas loin de la panique. J'étais très pessimiste.

Puis, en mars, sans avertissement, la Réserve Fédérale vint à la rescousse du marché, annonça un plan de sauvetage de Bache and Co., l'une des maisons de titres en difficulté, et endigua la vague de baisses. Le message adressé à Wall Street était clair : les maisons de courtage n'allaient pas plonger pour cause de débâcle. Le marché, qui perdait 27 points à 15 heures 30 se reprit et clôtura seulement en baisse de deux points. La reprise fut fulgurante durant la dernière demi-heure de la séance. Le lendernain, le marché explosa.

Pour ma part, j'étais là à observer la reprise tout en restant aussi baissier - alors que le marché s'était retourné. Puis les choses ont commencé à changer lorsque la Fed a baissé ses taux d'intérêts et amélioré les conditions de crédit. Même si j'avais toujours le pressentiment qu'on allait vers une catastrophe, je me suis adapté aux nouvelles conditions du marché. Chaque jour, je devenais un peu moins baissier. En mai, j'étais passé du coté des haussiers et j'avais investi toutes mes liquidités. Le marché a continué de progresser pendant près d'un an.

En résumé, pour gagner sur les marchés, il faut de la discipline, de la souplesse et de la patience. Il faut attendre que le marché envoie un message clair avant d'acheter ou de vendre. Il faut abandonner l'idée de rechercher les plus hauts et les plus bas. De toute façon personne n'y parvient. Réussir sur un marché ne veut pas dire tomber pile sur les extrêmes. Gagner, c'est réaliser des profits et éviter des pertes. En utilisant les indicateurs de ce livre et en ayant la patience d'attendre qu'une tendance se dessine, vous pourrez gagner de l'argent. Restez à l'écoute du marché et des taux d'intérêts et dormez sur vos deux oreilles.

CHAPITRE DEUX

Pourquoi j'en suis venu à l'analyse financière ?

L'automne 1948 marque un grand tournant dans ma vie. Je venais de rentrer à l'école primaire à Cleveland dans l'Ohio et trouvais l'école fantastique. Toute la ville ne parlait que de baseball. L'équipe des Cleveland Indians était sur le point de gagner son premier championnat américain en vingt-huit ans (ils n'en ont plus gagné depuis) et leur aventure, qui devait les conduire en finale, nous préoccupait entièrement. J'étais celui qui en savait le plus sur l'équipe, grâce à mon père qui m'emmenait souvent voir des matchs, m'autorisant à faire l'école buissonnière.

Je connaissais la position de chacun des joueurs. Aussi étais-je comme un poisson dans l'eau lorsque nous découpions des petits Indiens en papier, leur mettions des numéros dans le dos et les accrochions aux murs de la classe. J'aimais déjà les chiffres. Peut-être était-ce là un signe précurseur de ma future carrière à la Bourse et dans les statistiques.

Cet automne-là, Thomas Dewey devait battre à plate couture Harry Truman aux élections présidentielles. L'église à coté de chez moi avait été transformée en bureau de vote. Le parking, que j'avais toujours considéré comme ma cour de récréation, était couvert de drapeaux américains. C'était plein de monde et de voitures, ce qui m'empêchait de jouer mon match quotidien, qui opposait invariablement les Indians aux Red Sox de Boston. Bien entendu, je faisais toujours gagner les Indians même si, quelquefois, le score était serré.

Quelle ne fut pas ma déception le lendemain des élections, lorsque, retournant à mon parking, je le trouvais désespérément vide, sans drapeaux et sans vie. L'ambiance n'était d'ailleurs pas meilleure à la maison ce soir-là. D'habitude mon père allait chercher dans les pages sport du Cleveland Press les derniers résultats des Indians. Mais ce soir-là, ses yeux restaient rivés sur les pages Bourse. Il avait la tête des mauvais jours.

Il marmonna quelque chose contre Truman et sur le désastre qui ne manquerait pas de se produire à la Bourse. Je n'avais pas la moindre idée de ce qu'il voulait dire. Pour moi, la Bourse était une masse floue de chiffres dans le journal, un amas de données auquel l'enfant de six ans que j'étais ne comprenait rien. En fait, je confondais la Bourse et les courses. Mais, assurément ce soir-là mon père n'était pas content du tout.

Je compris plus tard ce qui le tourmentait en dehors du fait qu'il avait voté pour Dewey. Wall Street considérait que Dewey, un républicain, l'emporterait sans problème et fut pris de panique lorsque Truman, le démocrate, fut élu. Le Dow Jones plongea de 3,8 % le lendemain des élections, ce qui correspondrait aujourd'hui à une chute de 350 points environ. Sur le New York Stock Exchange, les baisses l'emportaient sur les hausses par 36 contre une. Il a fallu attendre le krach du 19 octobre 1987 pour retrouver un ratio de « déclins par rapport aux avancées » plus élevé que celui-là.

Mon père mourut quand j'avais neuf ans. Un an plus tard, ma mère se remaria et on déménagea de Cleveland, où j'étais né, pour Miami, en Floride. Je n'ai vraiment commencé à m'intéresser sérieusement à la Bourse qu'à l'âge de treize ans. Pour mon anniversaire, l'oncle Mort, le frère de mon père, m'offrit six actions General Motors. Je trouvais cela fabuleux. Tous les jours je cherchais le cours de General Motors. Je ne savais pas pourquoi il fluctuait, mais j'aimais suivre l'évolution de mes titres. J'attendais aussi avec impatience le versement de mon maigre dividende trimestriel. Ces petits versements aiguisaient un peu plus mon intérêt et je me mis à suivre les cours de quelques autres actions.

Par la suite, lors d'un cours d'histoire des Etats-Unis au lycée, on nous présenta les grands industriels américains (que certains appelaient « les princes du racket »). J'eus alors l'occasion d'écrire un devoir sur un livre évoquant J.P. Morgan. J'étais fasciné par l'histoire de sa vie et c'est à cette époque que je décidai à mon tour de devenir milliardaire grâce à la Bourse. Rien dans la vie de J.P. Morgan, que je ne considérais pas vraiment comme un de mes héros, ne me fut utile dans ma vie. Mais cet entrepreneur, qui fit fortune sur les marchés, fut une source d'inspiration.

Je commençais donc à accorder de l'importance aux comportements de différents titres. Je me souviens qu'à l'époque un de mes professeurs demanda si quelqu'un connaissait le nom de l'action la plus chère. Personne à l'exception de moi ne comprenait quoi que ce soit à la Bourse. Je levais donc le doigt pour répondre que je pensais que c'était Christiana Securities. J'avais raison et le professeur a été très surpris. Je crois me souvenir que le titre se traitait environ 1.500 dollars. J'ajoutais que le deuxième titre le plus cher devait être Superior Oil. Et j'avais encore raison ce qui suscita l'incrédulité du professeur. Pourtant ma connaissance du marché était limitée.

J'obtins mon bac au lycée de Coral Gables en 1960 et fus accepté à la seule université qui m'intéressait: l'école de finance de Wharton à l'université de Pennsylvanie. J'avais choisi Wharton car je voulais étudier les affaires et la Bourse. C'était le meilleur enseignement en finance en premier cycle. C'est le cas encore aujourd'hui. Mais je ne suis pas très objectif, étant maintenant membre de son conseil d'administration. Pour être juste, je me dois d'ajouter qu'Harvard et Chicago n'ont pas de premier cycle en finance. A l'automne 1960, je débutais mes cours à Wharton, avide d'étudier les marchés pendant quatre ans. Mais le programme du premier trimestre n'offrait aucun cours sur la Bourse. C'était pour plus tard. Le cours qui s'en approchait le plus était le cours d'économie du professeur Murray Brown. Je me souviens très bien de son introduction. Il nous expliqua que la plupart d'entre nous était entrés à Wharton pour apprendre à gagner de l'argent. Il ajouta que son cours risquait de ne pas être d'une grande utilité dans ce domaine. Il avait tort. Si vous maîtrisez l'économie et les lois de l'offre et de la demande, cela vous sert en affaires comme en Bourse.

Mes premières semaines de cours avec le professeur Brown furent sans histoires. Les choses s'envenimèrent lorsque nous abordâmes les futures élections présidentielles qui opposaient Richard Nixon à John Kennedy. Le professeur Brown fit le tour de la classe et demanda à chacun d'entre nous pour qui il voterait. Je n'appréciais guère une telle question qui, à mon goût, était très personnelle. Lorsqu'il me posa la question, je lui répondis que je ne voterais ni pour l'un ni pour l'autre, car je ne soutenais que des équipes sportives.

La classe éclata de rire. Le professeur Brown était consterné et me demanda si je voulais dire par là que j'étais un athlète. En fait, j'étais assez sportif. J'appartenais à l'équipe de basket et participais aussi à pas mal d'autres activités. Mais je ne cherchais pas à faire le malin. Je voulais simplement dire que ces élections ne présentaient pas grand intérêt. Malheureusement, cela fit très mauvais effet.

J'avais peut-être manqué de respect, mais j'ai toujours été très sérieux dans mes études de finance et d'économie. En fait, je me sentais mal à l'aise dans cette ambiance snob. Venant de Miami, j'avais du mal à m'adapter à Philadelphie.

Au tout début de cette première année, je rencontrais Maurice Falk. Il parlait tout le temps de telle ou telle action d'une société qui faisait la une des journaux ou qui venait d'annoncer de beaux résultats. Maurice, moi-même, ainsi que quelques autres copains, dont Tony Rosenberg, mon partenaire de poker, et Lou Eisenpresser envisagions de constituer un club d'investissement. Nous voulions l'appeler Croissance Exponentielle et Associés. Avec un tel nom, nous ne pouvions que réussir, malheureusement nous ne parvînmes pas à lever les fonds. Vu nos âges, un projet aussi ambitieux en dit long sur nos motivations.

Le problème était au départ de se répartir le travail en petits comités. J'ai appris par la suite que les décisions boursières prises en groupes menaient rarement à de bons résultats. Je n'ai jamais entendu parler d'un bon investisseur fonctionnant en comités. Aussi, valait-il peut-être mieux que notre club n'ait jamais fonctionné.

Mon projet avait conforté mon envie de mieux connaître les marchés. Durant l'été 1961, à la fin de ma première année, je retournais à Coral Gables à la recherche d'un stage pour l'été dans une maison de courtage. J'en fis le tour, tentant de les impressionner en me présentant comme étudiant à Wharton, avide de savoir et prêt à travailler pour trois fois rien. Hélas, il n'y avait pas de place.

J'allais donc proposer mes services comme coteur. A l'époque, l'électronique faisait son entrée chez les courtiers. D'habitude les cotations défilaient sur un vieux télex. Ce dernier était agrandi sur un écran et on regardait les cours défiler. Mais afin d'en garder une trace durant la séance, le coteur devait reporter régulièrement les cours des plus importantes actions sur un grand tableau noir. D'ordinaire on y inscrivait les cinquante plus gros titres. Une seule maison utilisait encore ce système, mais j'imagine que je n'étais même pas assez qualifié pour un tel emploi, payé un dollar de l'heure.

Aussi, au lieu de chercher un emploi aussi mal payé et sans issue, je me présentais à la filiale locale de Hayden Stone et j'y restais pratiquement pendant les deux mois de vacances. Je n'aurais jamais imaginé que ce Hayden Stone deviendrait partenaire dans Shearson Lehman Hutton et qu'il serait chef de file de mon fond de placement de 603,75 millions de dollars en 1988.

Tous les jours, je lisais le Wall Street Journal et les études que Hayden Stone publiait. Je passais aussi la majeure partie de mon temps à éplucher les rapports de Standard & Poor's ainsi que ceux de Moody's, ou d'autres statistiques boursières. J'étudiais les revenus des sociétés, et avec mes connaissances en comptabilité je pouvais en mesurer l'utilité. Rapidement, je me rendis compte de l'importance des bénéfices pour évaluer une action. Je compris aussi plus clairement la relation entre cours et bénéfices et la signification du ratio cours/bénéfices (PER).

Mon premier investissement

A la fin de l'été, je décidais de mettre enfin mes connaissances à l'épreuve en plaçant mon argent. J'avais à peu près deux mille dollars d'économie et j'étais prêt pour le grand saut. Mon premier achat, sans grande originalité, fut la General Motors. J'achetais 14 actions afin d'avoir 20 titres en portefeuille. L'action se vendait environ 40 dollars à l'époque. Je réussis pratiquement à doubler ma mise de départ, dividendes non compris, ce qui n'était pas mal. Des années plus tard, je découvris que c'était l'investissement type du novice. Le débutant se sent plus à l'aise en achetant des blue chips - les valeurs de premier rang. GM était parmi les plus grosses. De plus, je connaissais bien le titre depuis des années. Cela s'avéra tout de même un très bon investissement.

Je voulais bien entendu un portefeuille diversifié. Aussi me suis-je mis à passer en revue d'autres actions. Mon deuxième choix fut un désastre total. Cela m'apprit beaucoup : n'écoutez jamais votre agent de change. Ou en tout cas ne lui faites pas une confiance aveugle. Mon agent me recommanda American Cyanamid, un grand groupe pharmaceutique. Je m'étais penché sur les résultats de la société, sur les statistiques disponibles. L'investissement me paraissait sain. J'achetais donc vingt titres. Mais vingt-quatre heures plus tard, l'action perdait quatre points, soit une chute de

10%. Je n'arrivais pas à le croire car le marché était très calme cet été là. Un mouvement d'un demi point sur les cours était rare. Que s'était-il donc passé?

Il s'est avéré que la société avait fait l'objet d'un procès anti-trust. Une nouvelle aussi mauvaise et inattendue avait pesé sur le titre, qui perdait brutalement 10% avant que je m'en rende compte. J'ai tout de même conservé le titre, et j'ai fini par gagner de l'argent. Mais c'était un début assez laborieux. Quelques semaines plus tard, j'achetais aussi quelques Gulf Oil et des Dan River Mills.Voila l'histoire de mes premiers investissements.

Bien que j'ai acheté quelques titres durant l'été 1961, je ne souhaitais pas voir le marché s'envoler. Quelques années plus tard, à 21 ans, je devais hériter de quelques milliers de dollars de mon père. J'espérais alors que je pourrais investir en Bourse quand les cours seraient plus bas. En fait, je n'ai pas eu à m'inquiéter de tout cela. A compter du printemps 1961, le marché est resté calme, dans des volumes extrêmement étroits. Si vous pensez aujourd'hui que le marché est peu actif quand 130 millions de titres changent de main, imaginez la léthargie de l'époque, puisque cet été-là les volumes ne parvenaient même pas à dépasser les 2 millions de titres.

La Bourse avait fortement progressé entre l'automne 1960 et le printemps 1961, quand les volumes tombèrent. Les cours restèrent alors dans des marges étroites durant le reste de l'année et au premier trimestre de 1962. Au printemps, le marché commença à se replier.

J'étais en deuxième année à l'université de Penn State. Vers la fin du trimestre de printemps, le marché s'effondra. C'était le krach de 1962. On mit cette chute sur le compte des critiques du Président Kennedy à l'encontre de la métallurgie. Il ne s'agissait en fait que d'un catalyseur qui devait interrompre la hausse dans un marché déjà affaibli. Je trouvais excitant d'observer ce plongeon, d'autant plus que j'étais peu investi et j'avais donc peu à perdre. Mais cela m'a également permis d'observer la souffrance de certains autour de moi.

Durant l'été 1962, je passais quelques semaines chez des amis de fac à New York. Je me souviens très bien d'une soirée au mois de juin chez l'un d'eux. Son père était à la maison avec son comptable. Ils examinaient avec une sorte d'acharnement des transactions boursières. Le visage de son père traduisait de l'anxiété et je compris que les choses n'allaient pas bien du tout.

Mon ami me donna des explications. Son père avait ouvert d'importantes positions acheteuses et avait été particulièrement touché par la baisse, notamment sur ses titres Polaroid, une action très en vogue à l'époque. Il devait alors rapidement trouver des fonds pour faire face aux appels de marge. Polaroid avait régulièrement monté durant des années. Mais la chute de 1962 avait bien entamé les gains. L'histoire eut cependant un heureux dénouement puisque le père de mon ami survécut à la crise. Le marché rebondit et Polaroid fut un des titres qui profita le mieux du mouvement.

L'intérêt de l'histoire ne tient pas à Polaroid en particulier. Ce qui reste gravé dans ma mémoire, c'est le souvenir de cet homme qui était au supplice un soir du printemps 1962. Avoir vu les blessures que peuvent infliger les retoumements du marché suscita chez moi une inquiétude réelle et cela renforça ma conviction qu'il faut être très attentif. Ayant déjà la nausée à l'idée d'un nouveau krach, j'eus des sueurs froides en pensant à ce qu'il m'arriverait si une baisse de l'importance de celle de 1929 survenait à nouveau. Je venais juste d'observer un mini-krach. Cet accident me fit l'effet d'un signal d'alarme. Je veillerai à ne jamais me faire prendre dans un plongeon. A l'époque je ne savais pas déchiffrer les signes avant-coureurs de tels accidents. Mais cela m'encouragea à approfondir la question.

Je finissais mes quatre années à Wharton en me spécialisant dans la finance et plus précisément sur tout ce qui avait trait à la Bourse et aux investissements. Je suivis tous les cours sur la Bourse: mais je savais qu'il me restait beaucoup à apprendre. Le seul enseignement tangible que j'en tirais concerne l'évaluation des titres. Je découvrais alors un ouvrage de référence pour l'analyse fondamentale: « Security Analysis » de Benjamin Graham, David L. Dodd et Sidney Cottle. Selon ces auteurs, il s'agit avant tout de rechercher les actions de qualité, qui s'échangent à un multiple raisonnable et paient des dividendes satisfaisants, tout cela en tenant compte d'une prime de risque. De mon point de vue, c'est très bien mais ça ne suffit pas pour prendre une décision.

Il n'y avait aucun cours sur l'approche globale des mouvements du marché, sur les facteurs techniques de l'évolution du marché, sur la psychologie des foules, ou sur l'impact de la politique de la Réserve Fédérale et des autres variables monétaires et macro-économiques. En deux mots, à ma sortie de Wharton, je ne connaissais qu'un seul instrument d'analyse. A l'évidence ce n'était pas suffisant.

Je m'inscrivis pour un MBA à l'université de New York à l'automne 1964. J'avais choisi cette université car elle est à deux pas de Wall Street et parce qu'elle offrait de nombreux cours sur la Bourse. Malheureusement je dus reprendre au premier trimestre des cours de base que j'avais déjà suivis à Wharton. Cela m'irrita car j'avais l'impression de perdre mon temps. C'est aussi l'époque où je me fiancais avec ma future femme, Mollie, qui était à l'université de Miami. A cause de tout cela, je décidais de repartir pour Miami.

J'avais choisi de travailler pendant la journée car j'avais besoin d'argent mais je continuais à étudier le soir. Contrairement à la première fois, je n'eus aucun mal à trouver un emploi. Trois maisons de courtage m'offrirent spontanément une place. J'avais déjà acquis une modeste réputation de trader, pas nécessairement d'excellence, mais celle d'un professionnel efficace. On m'avait d'ailleurs affublé du sobriquet de « trader klaxon ».

J'avais un compte depuis deux ans chez Bache and Co. à Surfside en Floride. Le directeur de la succursale, Edwin Crooks, m'offrit un emploi de broker. Je préférais cette offre aux deux autres parce que j'aimais bien et respectais Crooks. Je restais à Surfside pendant sept mois, juste le temps de décrocher ma licence de broker. Puis je retournais à mes chères études. J'étais loin d'avoir perdu mon temps chez Bache.

Crooks était un vieux renard, qui au début de sa carrière avait été le plus jeune membre de la Bourse de New York - à l'époque du krach de 1929. Parmi toutes les anecdotes qu'il me rapporta, je fus particulièrement fasciné par la description de son travail avec Jesse Livermore, un des traders les plus géniaux de tous les temps. Par la suite, j'ai beaucoup lu sur Livermore et s'il me fallait choisir un modèle, ce serait certainement lui. Sa règle d'or, qui consistait à maximiser les profits tout en limitant les pertes, m'a toujours été utile.

Je quittais Bache à l'époque de mon mariage avec Mollie en 1965. Puis je m'inscrivais à l'université de Miami à plein temps en second cycle. J'empochais mon MBA en un an en prenant un maximum de cours sur les marchés. Tous ces cours étaient enseignés par le professeur Wade Young, qui mettait surtout l'accent sur l'analyse technique. Cette approche, comme vous aurez l'occasion de le voir, dans sa forme la plus pure prend en considération les seules variables que vous puissiez observer sur les cotations, c'est-à-dire les cours et les volumes.

De prime abord, je n'approuvais pas la méthodologie du professeur Young. Mais des années plus tard, je me souvenais encore de ses enseignements: « Achetez sur un marché fort et vendez sur un marché faible ». L'expérience aidant, je commencais à apprécier la valeur de la méthode. Mais comme tout novice, je pensais qu'il fallait acheter à la baisse et vendre à la hausse. C'est le meilleur moyen d'aller au devant de problèmes.

Alors que je terminais mon MBA durant l'été 1966, j'enseignais un cours d'économie d'entreprise, ce qui me plut beaucoup. Pendant des années, j'avais rêvé de me trouver face à une classe et de donner des cours de finance. Je tenais enfin ma chance. Je savais très bien que je ne souhaitais pas faire carrière dans l'enseignement. Mais je savourais cette expérience. Cela dit, plus j'enseignais, plus je me rendais compte de tout ce que j'avais encore à apprendre.

Je décidai par la suite de faire un doctorat en finance. Je partis à l'automne 1966 pour East Lansing, dans le Michigan et m'inscrivais à l'université d'Etat. Je me spécialisai en finance et plus particulièrement sur le marché boursier et je terminai mon doctorat en 1969.

J'appris beaucoup en économie et confortais ma connaissance en analyse fondamentale à l'université du Michigan. On m'enseigna également les différentes théories sur les mouvements du marché. En résumé: les fluctuations boursières sont aléatoires et donc les configurations de cours n'annoncent pas nécessairement les futures tendances. De plus, le monde universitaire mettait souvent en avant l'efficience du marché. Selon cette théorie, aucune information économique, fondamentale, ou technique, ne devait pas plus vous permettre de prévoir l'évolution des cours que si vous aviez simplement acheté un portefeuille diversifié et l'aviez laissé dormir.
Je m'opposais à ce genre d'approche. Et je n'étais pas le seul: un de mes professeurs, Alden Olsen, ne partageait pas non plus cet avis, pourtant répandu parmi les universitaires. Le professeur Olsen avait investi avec succès en se fiant à la valeur et aux opinions contraires. En d'autres termes, il spéculait sur des titres sous-évalués qui avaient perdu la faveur des investisseurs.

Cela dit, l'essentiel de ce que j'appris à l'université du Michigan, ce fut par moi-même, notamment lors de mes recherches pour ma thèse sur les marchés d'options. Pour simplifier, quand vous achetez un put, vous obtenez le droit de vendre cent actions d'une entreprise à un prix donné jusqu'à une échéance déterminée. A l'inverse, un call est une option d'achat sur une centaine de titres d'une société pour une période donnée.

A cette époque le marché des options de Chicago, le Chicago Board of Options Exchange, n'existait pas. Les puts et les calls s'échangaient entre opérateurs, spécialistes de ce type de produits financiers. Le marché était étroit. J'espérais trouver un moyen de faire fortune avec les options. Mais après avoir étudié les résultats de 54 stratégies différentes, j'en concluais dans ma thèse que, compte tenu des risques et des coûts de transactions très élevés, cela ne valait pas la peine de jouer sur ces marchés. Ces conclusions ne s'appliquent pas nécessairement aux marchés d'options négociables actuels car les coûts de transactions ont baissé et la liquidité s'est accrue. Je demeure pourtant peu enthousiaste sur les options.

Je fus déçu de constater que cette conclusion ne m'avait pas permis de découvrir un moyen de battre le marché. Mais j'avais appris quelque chose qui allait se révéler plus précieux par la suite. Mes recherches m'avaient conduit à déterrer des statistiques de la Securities and Exchange Commission (l'équivalent de la Commisison des Opérations de Bourse) datant de la Deuxième Guerre Mondiale. Je fis une découverte: quand les investisseurs sur options deviennent trop optimistes - achetant des calls en masse et se désintéressant des puts - la Bourse était généralement sur le point d'avoir des problèmes. L'inverse était également vérifié: lorsque ces investisseurs étaient particulièrement baissiers - favorisant les puts et vendant les calls ou restant sur la touche - le marché approchait généralement d'un plus bas.

Quand les opérateurs sur options étaient particulièrement actifs, cela constituait un signal négatif. Quand ils étaient réservés et que les volumes baissaient, c'était souvent le bon moment pour acheter des titres. En d'autres termes, c'était une illustration de la vieille théorie des opinions contraires - ne suivez pas la foule. Mes recherches m'ont également appris que la plupart des spéculateurs ont rarement du succès. En moyenne, ils perdent plus d'argent qu'ils n'en gagnent. J'en ai donc déduit qu'ils n'avaient pas souvent raison, qu'ils soient globalement haussiers ou baissiers.

Peu de temps après avoir rédigé ma thèse, j'inventais le ratio puts/calls, désormais un indicateur répandu, notamment à cause du développement des marchés d'options négociables. La découverte était d'importance non pas tant à cause de cet indicateur, mais plutôt parce qu'il me permit d'intégrer divers facteurs mesurant le sentiment du marché qui m'aidèrent dans mes prévisions. Je faisais de même pour les indicateurs monétaires et techniques. Je mis ainsi au point une série d'outils que j'ai utilisé dans ma lettre de marché et dans mes activités de gestion durant des années.

Après avoir terminé mon doctorat durant l'été 1969, je n'avais qu'une envie, c'était d'aller à New York pour me rapprocher de Wall Street.

J'acceptai donc un poste d'assistant professeur à la City University de New York dans l'espoir d'être engagé comme consultant à Wall Street. Ce fut le cas dès ma première année d'enseignement, où je rentrai comme consultant du Chicago Board of Options Exchange, qui n'avait d'ailleurs même pas de nom. Le CBOE tentait d'obtenir les autorisations des autorités de marché pour monter un marché d'options. Il leur fallut quatre ans pour arriver à leurs fins. Je donnai également des conférences sur les options aux jeunes brokers de E.F. Hutton.

Bien que mon travail fut varié et intéressant, je recherchai quelque chose de plus stimulant. C'est un de mes vieux amis de la fac, Ron Rothstein qui m'ouvrit de nouvelles portes. Associé dans une maison de courtage, il me proposa de le rejoindre en tant que consultant. Bien que sa société fut peu connue, je saisis l'opportunité. Après avoir travaillé sur différents projets, on me demanda de rédiger une lettre de marché destinée aux investisseurs institutionnels.

Le lancement de la lettre de Zweig

Une série d'articles que j'avais écrit pour Barron's l'année précédente constitua le point de départ de ma lettre. Le premier article parut au printemps 1970, alors que le marché venait de vivre un de ses plongeons les plus violents depuis les années 30. Le marché avait frôlé son plus bas en mai, alors que le Wall Street Journal avait publié un article sur American Telephone and Telegraph, recommandé à la vente par une maison de courtage de second rang. Il était rare qu'une charge publie des recommandations à la vente et cela n'avait pratiquement jamais été le cas sur une blue chip.

Après lecture du soi-disant raisonnement sous-tendant la recommandation, j'en concluais (1) que cela allait faire peur aux veuves et aux orphelins, (2) que la logique était éronnée (3) qu'elle ne valait rien. Bien que je n'eus pas d'intérêt particulier dans ATT, cette pseudo-analyse me fit monter le sang à la tête et je me mis à écrire un article contradictoire. Comme il s'avérait trop long pour le Wall Street Journal, je l'envoyai à Barron's, également publié par le groupe Dow Jones.

Par je ne sais quel miracle, Alan Abelson, le rédacteur en chef de Barron's apprécia mon article et me fit informer qu'il allait le publier. Une chance que j'appréciai plus tard. J'aimais écrire pour les institutionnels; cela me permettait de traiter une information plus sophistiquée. A l'automne 1971, le premier numéro était prêt. Mais alors que je rédigeais le second, ma maison de courtage fit faillite. L'un des associés fut accusé d'avoir détourné deux millions de dollars.

Je me retrouvais donc seul avec ma lettre de marché. Que faire? J'avais reçu une centaine de lettres de lecteurs de Barron's qui s'intéressaient à mon travail. Espérant qu'ils étaient peut-être prêts à s'abonner, j'envoyai un courrier à ces lecteurs potentiels. En quelques mois je parvenai à décrocher une quarantaine d'abonnements et décidai dans la foulée d'appeler cette publication « la lettre de Zweig ». C'est ainsi que je débutai.

Au printemps 1972, je publiai un second article dans Barron's, sur les ventes à découvert. Je prévoyai à nouveau un marché baissier et effectivement la Bourse céda du terrain pendant quelques mois. Cela ne nuit pas à ma nouvelle activité et je commençai à faire de la publicité pour ma lettre dans Barron's. Elle prenait vraiment tournure. Rapidement les revenus de ma lettre et de mes conseils en investissements dépassèrent ceux de mon enseignement. Mais j'aimais enseigner et j'acceptai un poste de professeur associé à l'université d'Iona à New Rochelle, dans l'Etat de New York. J'y enseignai pendant sept ans, au terme desquels je pris un congé sabbatique, car je n'avais plus suffisamment de temps à consacrer à mes cours.

Si l'occasion se représente, j'aimerais retourner à l'université. Ce qui m'attire le plus dans ce métier, c'est l'émulation. Je provoque les étudiants en leur posant des questions dont je ne connais pas nécessairement les réponses. Je ne cherche jamais à les bluffer. Si je n'ai pas la solution, je l'avoue. Ce type de confrontation me donne quelquefois de nouvelles idées. Certaines ont débouché sur des théories que j'ai pu appliquer dans mes prévisions de marché. Tout en publiant ma lettre, je lançai un premier fonds de placement de 340 millions de dollars en septembre 1986. Le chef de file de l'opération était Drexel Burnham Lambert. Deux ans plus tard, j'en lançai un second. Les deux fonds sont cotés à New York.

Autant que je m'en souvienne, j'ai toujours désiré tout apprendre sur les marchés. Cette passion n'est peut-être pas très différente de celle des alpinistes qui doivent partir à l'assaut d'un pic simplement parce qu'il existe. Je n'ai guère d'affinités avec la montagne, mais dès mon plus jeune âge, je voulus me trouver au sommet... du marché. C'était un défi auquel je ne pouvais résister.

Ça n'a pas toujours été facile. Les marchés m'ont fait passer quelques nuits blanches. Mais, ils m'ont permis de gagner de l'argent tout en me procurant des émotions inoubliables. Les difficultés ne m'ont jamais fait reculer et je ne me suis jamais ennuyé. J'ai toujours trouvé la Bourse fascinante et pleine de surprises. Peut-être parce que personne ne saura jamais tout sur les marchés: qui peut raisonnablement espérer avoir toujours raison?

Vous pouvez tout de même avoir plus souvent raison que tort. Si vous êtes dans le vrai dans 60% des cas, si vous laissez courir vos profits et limitez vos pertes, vous verrez que lorsque vous avez raison, vous gagnez vraiment. Mais lorsque vous vous tromperez, l'erreur sera limitée. A long terme, un taux de réussite de 60% représente des gains considérables, un taux de 50% correspond à de solides bénéfices. Même un taux de 40% peut vous permettre de battre le marché.

Lorsque vous jouez en Bourse, souvenez-vous qu'il s'agit de probabilités. Employez des stratégies censées afin de limiter les risques. Soyez agressifs seulement quand les conditions le permettent. J'ai passé ma vie à sonder les marchés. Dans les chapitres qui suivent, je tente de vous faire partager le meilleur de ma réflexion.

CHAPITRE TROIS

A quoi servent les indices de marchés ?

L'indice le plus connu au monde est le Dow Jones, ou plus précisément la moyenne des valeurs industrielles du Dow Jones. Cet indice existe depuis 1897. Il ne comptait alors que 12 grosses valeurs. En 1916, la liste s'élargissait à 20 titres, elle était portée et demeure à 30 depuis 1928. La plupart des grandes sociétés manufacturières américaines sont dans le Dow Jones. Ce sont:

Allied-Signal	DuPont	McDonald's
Aluminium Co.	Eastman Kodak	Merck
Amer Express	Exxon	Minn. M & M
AT&T	General Electric	J.P. Morgan
Bethlehem Steel	General Motors	Philip Morris
Boeing	Goodyear	Procter & Gamble
Caterpillar	IBM	Sears Roebuck
Chevron	Inter Paper	Travelers
Coca-Cola	Johnson & Johnson	Union Carbide
Disney	Wal-Mart	United Tech

A l'origine, lorsque le Dow Jones ne comptait que 12 titres, on le calculait en ajoutant les cours des 12 actions et en divisant le total par 12. On aurait pu faire de même aujourd'hui (mis à part que le diviseur aurait été de 30). Cependant, le nominal des actions est souvent divisé. De plus, on a parfois remplacé des titres entrant dans la composition du DJ. La dernière modification date de mai 1991, lorsque Walt Disney, Caterpillar, et J.P. Morgan ont remplacé USX, Navistar et Primerica.

Des modifications de ce type et des divisions de titres impliquent des modifications du diviseur si l'on veut garder un indice homogène. S'il n'y avait que deux titres, une action A à 20 dollars et une action B à 40 dollars, on calculerait la moyenne en ajoutant les deux cours (60 dollars) et en divisant par le diviseur (2). Mais supposons qu'une division par deux des titres B intervienne et que le cours revienne à 20 dollars. Il n'y a aucun changement sur la moyenne. Mais si vous ajoutez les cours des deux titres et divisez par deux, la moyenne tombe de 30 à 20 dollars. Bien entendu, cela ne reflète pas la réalité, puisqu'il n'y avait pas vraiment de changement en valeur. Les titres B se vendent moitié prix, mais comme il y a deux fois plus de titres en circulation, l'effet est neutre.

Il faut donc réajuster à la baisse le diviseur pour retrouver le niveau de 30 dollars. Maintenant, la somme des cours (après division de B) est de 40 avec 20 dollars pour A et 20 dollars pour B. En divisant 40 par 1,333, vous retrouvez 30, la véritable moyenne. Dans cet exemple, le diviseur deviendrait 1,333 même si la moyenne comporte deux titres. Au fil des ans, le Dow Jones des 30 industrielles a subi tellement de modifications que le diviseur est revenu à 0,346. En d'autres termes, si vous ajoutez les cours des 30 valeurs industrielles et divisez la somme par 0,346 vous trouvez le Dow Jones des industrielles.

La plupart des investisseurs n'ont pas besoin du diviseur, mais il est important de comprendre ce que veut dire un Dow Jones à 5.500 ou à 6.000 ou à n'importe quel niveau.

Il y a deux autres indices Dow Jones: le Dow Jones du secteur des transports et le Dow Jones des services publics. Enfin, une moyenne de 65 titres combine ces deux précédents indices. Vous les verrez souvent dans la presse financière, mais dans la mesure où ils couvrent des secteurs d'activité étroits, nous n'avons pas besoin d'en savoir davantage. Quelquefois, l'indice des services publics peut être utile, car il couvre une série de titres qui sont très sensibles aux taux d'intérêts. A ce titre, l'indicateur peut donner le ton du marché. Il donne une tendance, sans plus.

Les indices et l'activité sur le marché

Voyons comment les indices les plus significatifs reflètent l'activité du marché. La partie supérieure du graphique page suivante illustre le DJ mensuel depuis 1962. Chaque barre verticale sur le graphique représente le plus haut et le plus bas de l'indice pour le mois considéré. Prenez donc un petit moment pour vous familiariser avec l'historique du marché. On peut facilement remarquer que les marchés étaient à la baisse en 1962, 1966, 1969-1970, 1973-1974, 1976-1978, au début 1980, en 1981-1982, en 1987 et en 1990. La baisse de 1973-74, lorsque le DJ est passé de 1.052 à 578, fut la chute la plus sévère depuis les années 30. Vint ensuite le mini-krach de 1987.

On peut observer un long marché haussier entre 1962 et le début de 1966, le DJ ayant presque doublé. Les autres mouvements de hausse sont intervenus en 1967-1968, 1970-1973, 1974-1976, 1980-1981, en 1982-1987 et de 1991 à 1996. Vous trouverez aussi des périodes intermédiaires, comme la période de dégagements de 1983 et de 1984, que je classerai comme une baisse de type intermédiaire.

La deuxième partie du graphique montre l'évolution de l'indice Standard & Poor's des 500 titres. Cette moyenne intéresse surtout les investisseurs institutionnels, dans le mesure où les performances de leurs portefeuilles sont souvent comparées à cet indice. Comme son nom l'indique, le S & P comprend 500 actions, pour la plupart des blue chips et prend en compte les capitalisations. Cela signifie que si une société a 100 millions de titres en circulation, qui se traitent 20 dollars pièce, sa capitalisation boursière est de 100 millions multipliés par 20 dollars, soit deux milliards de dollars. Plus grande est la capitalisation, plus importante est la pondération accordée au titre concerné dans le S & P. Au 31 mars 1996, General Electric était l'action ayant la plus forte pondération, comptant pour 2,70% de la valeur de l'indice. Les autres pondérations les plus lourdes étaient celles de Coca Cola, Exxon, AT&T et Merck. Etant donné que la S&P 500 est dominé par les très grandes capitalisations, les actions des moins grandes sociétés comptent moins.

Le Dow Jones et le S & P évoluent généralement dans le même sens. Cependant l'ampleur des avances et des reculs peut différer d'un indice à l'autre. Par exemple en avril 1981, le DJ a atteint un plus haut de 1.024, légèrement en-deçà de son plus haut précédent de 1.052 du début 1973.

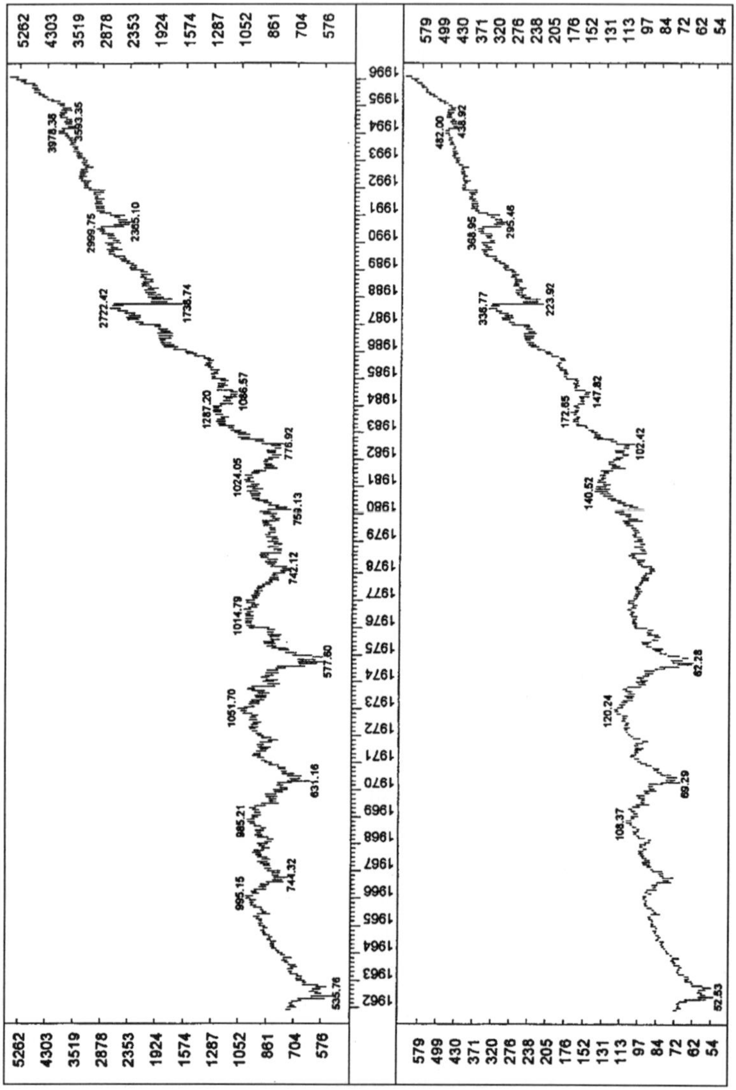

DOW JONES DES VALEURS INDUSTRIELLES - CHIFFRES MENSUELS DU 31/12/61 AU 29/02/96.

INDICE STANDARD AND POOR'S 500.

Dans le même temps, le S & P enregistrait un plus haut au-delà de 140 quelques mois plus tôt, en novembre 1980, bien au-dessus de son précédent record de 120 en 1973. Alors que le DJ a perdu près de 3% entre les deux sommets, le S & P a gagné près de 17%.

Ce cas de figure peut se présenter lorsqu'on compare un indice pondéré de 500 titres et un autre indice basé sur seulement 30 titres, uniquement pondéré par les cours des valeurs et non leur capitalisation. Cela peut paraître déroutant mais il n'y a pas d'étalon de mesure parfait de l'évolution du marché. Tout au plus y a-t-il différentes manières de la mesurer.

Le New York Stock Exchange Composite est un autre indice essentiel. Il est construit comme le S & P 500, mais sélectionne quelque 2.500 titres plus modestes cotés à New York. En d'autres termes, il pondère la capitalisation, de sorte qu'une fois de plus General Electric sera le titre le plus influent. Les mouvements sur l'indice composite de New York sont similaires à ceux enregistrés sur le S & P 500.

L'indice des cours non pondéré

Vous pouvez également évaluer la performance du marché sur la base d'un indice non pondéré, prenant en compte un large éventail de titres. C'est ce qu'on appelle un indice de cours non pondéré. J'ai construit un tel indice que j'ai appelé le ZUPI (Zweig Unweighted Price Index) et dont la base 100 est placée au début de 1965. Les données brutes de mon indice proviennent de Quotron, une messagerie boursière par ordinateur. Si le ZUPI gagne, disons 1%, en une séance, cela signifie que la moyenne des titres a progressé de 1% quelle que soit la taille de la société.

Si l'indice n'était composé que de deux titres, comme General Electric et une toute petite société, dans le mode de calcul pondéré du S & P l'évolution de la petite société ne compterait pratiquement pour rien et General Electric expliquerait plus de 90% de l'évolution de l'indice. La moyenne refléterait uniquement le mouvement de General Electric. Mais si vous considérez un indice non pondéré de deux titres, le mouvement sur General Electric pèserait 50% comme celui de la plus petite valeur. Si vous transposez ce mode de calcul à l'ensemble de la cote, General Electric ne pèse pas plus que la plus petite compagnie.

Un indice non pondéré est utile pour les petits porteurs qui peuvent se permettre d'acheter les titres de n'importe quelle société, qu'elle soit importante ou de petite taille. Mais le S & P 500 constitue certainement un meilleur indicateur pour les investisseurs institutionnels, qui mettent des millions de dollars sur General Electric ou sur Coca-Cola, mais qui ne parviendraient pas à acheter de grosses lignes de titres de petites sociétés. L'évolution du ZUPI peut, de temps en temps, s'écarter sensiblement de celle du DJ ou du S & P 500. Simplement parce que ZUPI donne un poids relatif important aux titres de petites sociétés, quelquefois appelés titres de second rang, tandis que les blue chips dominent dans les principaux indices. Quelquefois les vedettes enregistrent de belles performances, comme entre le printemps 1972 et le début 1973, alors que les titres de second rang perdent du terrain. À d'autres moments, comme en 1977, les titres moins importants peuvent progresser tandis que les blue chips baissent. Mais lorsque le marché est vraiment baissier, comme en 1973-74, la plupart des titres cèdent du terrain et tous les indices baissent sensiblement. De même, dans un marché fortement haussier, les indices pondérés comme les non-pondérés ont tendance à avancer.

Dans les pages qui suivent, j'ai rapporté les mouvements de différents indicateurs et modèles à ceux d'indices comme le ZUPI ou le S & P 500. Je me servirai aussi quelquefois du DJ ou de l'indice composite Value Line. Cet indice est construit et diffusé par Arnold Bernhard & Co. Il est non-pondéré et couvre environ 1700 titres (qui sont moins grandes en termes de capitalisation que celles du NYSE Composite) dont la plupart sont cotés sur la Bourse de New York, le NYSE. Il est construit exactement de la même façon que le ZUPI, mis à part que le ZUPI regroupe tous les titres de la Bourse de New York et aucun titre de l'AMEX ou du hors-cote. Le Value Line laisse de côté quelques centaines de titres cotés de la Bourse de New York mais inclue quelques titres de l'AMEX et du hors-cote. Ces deux indices évoluent de façon très similaire, déviant légèrement par moments.

Au printemps 1982, la Bourse de Kansas City initiait les premières transactions de futures sur indice, sur le Value Line. Les futures peuvent se traiter à des cours supérieurs ou inférieurs à l'indice. Mais mis à part cet écart, vous pouvez acheter ou vendre l'ensemble du marché, tel qu'il est reflété par l'indice Value Line. C'est également en 1982 que débutèrent les futures sur indice S & P 500 à Chicago. Durant la même année, un troisième marché ouvrit à New York, sur l'indice composite du NYSE.

L'activité sur le S & P 500 est de loin la plus importante et les volumes globaux traités sur ces trois marchés de futures sont désormais supérieurs à ceux traités sur la Bourse de New York. Actuellement on échange environ 113,7 milliards de dollars par semaine sur les futures sur S & P, 169 millions sur le Value Line et 2,8 milliards sur le New York Composite. Le total du volume hebdomadaire traité sur les futures sur indices représente donc environ 116,7 milliards de dollars, soit un peu plus que les 80 milliards échangés sur la Bourse de New York. Il est clair que les futures sur indices ont explosé depuis leur création récente et que ces marchés prennent une importance primordiale pour les investisseurs et les spéculateurs.

Je ne peux aborder plus en détails les futures sur indices dans cet ouvrage, car ce thème mérite un livre à lui tout seul. Cependant, par la suite, lorsque nous étudierons des cas pratiques sur les indices et les modèles, gardez à l'esprit que les futures sur indices constituent une base de comparaison. Avec ces produits vous pouvez en effet éviter de payer les coûts de transaction sur le marché et bénéficier d'un effet de diversification suivant la composition de l'indice.

La prise en compte de l'inflation

Si le DJ passe de 100 à 200, il s'agit d'un gain de 100% ce qui correspond également à une fluctuation de 500 à 1.000 (une avance de 100%). Si l'on prend les cours non corrigés de l'inflation, c'est-à-dire en prix réels de l'époque, l'indice subit les effets de l'inflation ou de la déflation. Sur le court terme, de quelques jours à quelques semaines, cela n'a généralement pas d'importance. Par ailleurs, si le taux d'inflation est « normal », disons de 2 à 4% environ, cela n'aura guère d'influence sur une période d'un à deux ans. Mais si la hausse des prix atteint 10%, comme cela a été le cas au début des années 80, ou si l'on est en période de déflation comme dans les années trente, cela modifie sensiblement les cours nominaux des actions pris en compte dans les indices.

Imaginons que vous investissiez alors que le Dow Jones est à 1.000. Supposons que l'inflation cumulée sur les cinq années suivantes ait fait doubler les prix, sur la base d'une inflation de l'ordre de 15% par an. Vous devriez débourser 2.000 dollars pour acheter l'équivalent de ce que vous aviez acheté 1.000 dollars cinq ans auparavant. Supposons que l'inflation fasse doubler les prix et que le Dow Jones soit resté à 1.000. Conclure que votre investissement n'a pas bougé à la fin des cinq années serait une aberration. La valeur nette de votre investissement a en fait baissé de 50%. Plus l'inflation est importante, plus forte sera la correction sur les indices. Le graphique page 31 représente le Dow Jones depuis 1921 corrigé de l'inflation ou de la déflation. Cet indice est techniquement appelé le Dow Jones déflaté. Il montre l'évolution du DJ en « vrais » dollars, en dollars de nos jours, c'est-à-dire reflétant le véritable pouvoir d'achat de votre argent. Ainsi, en reprenant l'exemple précédent, si le DJ n'avait pas bougé sur cinq ans, alors que l'inflation faisait doubler les prix, un graphique du DJ déflaté reproduirait une baisse progressive de 1.000 à 500 sur la période considérée, avec un recul de 50% en termes réels.

Pour vous familiariser avec cette approche, observez le graphique ci-contre, représentant le DJ déflaté depuis le début du siècle. En termes de tendances lourdes, on peut observer un marché qui progresse, peut-être le marché le plus haussier de notre histoire, de 1921 à 1929. Fait intéressant, les prix sont restés pratiquement stables durant les années 20.

Que s'est-il vraiment passé en 1929 ?

Le marché qui n'était pas loin de son sommet, avait commencé à décliner en septembre. En octobre, la baisse s'accentuait et les prix se sont carrément effondrés les 23 et 28 octobre. Assurément, le plongeon du 28 octobre demeure la plus forte chute jamais enregistrée en une séance. Ce jour-là, le DJ a baissé de 298,97 à 260,64, soit un krach de 12,8%! Le 23 octobre le marché n'avait cédé que 6,3%. À la mi 1996, avec un Dow aux environs de 5600 points, une chute de l'ordre de celle du 28 octobre 1929 se traduirait par une perte de 700 points...et ferait la une de tous les journaux télévisés.

La plupart des gens pensent que le marché s'est effondré le 29 octobre 1929 et savent peu de chose sur ce qui s'est passé avant et après cette date. Bien entendu, les cours se sont écroulés ce jour-là, le DJ perdant 11,7% à 230,07, soit une chute un peu moins sévère que le jour précédent. Les volumes atteignaient alors un record historique de 16,4 millions de titres échangés, montant qui n'a pas été retrouvé depuis! En fait, le 29 octobre, le marché a enregistré un de ses plus beaux rebonds durant la dernière heure

DOW JONES DES VALEURS INDUSTRIELLES
CORRIGÉ DE L'INFLATION.

CHIFFRES MENSUELS
DU 31/03/21 AU 29/02/96.

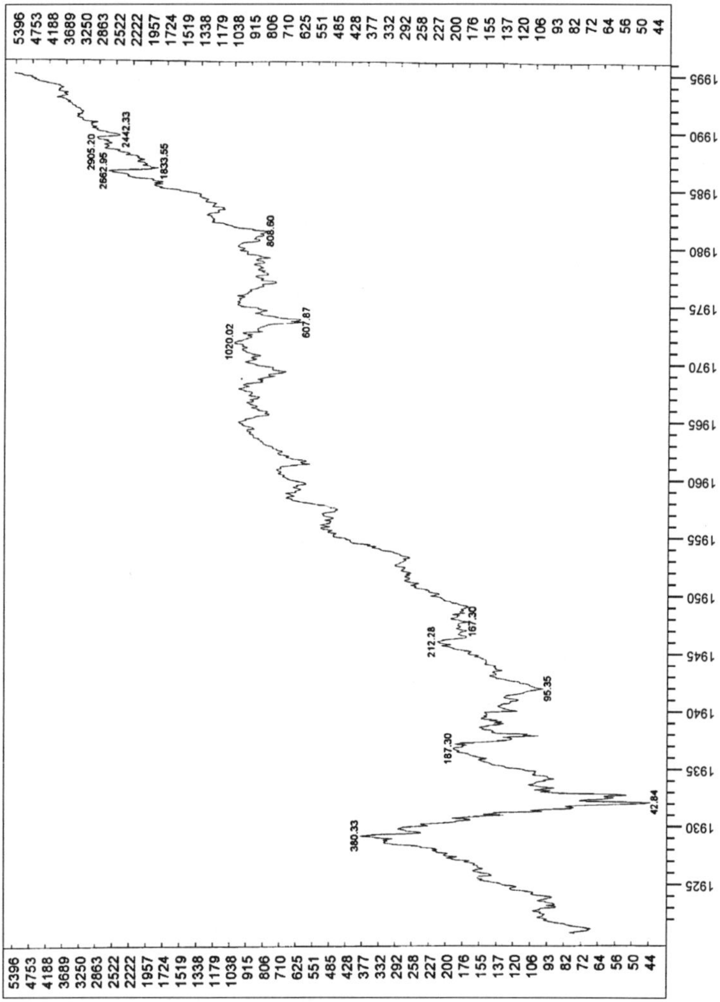

de transactions. Le jour suivant, le 30 octobre, le DJ regagnait 12,3% à 258,47. Mais la reprise devait faire long feu puisque vers la mi-novembre, le DJ revenait aux environs des 199, perdant près de 50% par rapport à son plus haut de 381 le 3 septembre. Ce que l'on a coutume d'appeler le krach de 1929 recouvre bien plus que le 29 octobre et a représenté la plus forte baisse en un laps de temps très limité. Mais le gros des dégâts n'est en fait intervenu qu'entre 1930 et 1932.

A partir de la mi-novembre 1929, le Dow Jones a progressé régulièrement jusqu'à 294 en avril 1930. Ce mouvement, s'inscrivant dans un marché haussier, représentait un gain de 48% environ. Une progression de ce type représenterait une avance d'environ 700 points sur le DJ aujourd'hui. Par la suite, on est vraiment entré dans la dépression. Ce n'était plus que de la baisse. En juillet 1932, le Dow Jones était à 41, en baisse de 86% par rapport à ses plus hauts niveaux du printemps 1930. Il perdait 89% par rapport aux records de 1929.

Après le désastre du début des années trente, les actions regagnèrent du terrain et un marché haussier persista jusqu'en 1937. La dépression était de retour et les cours replongèrent. Corrigés de l'inflation, les cours n'ont pas touché leur plus bas avant avril 1942, quelques mois après Pearl Harbor. Puis, le marché est reparti de l'avant, portant le Dow Jones à un plus haut de près de 1.000 en 1966. Même corrigé de l'inflation, le Dow Jones a ainsi été multiplié par cinq entre 1942 et 1966.

C'est là un point essentiel. Le Dow Jones a atteint 955 en 1966 au moment où l'Amérique s'enfonçait dans la guerre du Vietnam. Le conflit entraîna une forte inflation qui a joué sur l'ensemble des autres facteurs économiques, y compris les moyennes des cours des titres. Lorsque la baisse s'interrompit en août 1982, le DJ affichait 777. Le recul nominal était de 22% sur environ 16 ans. Pourtant les prix ont à peu près triplé sur la même période. Entre janvier 1966 et août 1982, l'indice des prix à la consommation a progressé de 95,4 à 308,6, une incroyable hausse de 223,5%. Le taux d'inflation annuel moyen était de 7,3% sur cette période. Sur la base du niveau des prix de 1966, lorsque le Dow Jones atteignait 777 en août 1982, cela correspondait à un niveau de 240 seulement. En d'autres termes, le DJ avait perdu près des trois-quarts de sa valeur en 16 ans. Pour moi, il s'agit donc en fait d'un marché baissier.

Le graphique précédent indique très clairement cette tendance à la baisse de 1966 à 1982. Bien entendu, il y eut des reprises passagères durant ce long cycle baissier. Ces avances sont apparues en 1967-68, 1970-73, 1974-

76 et, à un moindre degré, en 1980. Mais dans tous ces cas de figure, les nouveaux sommets enregistrés se situaient toujours, en termes réels, en-deçà des précédents records à la hausse. Les planchers des marchés baissiers successifs touchaient des niveaux inférieurs aux précédentes baisses. Cette succession d'écarts de moins en moins importants illustre la tendance baissière du marché.

Le cycle s'interrompit après un plus bas en 1982. La forte reprise qui se prolongea jusqu'en 1983 entraîna le DJ au-delà de son plus haut de 1980-81. Pour la première fois depuis 20 ans, le Dow Jones améliorait son record précédent. De même, le mouvement de dégagements de 1984 se stabilisa à un niveau supérieur, en termes réels, à celui du plus bas de 1982. Puis l'envolée de 1985 entraîna les cours réels au-dessus des sommets de 1983.
Le taux d'inflation annuel moyen de 7,3% de 1966 à 1982 a été en fait le catalyseur qui a permis une tendance baissière à long terme. Les actions ne font généralement pas de bonnes performances en période de forte inflation. Une conjoncture déflationniste est cependant encore plus défavorable. Ce fut le cas au début des années trente, puis en 1937-38. Les marchés préfèrent en effet des environnements non-inflationistes, comme durant les années vingt et la première moitié des années soixante. La reprise de l'inflation dans la deuxième partie des années soixante puis dans les années soixante-dix, a détoumé les petits porteurs de la Bourse, au profit d'investissements dans des collections, dans l'or ou dans l'immobilier.

A partir du début des années soixante, le petit porteur a été vendeur net de titres et a continué de vendre jusqu'à 1983, quand les investisseurs, pour la première fois en vingt ans, sont redevenus acheteurs. Pourtant, une analyse plus détaillée vous montre que le public, dans son ensemble, était à contre-courant et encore vendeur en 1984. Pendant cette période, l'immobilier n'a cessé de progresser, surtout les maisons individuelles, à cause d'une spéculation effrénée. L'or aussi bondit, puisqu'il passa de 35 dollars l'once à un niveau record de 875 dollars au début de 1980, avant de s'effondrer. Les cours de toutes sortes de collections, y compris d'art, les antiquités, les pièces anciennes, les timbres, se sont envolés car les gens les considéraient comme une protection contre l'inflation.

Le pire en matière d'inflation et de ses effets sur les marchés boursiers, est que le remède fait plus de dégâts que le mal lui-même. Quand l'inflation devient trop importante, la Réserve Fédérale tente de limiter la croissance de la masse monétaire. Ainsi, elle fait monter les taux d'intérêts.

Ce qui ralentit l'activité économique et réduit les bénéfices des sociétés. Ce type de conjoncture entraîne souvent un marché baissier.

Lorsque Paul Volcker a été nommé président de la Réserve Fédérale en 1979, il déclara que l'inflation était l'ennemi public numéro un et mit en place une politique monétaire restrictive. Il gagna cette guerre contre l'inflation dès 1981, puisque les prix baissèrent à nouveau. En 1982, le recul des prix s'interrompit. Alors que nous entrions dans une période de désinflation, les actions ont commencer à s'apprécier dans le cadre d'un marché haussier à très long terme qui porta le Dow jusqu'à 2722 points à la veille du krach de 1987, pour un gain de 250% depuis ses bas de 1982. A la mi 1996, le Dow était monté à près de 5600, pour un gain de 435% depuis 1982.

Dans les chapitres qui suivent, je vais vous indiquer comment rentrer sur le marché au bon moment dans des conditions optimales. Mais conservez à l'esprit les remarques de ces quelques pages. En période de forte inflation ou de forte déflation, prenez soin de faire des arbitrages, afin de ne pas vous retrouver avec de la monnaie de singe.

CHAPITRE QUATRE

Les indicateurs monétaires: « Ne spéculez pas contre la Réserve Fédérale Américaine ».

En matière de Bourse, comme en matière de courses, ce qui fait courir le cheval, c'est l'argent. La politique monétaire exerce une énorme influence sur les cours des titres. Assurément, l'environnement monétaire - en premier lieu la tendance des taux d'intérêt et la politique de la Réserve Fédérale (la banque centrale américaine) - sont des critères dominants pour l'orientation générale du marché. Une fois bien établie, une tendance se poursuit pendant un à trois ans.

Les éléments pris en compte dans la définition de cet environnement sont: la demande de prêts, la liquidité du système bancaire, le taux d'inflation ou de déflation, et bien entendu la politique de la Réserve Fédérale. Voilà les principales données qui régissent la tendance des taux d'intérêt. En règle générale, une orientation à la hausse sur les taux est défavorable pour les actions; une baisse joue dans le sens contraire. Voyons pourquoi.

En premier lieu, des taux d'intérêt orientés à la baisse réduisent l'attrait relatif des autres placements, notamment des instruments financiers tels que les bons du Trésor, les certificats de dépôts ou les placements sur le marché monétaire. Par exemple, si un investisseur voit les rendements des certificats de dépôts baisser de 7 à 3%, il sera moins motivé pour réinvestir dans de tels placements. Les nouveaux rendements ne sont pas aussi attrayants que les précédents. Dès lors, les actions paraissent plus compétitives. Bien entendu, c'est l'inverse lorsque les taux progressent.

Deuxièmement, lorsque les taux reculent, le coût des emprunts baisse pour les sociétés. Cela réduit d'autant un poste de dépense important pour des entreprises structurellement emprunteuses, comme les compagnies aériennes, les services publics ou les sociétés de crédit. Les bénéfices ont donc tendance à progresser puisque les coûts diminuent. Wall Street adore ce type de perspective. Ainsi, lorsque les taux d'intérêt baissent, les investisseurs ont tendance à accepter une hausse des cours des titres, en partie parce qu'ils anticipent de meilleurs résultats pour les sociétés. L'effet inverse se produit lorsque les taux montent.

Mais assez de théorie. Voyons comment tout cela se passe concrètement. Je vais vous présenter trois indicateurs monétaires de base, faciles à comprendre. J'utilise une série d'indicateurs plus larges pour mes prévisions de marché, mais j'ai observé que ces trois indicateurs, particulièrement efficaces et beaucoup moins compliqués que mes modèles, suffisent à comprendre les mécanismes généraux.

Les taux de base bancaires

Le taux de base est le taux d'intérêt qu'une banque consent à ses meilleurs clients, principalement les grosses sociétés. La plupart des taux de prêts bancaires sont assis sur le taux de base. Plus les risques encourus sont importants, plus le taux demandé sera élevé. En d'autres termes, plus l'emprunteur paraît solvable, plus le taux qui lui sera proposé sera proche du taux de base.

Le taux de base est un bon indicateur de marché car il est relativement stable, comparé à d'autres taux. Sur la période de 33 ans jusqu'en 1996, le taux de base a été modifié en moyenne près d'une fois par mois. De plus, il est difficile de ne pas être informé d'une modification du taux de base car cela fait toujours la une des journaux. Même si vous êtes très occupé, vous n'aurez aucun mal à garder un œil sur les taux de base.
Ce taux a un autre avantage: il réagit avec un léger retard par rapport aux autres principaux taux d'intérêt. Le taux de base baisse d'habitude après un tassement des Federal Funds (l'argent au jour le jour), des rendements des certificats de dépôts ou de ceux des billets de trésorerie. C'est exactement ce

dont vous avez besoin: un mouvement sur les taux d'intérêt entraîne la plupart du temps une réaction légèrement différée sur le marché des actions. Or, un taux qui réagit avec un léger décalage sur les autres, marque souvent le point de retournement du marché.

Les règles: en premier lieu, j'ai arrêté un peu arbitrairement un seuil de 8% sur le taux de base. Au-dessus, les taux sont relativement élevés, au-dessous ils sont relativement bas. Dès lors, un léger repli des taux au-dessous de 8% constitue en soi un signal haussier pour les actions. Mais si les taux viennent d'un niveau supérieur à 8% et enfoncent ce seuil, le tassement devra être plus important pour donner un véritable signal favorable. A l'inverse, une légère progression des taux, s'ils sont déjà au-dessus du seuil de 8%, suffit pour constituer un signal baissier. Tandis qu'au-dessous des 8%, le relèvement devra être plus important pour donner un signal. Bien que l'on puisse mettre en cause ce seuil de 8%, il est clair que le niveau et l'orientation des taux sont importants. Mes recherches m'ont pourtant conduit à penser que la tendance sur les taux est plus importante que leurs niveaux. Quoi qu'il en soit, ces règles sont de pure logique et avant tout d'une simplicité exemplaire.

Les signaux d'achats:

1 - Toute baisse du taux de base s'il était en-dessous de 8%. Par exemple, si le taux de base a été relevé en plusieurs étapes de 5 à 7% et que finalement il est ramené à 6,5%, cela constitue un signal d'achat sans ambiguïté pour les titres liés à cet indicateur.

2 - Si le taux de base se situe au-dessus de 8%, le signal d'achat intervient après deux baisses du taux ou un repli de 1%. Par exemple, si le taux de base a progressé en quelques mois de 6 à 10%, puis est retombé à 9,5%, cela n'est pas suffisant pour acheter. Si par la suite, il est abaissé à 9%, c'est le signal d'achat. Si la première réduction du taux avait été d'un point, à 9%, cela constituait aussi un signal d'achat. Les mouvements sur le taux de base sont d'habitude d'un quart ou d'un demi point. Une modification d'un point est beaucoup plus rare (à peu près une fois sur vingt). Elle est donc plus significative.

Les signaux de ventes:

1 - Toute hausse du taux de base si ce dernier se situe au-dessus de 8%. Par exemple, si le taux de base a baissé de 12 à 10% puis remonte à 10,5%, c'est un signal de vente.

2 - Si le taux de base affiché est en-deçà de 8%, le signal de vente interviendra lors du deuxième relèvement ou lors d'une hausse d'1% de ce taux. Par exemple, si le taux de base s'est tassé de 10 à 6% en plusieurs étapes, puis est relevé à 6,5%, cela ne suffit pas pour constituer un signal. Mais s'il remonte encore à 7%, cette deuxième hausse marque le signal de vente. Si le premier relèvement avait été d'un point, à 7%, il fallait vendre.

Le tableau ci-dessous rapporte les performances de l'indicateur de taux de base à mon indice non-pondéré le ZUPI. Ses mouvements sont très similaires à ceux du Value Line, sur lequel sont désormais traitées des options à termes (l'indice ZUPI a été présenté en détails dans le chapitre 3).

INDICATEUR DE TAUX DE BASE COMPARÉ AU ZUPI: 1954 À 1996

SIGNAUX D'ACHATS			SIGNAUX DE VENTES		
Date	**ZUP**	**Variation en %**	**Date**	**ZUPI**	**Variation en %**
17/03/54	33,73	+43,2	14/10/55	48,29	-1,3
22/01/58	47,66	+57,2	18/05/59	74,93	-1,6
23/08/60	73,74	+70,1	10/03/66	125,43	+3,3
26/01/67	121,28	+20,8	19/04/68	146,45	+12,2
25/09/68	164,98	+7,7	02/12/68	177,68	-42,7
21/09/70	101,86	+21,9	06/07/71	124,17	-6,1
20/10/71	116,59	+3,8	26/06/72	121,02	-34,6
29/01/74	79,17	+2,2	22/03/74	80,95	-33,5
21/10/74	53,83	+31,0	28/07/75	70,53	-5,6
05/11/75	66,59	+20,1	07/06/76	79,95	+6,1
02/08/76	84,79	+8,0	31/05/77	91,57	+21,2
07/12/79	110,96	+5,5	19/02/80	117,09	-11,4
01/05/80	103,73	+27,3	26/08/80	132,08	+0,6
22/12/80	132,87	+11,7	24/04/81	148,46	+0,9
16/06/81	149,84	-0,5	22/06/81	149,02	-14,7
21/09/81	127,04	+1,3	01/02/82	128,68	-5,9
08/03/82	121,07	-0,1	16/03/82	120,96	+2,8
26/07/82	124,39	+61,2	10/08/83	200,53	-3,0
15/10/84	194,61	+56,7	01/05/87	304,87	-24,1
05/11/87	231,53	+7,7	11/05/88	249,35	+19,5
14/07/89	298,17	+26,5	19/04/94	377,33	+18,9

20/12/95	448,50	+7,3	
10.000 $ deviennent:	610.554 $		2.336 $
Rendement:	+18,7%		-7,8%
Stratégie achat/conservation:	+6,5% par an		
% de signaux corrects:	90,9%		61,9%

Le premier signal d'achat est apparu en mars 1954, alors que le ZUPI se situait à 33,73. Environ 19 mois plus tard, l'indicateur donnait un signal cette fois de vente, en octobre 1955, comme on le voit dans les colonnes de droite. Le ZUPI avait alors progressé jusqu'à 48,29. Le pourcentage de hausse sur le signal d'achat a été de 43,2%. Il apparaît dans la colonne « variation en % » dans le tableau sur les « signaux d'achats ». Après le signal de vente de 1955, l'indicateur de taux de base est resté baissier jusqu'en janvier 1958, lorsqu'il a affiché le second signal d'achat dans notre tableau. A ce moment là, le ZUPI s'était replié à 47,66 et se situait 1,3% en-dessous du niveau du signal de vente de 1955. Cela apparaît en première ligne sur la colonne « variation en % », la plus à droite dans le tableau sur les « signaux de ventes ». Le reste du tableau suit la même logique.

L'indicateur a fourni 22 signaux d'achats sur la période considérée. Dans 20 cas, cela a débouché sur des profits, soit un taux de réussite de 91%. Les pertes n'ont été que mineures en 1981 et 1982, lorsque le taux de base a brutalement baissé.

Quelquefois les gains sont sensationnels, comme en juillet 1982. Le signal d'achat a alors débouché sur un confortable profit de 61,2% en un an. Ce signal d'achat a couvert la majeure partie de la hausse de 1982-83. Celui d'octobre 1984 a entraîné un gain de 56,7%. Globalement, l'indicateur a été en mode haussier sur un total de 24 ans. Si vous aviez investi 10.000 dollars dans un panier de titres, ou dans des SICAV, qui auraient évolué parallèlement à mon indice ZUPI, cette somme serait devenue 610.554 dollars. Soit une progression annuelle de 18,7%. Par ailleurs, si vous aviez acheté des actions ou des SICAV et les aviez conservées toute cette période, les 10.000 dollars ne seraient devenus que 140.826 dollars. Ces calculs, comme tous les autres dans ce livre, ne tiennent pas compte des dividendes versés et des impôts prélevés.

Maintenant supposons que vous ayez joué le marché avec l'indice ZUPI lors de signaux d'achats, revendu les titres lorsque les signaux de vente apparaissaient, puis réinvesti dans des instruments monétaires à court terme, (comme des certificats de dépôts) payant un taux moyen de 7%, en attendant le signal d'achat suivant. Cette stratégie vous aurait permis de porter vos 10.000 dollars initiaux à 1.913.660 dollars sur une période de 42 années. Dans ce cas-là, le rendement ressort à 13,3% par an, bien au-dessus des 6,5% de la stratégie d'achat-conservation des titres.

Les signaux de ventes ont également donné des résultats tout à fait honorables, un peu moins bons que les signaux d'achat: c'est souvent le cas avec des indicateurs monétaires. Quoi qu'il en soit, 13 des 19 signaux étaient bon: en d'autres termes les cours ont baissé. Le taux de réussite moyen ressort donc à 68% (voir tableau de la page 38, dernière ligne). De plus, une telle stratégie vous aurait permis d'éviter la majeure partie des dégringolades de 1969-70 et de 1973-74, les pires depuis la dépression des années 30 (mis à part le krach d'octobre 1987). De fait, ce n'est pas parce que l'environnement monétaire semblait normal en 1962 que cela a évité le krach de cette année-là (de nombreux autres facteurs, particulièrement les ratios cours/bénéfices étaient terriblement élevés à l'époque). Mais les retournements de 1980, 1981 et 1987 ont bien été identifiés.

Si vous aviez été suffisamment maladroit pour ignorer le signal de la hausse des taux d'intérêt et auriez conservé les titres malgré les signaux de ventes, un investissement initial de 10.000 dollars aurait fondu jusqu'à 2.336 dollars. Soit une perte annuelle de 7,8%.

On peut rapprocher l'indicateur de taux de base et l'indice Standard & Poor's 500. Souvenez-vous, comme je vous l'indiquais dans le chapitre 3, que le S & P 500 n'est pas aussi volatil que le ZUPI et a peu de chance de donner des taux de réussite aussi élevé que ce dernier. Rapportés au S & P 500, les gains annuels sont de 15,5%, contre un bénéfice de seulement 7,9% si vous aviez acheté et conservé les titres. Les signaux d'achats vous auraient permis de transformer vos 10.000 dollars en 318.068 dollars. Si de surcroît vous aviez réinvesti dans des instruments monétaires avec un rendement moyen de 7%, lors de l'apparition de signaux de ventes, l'investissement de 10.000 dollars se serait apprécié à 996.909 dollars, soit un gain annuel de 11,6%, ou près du double de la stratégie d'achat-conservation.

Sur la base de signaux d'achats, le S & P 500 a progressé 18 fois sur 22, soit un taux de succès de 1%. Sur les signaux de ventes, il a baissé 11 fois, n'a pas bougé une fois, et a progressé 9 fois. Ce qui correspond à un taux de réussite de 57%. Un investissement de 10.000 dollars par un investisseur qui aurait joué le marché à contre-courant se serait réduit à 7.676 dollars en phase de signal de vente, soit une perte annuelle de 1,5%.

LES INDICATEURS DE LA FED

On a quelquefois dit que la Réserve Fédérale écrit le scénario de la Bourse. Les faits tendent à le vérifier. La Fed a pour fonction d'ajuster la croissance de la masse monétaire, tout en contrôlant les niveaux du crédit, afin de jouer sur les taux d'intérêts. Elle ne remplit pas nécessairement l'ensemble de ces fonctions en même temps. Mais quel que soit le but final de la Fed, il est certain que cela aura un impact sur les taux d'intérêts et en dernière analyse sur les cours de Bourse.

Parmi les armes dont dispose la Fed, trois sont essentielles: le taux d'escompte, le taux des réserves obligatoires et le taux des fonds fédéraux. Le taux d'escompte est le taux qu'impose la Fed aux banques qui doivent se refinancer. De tels recours des banques à la Fed correspondent à des besoins pour couvrir leurs réserves obligatoires. Le taux des fonds fédéraux représente le taux d'intérêt prélevé sur le marché inter bancaire. Le niveau des réserves obligatoires peut augmenter ou réduire les possibilités de crédit des banques.

La Fed a le pouvoir de fixer à la fois son taux d'escompte, le taux des fonds fédéraux et celui des réserves obligatoires. Lorsqu'un changement intervient, vous pouvez être assurés qu'il sera largement mentionné dans les journaux. Il y a dix ans, j'avais mis un modèle au point, prenant en compte ces trois variables (mais également d'autres taux de réserves bancaires). J'ai récemment simplifié le modèle pour le rendre plus efficient.

Il est très simple de tenir ces données à jour pour construire un indicateur de la Fed. Vous avez besoin de la tendance et des modifications intervenues sur ces trois variables. En moyenne, ces trois données ne changent que trois fois par an, c'est donc vraiment un indicateur pour « paresseux ».

Notes : étant donné qu'à la fois le taux d'escompte et le taux des fonds fédéraux servent au fond à la même chose, j'utilise maintenant toute modification de l'un ou de l'autre pour calculer le Fed indicator et pour dresser mes tableaux statistiques de performances. Dans la section suivante, pour éviter d'entretenir la confusion, j'en référerai seulement au taux d'escompte. Néanmoins, vous devez savoir que cette mention recouvre également, à partir d'août 1995 (époque où j'ai modifié ces règles), le taux des fonds fédéraux.

Les règles: pour mettre au point votre indicateur de la Fed, il faut prendre en compte séparément le taux d'escompte et le taux de réserves obligatoires. Puis vous croisez les deux. Dans les exemples qui suivent, je ne prendrai en compte que le taux d'escompte, mais le système fonctionnerait de la même façon pour les réserves obligatoires. Au moment de la rédaction de ce livre, la Fed n'avait pas modifié ses taux de réserves obligatoires depuis l'automne 1981.

Les points négatifs: un relèvement, soit du taux d'escompte, soit de celui des réserves, est baissier - souvenez-vous, une hausse des taux d'intérêt est habituellement défavorable pour les actions. Une progression d'un de ces taux correspond à un point négatif pour le calcul de l'indicateur de la Fed. Il effacera également tout autre aspect positif qui aurait pu être relevé dans l'environnement du moment. Ce point négatif subsistera six mois, au terme desquels il n'aura plus d'influence.

Supposons, par exemple, que le taux d'escompte soit relevé le 1er janvier. Nous lui attribuerions un point négatif (-1). Si la Fed ne bouge plus, la pondération sur le taux d'escompte reviendra à 0 le 1er juillet. Au contraire, si une deuxième hausse du taux d'escompte était décidée, disons le 1er mars, la pondération passerait à -2 points. Le 1er juillet, celle-ci reviendrait à -1 puisque la première hausse aurait plus de six mois. Puis au 1er septembre, la pondération serait à nouveau nulle. Une modification du taux d'escompte n'affecte pas la pondération sur les taux de réserves et vice-versa. Voici une présentation de ces calculs sous forme de tableau:

1er janvier:	hausse du taux	-1
1er juillet:	pas de changement	0

ou bien alternativement:

1er janvier:	hausse du taux	-1
1er mars:	nouvelle hausse	-2
1er juillet:	pas de changement	-1
1er septembre:	pas de changement	0

Les points positifs: les assouplissements de la politique du crédit de la Fed ont un effet relativement plus favorable sur les actions que l'impact négatif d'un resserrement du crédit. Dès lors, une réduction initiale de l'un ou l'autre des taux non seulement efface les points négatifs qui ont pu s'accumuler, mais encore donne deux points positifs à la pondération. J'entends par réduction initiale, une baisse faisant suite à une hausse des taux, ou bien à une politique inchangée depuis deux ans. L'effet d'une telle décision annule un des deux points positifs au bout de six mois, le deuxième point positif étant effacé un an plus tard.

Si une deuxième baisse du taux d'escompte est décidée, cela représentera un nouveau point, soit un total de trois points. Ce point, résultant de la deuxième détente sur les taux, sera annulé au bout de six mois. Un troisième, quatrième, cinquième ou même sixième abaissement des taux serait traité de la même manière.

Par exemple, supposons que la Fed ait précédement relevé son taux d'escompte une ou plusieurs fois... ou bien que celui-ci n'ait pas bougé depuis deux ans. Elle décide de le baisser le 1er janvier. Ce changement de politique monétaire éliminerait tous les points négatifs précédents (s'il en existait) et donnerait deux points positifs dans la mesure où il s'agit d'une baisse initiale. La pondération demeurerait à +2 points pendant six mois. Puis elle reviendrait à +1 point le 1er juillet. Le 1er janvier suivant, la pondération tomberait à 0. Sous forme de tableau cela donnerait:

31 décembre:	taux inchangé depuis deux ans	0
1er janvier:	baisse du taux	+2
1er juillet:	pas de changement	+1
1er janvier:	pas de changement	0

Supposons maintenant qu'après la réduction du taux au 1er janvier, la Fed baisse une nouvelle fois son taux le 1er avril. Cela ferait un point positif de plus, donc une pondération de +3. Le 1er juillet la pondération reviendrait à +2, puisque la première baisse daterait de six mois. Le 1er octobre, la pondération tomberait à +1. Puis le 1er janvier suivant, le dernier point positif disparaîtrait. Sous forme de tableau cela donnerait:

31 décembre:	taux inchangé depuis deux ans	0
1er janvier:	baisse du taux	+2
1er avril:	baisse du taux	+3
1er juillet:	fin effet première baisse	+2
1er octobre:	fin effet deuxième baisse	+1
1er janvier:	dernier point disparaît	0

Comment calculer l'indicateur de la Fed: il s'agit d'affecter une pondération à chacun des composants, le taux d'escompte et le taux des réserves obligatoires. Une modification d'une de ces données n'a pas d'effet sur l'autre. Pour calculer cet indicateur, il suffit d'ajouter les deux pondérations. Vous aurez rarement plus de trois ou quatre points du côté du taux d'escompte et deux ou trois points du côté de celui du taux de réserves. L'indicateur de la Fed variera donc entre -4 et -5 au pire et entre +6 et +7 au mieux. L'expérience a également prouvé qu'un total au-dessous de -3 n'a pas un effet plus négatif sur les actions que -3. De même, l'impact d'un total supérieur à +3 n'est pas très différent de +3 seulement. Sur la base d'années de tests, les gradations de l'indicateur de la Fed sont les suivantes:

marché très haussier	=	+2 points ou supérieur
marché neutre	=	0 ou 1 point
marché modérément baissier	=	-1 ou -2 points
marché baissier	=	-3 points ou inférieur

Il n'y a pas de gradation « marché modérément haussier », tout simplement car des résultats de +2 points ont souvent donné d'excellents marchés, tandis que +1 a débouché dans l'ensemble sur des marchés hésitants. Il est apparu qu'aucun total ne correspondait à un marché moyennement porteur.

Depuis 1914, lorsque la Fed a commencé à règlementer le marché, le taux d'escompte a été relevé 77 fois et baissé 83 fois (jusqu'en mars 1996). Les taux de réserves obligatoires, qui sont apparus en 1936, ont été bien moins souvent modifiés. Ils ont été augmentés 15 fois et allégés 30 fois.

Entre 1914 et 1936, le taux d'escompte constituait l'unique instrument de politique monétaire de la Fed. Même dans ce cas de figure, l'indicateur de taux d'escompte a produit des résultats cohérents avec la période suivante. Les réserves obligatoires n'ont été introduites qu'en 1936, j'ai donc testé l'indicateur de la Fed depuis cette date jusqu'en 1957. Une fois les pondérations mises au point, j'ai fait tourner le modèle de 1958 à 1996, années pendant lesquelles les investisseurs institutionnels ont de plus en plus dominé le marché. Les résultats sur la période 1958-96 ne diffèrent pas significativement de ceux de la période précédente.

J'ai d'abord testé l'indicateur de la Fed avec l'indice ZUPI. Lorsque la Fed assouplit sa politique, les actions décollent. Un investissement de 10.000 dollars sur un panier de titres diversifiés (du type de ceux du ZUPI), qui aurait été réalisé lorsque l'indicateur de la Fed donnait le signal d'un « marché très haussier », aurait abouti à une somme de 190.906 dollars sur une période de seulement 11,9 années. Ce qui correspond à un joli rendement de 28,0% par an, loin de celui d'une stratégie d'achat-conservation de seulement 6,4% par an. Le marché dans son ensemble a perdu 2,5% par an sur les 26,3 années restant, soit lorsque l'indicateur de la Fed était dans n'importe quel autre cas de figure. Les résultats qui auraient été enregistrés dans les cas de « marché très haussier » pour la période de 1936 à 1957 auraient été très similaires, avec un rendement annuel de 33,8% sur le ZUPI, contre seulement 7,1% pour une stratégie d'achat-conservation.

Durant les périodes « neutres », le ZUPI a perdu 0,3% par an. Lorsque l'indicateur était en phase « marché modérément baissier », il a perdu 3,8% par an. Le mode « extrêmement baissier » a donné des pertes de 8,1% par an, soit une variation de 14,5 points inférieure à la stratégie d'achat-conservation.

On peut rapporter les résultats de l'indicateur de la Fed à l'indice Standard & Poor's 500, qui est moins volatil que le ZUPI. Même dans ce cas-là, la phase « marché extrêmement haussier » a abouti à un rendement annuel de 22%, le S & P progressant dans 15 cas sur 16. La performance est supérieure de plus de 14,5% à celle d'une stratégie d'achat-conservation. Lorsque l'indicateur était en mode « neutre », les gains sont ressortis à 4 % par an. En « modérément baissier », les pertes furent de 0,3% par an et en « extrêmement baissier » la baisse n'a été que de 3,4% par an.

Le tableau ci-contre retrace les performances de l'indicateur depuis 1958, durant une période où les interventions de la Fed ont été particulièrement importantes, et marquées par des phases de « marché extrêmement haussier ». N'oubliez pas que les indicateurs monétaires ont un effet maximum en phase de croissance des marchés, alors que l'impact n'est que modéré en conjoncture baissière.

PERFORMANCE DE L'INDICATEUR DE LA FED EN MODE EXTREMEMENT HAUSSIER:

Extrèmement haussier	Rendement du ZUPI	Rendement du S & P 500
Du 02/01/58 au 17/10/58	+40,6%	+27,6%
Du 10/06/60 au 10/06/61	+20,5%	+14,1%
Du 07/04/67 au 07/10/67	+16,1%	+9,1%
Du 30/08/68 au 18/12/68	+12,0%	+8,2%
Du 03/11/70 au 16/07/71	+22,9%	+17,7%
Du 19/11/71 au 17/06/72	+12,7%	+18,0%
Du 28/11/74 au 06/12/75	+26,5%	+24,4%
Du 24/12/75 au 24/06/76	+26,2%	+16,0%
Du 17/12/76 au 19/05/77	+5,2%	-4,2%
Du 22/05/80 au 14/11/80	+24,8%	+25,8%
Du 21/09/81 au 04/06/82	-1,3%	-6,1%
Du 19/07/82 au 19/05/83	+64,0%	+46,3%
Du 21/11/84 au 17/11/85	+21,0%	+20,4%
Du 18/04/86 au 10/01/87	+0,3%	+6,7%
Du 04/12/90 au 21/06/92	+36,9 %	+23,6 %
Du 02/07/92 au 17/08/92	+1,4 %	+2,3 %
Du 06/07/95 jusqu'à présent	+13,2 %	+17,3 %
Total années haussières: 12		
Investissement de 10.000 $:	190.906 $	107.262 $
Rendement annuel:	+28,0%	+22,0%

La colonne du milieu dans le tableau indique que le ZUPI n'a régressé qu'une fois sur 17 cas de « marché extrêmement haussier ». Cela n'a occasionné qu'une perte minime de 1,3% en 1981-82. Par la suite, après un hiatus de six semaines, l'indicateur revenait dans la plus haute gradation en juillet 1982, juste avant que le marché n'explose et n'enregistre la plus forte hausse en 49 ans. En mai 1983, au sortir de la phase « extrêmement haussier », le ZUPI avait gagné 64%, ce qui constituait la dixième progression à deux chiffres, en 12 cas. De plus, dans 9 cas sur 16, les gains sur le ZUPI ont été d'au moins 20%. Vous comprenez maintenant pourquoi j'ai appellé cette gradation « marché extrêmement haussier » !

La colonne de droite du tableau affiche les rendements du S & P 500 en phase « marché extrêmement haussier ». Le S & P a progressé d'au moins 8% dans 13 cas sur les 17 observés dans ce cas de figure. Dans les deux autres, les pertes ont été modérées.

Les rendements lors de phases « marché extrêmement haussier » sont si élevés que cela vaudrait même la peine pour l'investisseur patient et souhaitant ne prendre aucun risque de ne jouer le marché que dans ces cas de figure. Depuis 1958, ce type de configuration a couvert un total de 12 années. Supposons qu'il ait investi dans un panier de titres type ZUPI seulement durant ces années-là et qu'il soit resté hors du marché les autres 26,2 années, en plaçant ces liquidités à un taux annuel de 6% hors impôts et dividendes, un investissement de 10.000 dollars serait devenu 887.824 dollars, soit un gain annuel de 12,5%. Par comparaison, une stratégie d'achat-conservation n'aurait abouti qu'à un rendement annuel de 6,4%, soit un capital final de 99.382 dollars. De plus, un tel investisseur n'aurait pris aucun risque sur 69% de la période. Le boursier le plus prudent ne pourrait guère demander mieux. Même si en 1962-65 et en 1978, il était resté sur la touche alors que le marché décollait. Par contre, pendant les années de vaches maigres en 1969-70 ou en 1973-74, il pouvait dormir en paix, alors que la Bourse chutait.

Bien entendu, une stratégie d'investissement ne doit jamais être exclusivement assise sur un indicateur. Mais les résultats de mes recherches aboutissent à une recommandation: « Ne spéculez pas contre la Fed » .

L'indicateur de crédit a la consommation

La demande de prêts a un effet de première importance sur le niveau des taux d'intérêt. Lorsque cette demande augmente excessivement, les taux subissent des tensions. Si elle se met à chuter, cela a tendance à entraîner une baisse des taux.

Il existe différentes origines à la demande de prêts. Ce sont les emprunts fédéraux, des Etats, des gouvernements locaux; les emprunts des sociétés à la fois sur le marché à court terme (le papier commercial ou les billets de trésorerie ainsi que les prêts bancaires) et sur le marché plus long des obligations; les dettes hypothécaires; et le crédit à la consommation. Cette dernière statistique existe depuis des années et s'est avérée une des plus fiables pour déterminer la physionomie du marché des actions. De plus, elle est mensualisée et c'est donc un chiffre facile à utiliser. Voyons cela de plus près.

J'utilise pour ma part une approche assez compliquée en ce qui concerne les statistiques de crédit à la consommation. Le but de ce livre est de simplifier les données pour les rendre accessibles au boursier et lui permettre de prendre des décisions. De toute manière, un modèle des encours de crédit à la consommation, même simplifié, fonctionne très bien. Tout d'abord, il faut savoir que les données mensuelles de crédit à la consommation sont annoncées par la Fed vers le milieu du mois, pour la période qui se termine six semaines plus tôt. En d'autres termes, les statistiques de septembre seront publiées vers le 15 novembre. Ce retard n'est pas très important dans la mesure où nous nous intéressons aux tendances lourdes, qui ne changent que très lentement. Ces données sont rapportées dans la plupart des grands journaux comme le New York Times et le Wall Street Journal.

Les statistiques sont disponibles en données corrigées des variations saisonnières et en brut. Utilisez ces dernières.

Prenez le total du mois concerné et divisez par le total un an auparavant. Puis enlevez 1, cela vous donne la variation en pourcentage en année mobile. Vous n'avez pas besoin des données corrigées des variations saisonnières puisque vous comparez janvier sur janvier, février sur février etc.

Prenons un exemple. Supposons que le 15 novembre 1984 vous obteniez un total du crédit de 450.131 milliards de dollars à la fin septembre 1984. Vous trouverez également dans ces statistiques le total de septembre 1983, disons de 375.246 dollars. Divisez le premier chiffre par le second et vous obtenez 1,2 (chiffre arrondi). En d'autres termes, sur l'année mobile allant jusqu'à septembre 1984, le crédit avait augmenté de 20,0%.

Le pourcentage de variation du crédit en année mobile est le seul calcul que vous devrez faire pour cet indicateur. Cela vous prendra quelques secondes par mois.

Le but est d'estimer quelle doit être l'ampleur de la variation du crédit pour avoir un effet haussier ou baissier. Il s'avère que 9% constitue un seuil majeur. Du moins, il apparaît que cette limite est un outil de prévision simple.

Les règles: un signal d'achat apparaît lorsque la variation du crédit en année mobile est orientée à la baisse et passe en dessous de 9%; un signal de vente intervient quand la variation du crédit en glissement annuel est en hausse et dépasse 9%.

En glissement annuel, la croissance du crédit à la consommation était en recul en 1974. Elle passait en dessous de la barre des 9% en octobre, à 8,2%. L'information était disponible environ six semaines plus tard, le 13 décembre, date d'apparition d'un signal d'achat. Par la suite, la série a continué à décroître jusqu'à la mi-1975, pour toucher un plus bas à +1,6%. À partir de ce moment-là, le crédit a de nouveau progressé, jusqu'au seuil de 9%, qui fut dépassé en juin 1976, avec une augmentation de 9,2%. Cela devait aboutir à un signal de vente six semaines plus tard, le 13 août.
Rapportons la performance de l'indicateur de crédit de 1951 à 1996 à l'indice ZUPI. Douze signaux d'achat seulement et onze de vente sont apparus durant cette période. Un investissement de 10.000 dollars sur le ZUPI, exclusivement durant les périodes de signaux d'achat, aurait abouti à un capital de 107.046 dollars, soit un rendement annuel de 12,1%. Une stratégie d'achat-conservation sur la même période n'aurait donné qu'un rendement de 6,2% par an. Durant les périodes de signaux de ventes, un investissement de 10.000 dollars aurait peu varié avec une perte annuelle de 1,2%.

Tous les signaux n'ont pas été fiables. Le pire fut un signal d'achat en octobre 1983, alors que les actions cédèrent du terrain sur les dix mois suivants. Pourtant l'indicateur continua de donner des signaux d'achat jusqu'en mars 1987 - une période durant laquelle les cours montèrent vivement. Les cours montèrent alors pendant trois ans avant qu'un nouveau marché baissier apparaisse en 1990. Cependant l'indicateur de crédit affichait correctement des signaux de vente durant les deux marchés les plus baissiers depuis la dépression, en 1969-70 et en 1973-74. Il a aussi correctement couvert la majeure partie des marchés haussiers des dernières décennies.

Comparons maintenant la performance de l'indicateur de crédit et celle de l'indice Standard & Poor's 500. Les périodes de signaux d'achats ont dégagé un rendement annuel de 10,6%, soit bien plus que la stratégie d'achat-conservation (7,8%). Les signaux de ventes ont abouti à un faible gain annuel de 5,4%, sensiblement inférieur aux résultats de la stratégie d'achat-conservation. Un investisseur aurait été en meilleure posture et aurait pris moins de risques en restant sur la touche durant les signaux de ventes et en plaçant son argent en bons du Trésor.

LE MODÈLE MONETAIRE

Jusqu'à présent je vous ai présenté trois indicateurs monétaires importants: l'indicateur de taux de base, celui de la Fed et celui du crédit. Il s'agit désommais de les intégrer dans un modèle. Ce terme peut vous sembler un concept mathématique compliqué. Ne vous inquiétez pas. Dans le cas présent, cela signifie simplement que nous allons attribuer une pondération à chacun de nos indicateurs; puis intégrer ces éléments dans un modèle composite couvrant l'environnement monétaire. Par la suite, je vous présenterai les règles qui vous feront acheter ou vendre.

Le premier indicateur que nous avons évoqué était l'indicateur de taux de base. Lorsque ce taux donne un signal d'achat, attribuez une pondération de deux points au modèle. En période de signal de vente, accordez zéro point. Le tableau qui suit reproduit la gradation pour l'indicateur de taux de base et les deux autres indicateurs de la fin 1979 à la fin 1988. Chaque fois que l'un des trois indicateurs varie cela est reporté dans le tableau de la page suivante.

Observez la colonne du taux de base. Le 31 décembre 1979 (notre date de départ dans le tableau), le taux de base donnait un signal d'achat qui était apparu le 7 décembre 1979. Par conséquent, il avait une pondération de +2. Le 19 février 1980 le taux de base donnait un signal baissier. La pondération revenait donc à 0. Puis le 1er mai 1980 l'indicateur donnait un signal d'achat. La pondération repassait alors à +2. Si vous étudiez les signaux d'achat et de vente de l'indicateur de taux de base qui ont été présentés, vous remarquerez que chacun d'eux est reporté dans le tableau et qu'une pondération de +2 ou de 0 lui est attribuée.

La colonne suivante rapporte les gradations de l'indicateur de la Fed. Souvenez-vous que cet indicateur comporte quatre gradations basées sur ses performances. Chacune de ces gradations correspond à un certain nombre de points affectés à l'indicateur. Il s'agit maintenant de convertir ces points en pondérations dans notre modèle afin de construire le modèle monétaire. Le tableau ci-dessous rapporte ces gradations.

GRADATIONS DE L'INDICATEUR DE LA FED

Points d'indicateur	*Gradations*	*Points de modèle*
+2 ou davantage	= extrêmement haussier	= 4 points
0 ou +1 point	= neutre	= 2 points

-1 ou -2	= modérément baissier	= 1 point
-3 ou davantage	= extrêmement baissier	= 0 point

Reprenons maintenant le tableau ci-contre. L'indicateur de la Fed terminait l'année 1979 sur un mode extrêmement baissier, il avait donc une pondération de 0. Il avait alors -3 points d'indicateur (qui n'apparaissent pas dans ce tableau). Le 6 mai 1980, la Fed baissait son taux d'escompte, entraînant ainsi une hausse des points d'indicateurs à +1, soit une gradation « neutre ». Sur la base du tableau ci-dessus, la pondération dans le modèle passait à +2, également le 6 mai 1980. Deux semaines plus tard la Fed réduisait le taux des réserves obligatoires. Cela affectait une pondération de +4 à l'indicateur, soit une gradation « extrêmement haussier ». Cela correspond aussi à 4 points dans le modèle. Le 14 novembre 1980, le taux de base était relevé, ramenant la pondération sur l'indicateur à +1, une gradation « neutre ». Dans le tableau, les points de modèle sont ramenés à +2.

APPLICATION DU MODÈLE MONÉTAIRE

Date	ZUPI	S&P 500	Dow Jones	Taux de base bancaire	Fed	Crédit à la consommation	Modèle monétaire	
31/12/79	112,33	107,94	839	2	0	0	2	
19/02/80	117,09	114,60	876	0	0	0	0	
01/05/80	103,73	105,46	809	2	0	0	2	
06/05/80	105,52	106,25	816	2	2	0	4	
22/05/80	110,68	109,01	843	2	4	0	6	Achat
16/06/80	117,46	116,09	878	2	4	2	8	
26/08/80	132,08	124,84	953	0	4	2	6	
14/11/80	138,18	137,15	986	0	2	2	4	
04/12/80	136,90	136,48	970	0	1	2	3	
22/12/80	132,87	135,78	959	2	1	2	5	
24/04/81	148,46	135,14	1020	0	1	2	3	
16/06/81	149,84	132,15	1003	2	1	2	5	
22/06/81	149,02	131,95	994	0	1	2	3	
09/09/81	128,22	118,40	854	0	2	2	4	
21/09/81	127,04	117,24	847	2	4	2	8	
01/02/82	128,68	117,78	852	0	4	2	6	
08/03/82	121,07	107,34	795	2	4	2	8	
16/03/82	120,96	109,28	798	0	4	2	6	
04/06/82	125,50	110,09	805	0	2	2	4	
19/07/82	124,03	110,73	826	0	4	2	6	

Date	ZUPI	S&P 500	Dow Jones	Taux de base bancaire	Fed	Crédit à la consommation	Modèle monétaire	
26/07/82	124,39	110,36	825	2	4	2	8	
19/05/83	203,54	161,99	1191	2	2	2	6	
10/08/83	200,53	161,54	1176	0	2	2	4	
13/10/83	209,04	169,88	1261	0	2	0	2	Vente
06/04/84	189,74	155,48	1132	0	1	0	1	
06/10/84	192,21	162,13	1178	0	2	0	2	
15/10/84	194,61	165,77	1203	2	2	0	4	
21/11/84	193,94	164,52	1202	2	4	0	6	Achat
17/01/85	205,40	170,73	1229	2	2	0	4	
18/04/86	288,02	242,38	1840	2	4	0	6	
09/01/87	288,78	258,73	2006	2	2	0	4	
20/03/87	322,33	298,17	2334	2	2	2	6	
01/05/87	304,87	288,03	2280	0	2	2	4	
04/09/87	325,23	316,70	2561	0	1	2	3	
05/11/87	231,53	254,48	1985	2	1	2	5	
04/03/88	255,80	267,30	2058	2	2	2	6	
15/04/88	252,98	259,77	2014	2	2	0	4	
11/05/88	249,35	253,31	1966	0	2	0	2	Vente
09/08/88	260,07	266,49	2079	0	1	0	1	
21/10/88	264,07	283,66	2184	0	1	2	3	
17/02/89	276,12	299,63	2347	0	2	2	4	
24/02/89	270,45	287,13	2245	0	1	2	3	
20/03/89	271,78	289,92	2263	0	1	0	1	
14/07/89	298,17	331,84	2255	2	1	0	3	
24/08/89	307,51	351,52	2735	2	2	0	4	
15/11/89	288,22	340,54	2633	2	2	2	6	Achat
19/12/89	281,07	342,46	2696	2	2	0	4	
18/01/90	283,08	338,19	2666	2	2	2	6	
04/12/90	221,14	326,35	2580	2	4	2	8	
22/06/92	302,75	403,40	3281	2	2	2	6	
02/07/92	307,83	411,77	3330	2	4	2	8	
18/08/92	312,05	421,34	3329	2	2	2	6	
19/04/94	377,33	442,54	3620	0	2	2	4	
17/05/94	376,97	449,37	3721	0	1	2	3	
12/07/94	376,70	447,95	3703	0	1	0	1	Vente
01/02/95	470,40	373,55	3848	0	0	0	0	
15/02/95	484,54	384,95	3986	0	1	0	1	
06/07/95	424,92	553,99	4664	0	4	0	4	
20/12/95	448,50	605,94	5059	2	4	0	6	Achat

La conversion des pondérations dans le modèle monétaire rend les gradations de l'indicateur de la Fed un peu obscures au premier abord, mais avec un peu de pratique vous trouverez cela très simple. Souvenez-vous: des modifications sur le taux des réserves obligatoires ou sur le taux d'escompte déterminent des points d'indicateurs. Ceux-ci correspondent à des gradations allant de « extrêmement haussier » à « extrêmement baissier », en passant par « neutre » et « modérément baissier ». Il n'y a pas de « modérément haussier ».

En dernière analyse, les points d'indicateur doivent être convertis en points de modèle afin d'élaborer notre modèle monétaire global.

Les gradations de l'indicateur de crédit sont beaucoup plus simples. Lorsque cet indicateur donne un signal d'achat attribuez-lui 2 points de modèle. Quand il débouche sur un signal de vente, affectez 0 point de modèle. C'est le même processus que pour l'indicateur de taux de base. Notez que si l'indicateur de crédit a une gradation « neutre » il obtient normalement 1 point de modèle. Une version plus complexe de cet indicateur que j'utilise dispose d'un tel éventail de gradations... que je garde pour moi. Dans ce livre, mon objectif étant la simplicité, je laisse de côté cette gradation « neutre ». De toute façon cela n'apporterait pas grand chose.

Vous devez vous constituer un tableau similaire au précédent. Bien sûr vous pouvez vous servir de la grille que vous trouvez dans ce livre. C'est très simple. Le taux de base change rarement et les gradations encore moins. La Fed ne modifie que peu les réserves obligatoires ou le taux d'escompte. Les statistiques du crédit ne sont publiées qu'une fois par mois. Seuls les paresseux ne parviendront pas à tenir à jour ce tableau. Cela en vaut la peine et ne vous prendra guère plus de quelques minutes par mois.

Dans ce tableau sur mon modèle monétaire, j'ai inclus pour information divers indices de marché (le ZUPI, le S & P 500, le Dow Jones). Cela peut être utile pour conserver une trace des performances du marché lorsque les pondérations du modèle changent. Mais ces données ne sont pas nécessaires pour déterminer les signaux d'achat et de vente.

Signaux d'achat et de vente.

Le modèle monétaire n'est rien d'autre que l'addition de points de modèle. La pondération maximale est de 8, la minimale de 0. Il n'existe pas de pondération 7 car l'indicateur de la Fed ne peut jamais avoir une pondération de 3, mais seulement de 0, 1, 2 et 4. Les deux autres indicateurs ont une pondération de 0 ou de 2.

Vous pouvez combiner le modèle monétaire avec n'importe quel autre outil d'analyse de marché. Mais pour l'investisseur à long terme, j'ai arrêté des règles simples pour identifier les signaux d'achat et de vente. Lorsque le modèle monétaire atteint 6 points, il déclenche un signal d'achat. Cela jusqu'à ce que les points de modèle retombent à +2, ce qui induit un signal de vente. Le mode de vente se maintient jusqu'à ce que le modèle monétaire revienne à +6, ce qui redonne un signal d'achat. Un signal d'achat intervient à +6 points, un signal de vente à +2. C'est aussi simple que cela.

Le tableau suivant transcrit tous les signaux d'achat et de vente depuis 1954, comparé au ZUPI. Il y a seulement eu neuf périodes d'achat et neuf de vente depuis cette date. Tous les signaux d'achat ont engendré des bénéfices, dont cinq avec un gain de plus de 50%. Si vous aviez investi 10.000 dollars exclusivement durant les 340 mois où le modèle monétaire était haussier (en périodes de signaux d'achat), vous auriez accumulé 392.256 dollars, soit un bénéfice annuel de 15%. Ce rendement ne tient pas compte des intérêts que vous auriez pû toucher en plaçant votre argent sur le marché monétaire (en bons du Trésor ou en certificats de dépôt) durant les périodes baissières, lorsque le modèle était en mode de vente.

Sur la base d'un taux d'intérêt moyen de 6% sur la période concernée (taux inférieur durant les premières années, mais nettement supérieur à partir du milieu des années 60), vous auriez dégagé un gain de 161,8% sur les 188 mois où vous n'auriez pas été sur le marché. Si l'on ajoute cette somme aux bénéfices réalisés sur les périodes d'achat, les 10.000 dollars initiaux deviennent 1.026.836 dollars en 42 années. Soit un rendement annuel de 11,7%; sans tenir compte des dividendes versés. En revanche la stratégie d'achat-conservation sur la base de la moyenne du marché de New York (indice ZUPI), n'aurait rapporté que 6,5% par an, hors dividendes. Ce choix n'aurait fait passer les 10.000 dollars qu'à 142.636 dollars. Bien en-deçà des 1.026.836 dollars dégagés par le Modèle Monétaire.

MODELE MONÉTAIRE COMPARÉ AU ZUPI: 1954 À 1996

SIGNAUX D'ACHATS				SIGNAUX DE VENTES			
Date	ZUPI	Variation en %	Nbre de mois	Date	ZUPI	Variation en %	Nbre de mois
17/03/54	33,73	+53,4	18	09/09/55	51,75	-12,7	26
15/11/57	45,18	+60,7	22	11/09/59	72,61	+1,6	11
23/08/60	73,74	+70,1	66	10/03/66	125,43	-3,3	11
26/01/67	121,28	+20,8	15	19/04/68	146,45	+8,1	4
30/08/68	158,29	+9,4	4	31/12/68	173,15	-41,2	21
21/09/70	101,86	+18,8	21	26/06/72	121,02	-57,7	29
28/11/74	51,21	+78,8	30	31/05/77	91,57	+20,9	36
22/05/80	110,68	+88,9	41	31/10/83	209,04	-7,2	13
21/11/84	193,94	+28,6	42	11/05/88	249,35	+15,6	7
15/11/89	288,22	+30,7	56	12/07/94	376,70	+19,1	17
20/12/95	448,49	+7,2	3	20/03/96a			

10.000 $ deviennent: 392.256 $ 318 mois — 3.636 $ 186 mois
Rendement annuel: +15% — -6,2%
Stratégie achat/conservation: +6,5% par an
a: dernière donnée disponible (pas un signal de vente).

La stratégie d'achat-conservation rapporte davantage si l'on prend en compte les dividendes. J'estime que sur la base de l'indice ZUPI, les versements de dividendes représentent environ 3,5% par an... soit un peu moins que les dividendes des blue chips, que l'on trouve dans les autres indices. Dividendes compris, l'achat-conservation permet de dégager un rendement annuel de 10,2% par an. Les 10.000 dollars initiaux seraient alors devenu 601.225 dollars au bout de 42 années.

Il faut maintenant tenir compte d'un rendement de 3,5% sur les dividendes versés durant les phases d'achats de notre Modèle Monétaire (en fait, le rendement aurait été légèrement supérieur, car les indications données par le modèle entraînent souvent des achats à des niveaux proches des plus bas du marché, lorsque les rendements sont supérieurs). La valeur globale du portefeuille de 10.000 dollars au terme de la période aurait été de 2.526.419 dollars, un joli rendement annuel de 14,1%. En d'autres termes, si vous aviez acheté la valeur moyenne du marché de New York lors des signaux d'achats, dividendes compris, et si vous aviez placé vos fonds sur le marché monétaire pour le reste du temps, vous auriez réalisé un gain de 14,1% par an pendant plus de 42 ans. Votre mise initiale aurait été multipliée par environ 250.

Les coûts de transactions n'auraient pas été très importants puisque le portefeuille n'aurait été modifié que tous les deux ans environ. De plus, vous auriez pu acheter des SICAV sans droits d'entrée. Mais vous auriez dû payer des frais de garde et de gestion. Cependant, les réinvestissements des intérêts et des dividendes auraient été réalisés à moindre coûts.

Je n'ai pas non plus pris en compte les impôts dans ces calculs. J'ai en effet supposé que vous bénéficiez d'avantages fiscaux. Bien entendu, l'investisseur qui aurait opté pour la stratégie d'achat-conservation aurait dû payer des impôts à un moment ou un autre... lorsqu'il décide de liquider ses positions. Il aurait dû également acquitter des impôts sur les dividendes. Vous trouverez dans la partie droite du tableau de la page 52 les performances des signaux de vente du Modèle Monétaire, rapportés au ZUPI. Le marché dans son ensemble a progressé quatre fois lors de signaux de vente (par deux fois, la hausse n'a été que marginale); il a baissé comme le modèle le prévoyait cinq fois, dont deux terribles chutes en 1969-70 et en 1972-74. L'investisseur malheureux qui serait resté sur le marché pendant les périodes de ventes aurait perdu les trois quarts de son investissement, soit un taux de perte annuelle de 6,2%. S'il s'était servi du Modèle Monétaire, il aurait évité ce genre de désagrément.

Comparons le Modèle Monétaire et l'indice Standard & Poor's 500. Sur les périodes de signaux d'achat, le rendement annuel ressort à 13,1%, alors que celles de vente donnent une perte annuelle de 0,3%. La stratégie d'achat-conservation aurait engendré un revenu de 7,9% par an. Une fois de plus, les dix signaux d'achat ont entraîné des bénéfices, ceux-ci dépassant les 30% dans huit cas. Dans cinq cas sur dix signaux de vente, le marché a perdu du terrain. Deux gains sur les quatre enregistrés durant ces périodes ont été minimes.

Vous n'avez pas nécessairement besoin des signaux d'achat et de vente (6 points et 2 points respectivement). Vous pouvez très bien vous servir des seules gradations du Modèle Monétaire et les croiser avec d'autres indicateurs afin de prendre vos décisions d'investissement, y compris des remaniements de portefeuille. Par exemple, au lieu de vous contenter des signaux d'achat et de vente, vous pouvez choisir d'accroître votre portefeuille lorsque les indications du modèle sont favorables et l'alléger dans le cas contraire. Lorsque le modèle est « neutre », à 4 points, vous pouvez n'investir qu'à 50%. S'il remonte, vous pouvez investir jusqu'à 65% de vos actifs. Une gradation de 6 points peut vous amener à 80% et 8 points à 100%.

A l'inverse, 3 points de modèle peuvent correspondre à un ratio d'investissement de 40%, 2 points à 25%, 1 point à 10% et 0 à 0%. Ce ne sont là que des suggestions et non des règles à appliquer à la lettre.

Il est cependant intéressant d'examiner les performances du Modèle Monétaire dans les deux cas extrêmes, lorsqu'il affiche 8 et 0 points. Le tableau ci-dessous passe en revue les 16 cas dans lesquels le Modèle donnait une pondération maximale de 8. Sur la base de l'indice ZUPI, le marché a progressé dans 14 de ces 16 cas, soit un taux de réussite de 87,5%. Les deux baisses furent minimes. La première, de 2,7%, eut lieu fin 1975 quand le modèle repassait momentanément sous 8 points. Trois semaines plus tard, le Modèle retrouvait une gradation de 8 points et le marché explosait. Le deuxième recul n'était que de 0,1% pendant huit jours en mars 1982. Par contre, dans neuf des seize cas, la Bourse gagnait au moins 16%.

MODELE MONÉTAIRE AVEC + 8 POINTS
COMPARÉ AU ZUPI: 1954 À 1996

Périodes + 8 points Début — Fin	Nombre de mois	Variation en % du ZUPI	
Du 16/06/54 au 19/01/55	7,0	+	28,4
Du 22/01/58 au 17/10/58	9,0	+	32,0
Du 17/03/61 au 10/06/61	3,0	+	4,0
Du 07/04/67 au 07/10/67	6,0	+	16,1
Du 25/09/68 au 02/12/68	2,5	+	7,7
Du 03/11/70 au 06/07/71	8,0	+	22,9
Du 19/11/71 au 16/03/72	4,0	+	19,7
Du 13/12/74 au 28/07/75	7,5	+	48,5
Du 05/11/75 au 06/12/75	1,0	-	2,7
Du 24/12/75 au 07/06/76	5,5	+	20,2
Du 16/06/80 au 26/08/80	2,5	+	12,4
Du 21/09/81 au 01/02/82	4,5	+	1,3
Du 08/03/82 au 16/03/82	0,5	-	0,1
Du 26/07/82 au 19/05/83	9,5	+	63,6
Du 04/12/90 au 22/06/92	18,5	+	36,9
Du 02/07/92 au 18/08/92	1,5	+	1,4

10.000 $ deviennent:	145.471 $	90,5 mois
Rendement annuel:	+42,6%	(7,5 années)

Globalement, si vous aviez investi 10.000 dollars, seulement durant les 90,5 mois pendant lesquels le Modèle Monétaire donnait une gradation maximale de 8 points, votre mise passait à 145.471 dollars. Vous auriez enregistré un extraordinaire gain annuel de 42,6% ! L'investisseur prudent qui aurait placé ses fonds en SICAV monétaires le reste du temps aurait été exposé à un risque de marché 7,5 ans sur une période de 42 années. Il aurait pourtant fait bien mieux que l'ensemble du marché. Un investisseur plus avisé aurait opté pour une stratégie assise sur les signaux d'achat et de vente.

Le tableau ci-dessous porte sur les 10 cas dans lesquels le Modèle Monétaire se trouvait à sa gradation la plus basse de 0. Les actions ont perdu du terrain dans sept de ces dix cas. Cela correspond à un taux de réussite de 70%. Les hausses ont été très limitées les trois fois où le marché a progressé, respectivement de 0,6%, 2,5% et de 2,85 %. Le Modèle est resté dans sa phase la plus basse pendant 27,6 mois. Vous auriez perdu environ 40% de votre investissement initial durant ces périodes. Cette perte de 20,3% sur une base annuelle aurait bien pu vous ruiner. Il faut bien évidemment ne pas se placer sur le marché lorsque les conditions monétaires sont défavorables. Pourtant, le cours des actions devient particulièrement attractif lorsque la Fed assouplit les conditions du crédit et que les taux d'intérêts baissent. Quoi qu'il en soit, retenez bien la règle: « Ne spéculez pas contre la Fed » .

MODELE MONÉTAIRE AVEC 0 POINT COMPARÉ AU ZUPI: 1954 À 1996

Périodes de 0 points Début Fin	Nombre de mois	Variation en % du ZUPI	
Du 14/10/55 au 15/10/55	0	+	0,6
Du 18/11/55 au 05/02/56	2,5	+	2,5
Du 17/04/69 au 18/06/69	2,0	-	6,6
Du 04/05/73 au 02/01/74	8,0	-	22,0
Du 06/01/78 au 29/02/78	2,0	-	0,9
Du 30/06/78 au 06/07/78	0	-	0,9
Du 18/08/78 au 16/04/79	8,0	-	8,3
Du 18/09/79 au 07/12/79	2,5	-	8,3
Du 19/02/80 au 01/05/80	2,5	-	11,4
Du 01/02/95 au 15/02/95	0,5	+	2,8

10.000 $ deviennent:	5.883 $	27,6 mois
Rendement annuel:	-20,3%	(2,3 année)

CHAPITRE CINQ

Les indicateurs de momentum: « La tendance est votre alliée ».

Les cotations boursières sont toujours indiquées, dans la presse ou sur d'autres supports, avec le nom du titre, les cours et les volumes traités. Tout calcul prenant en compte le cours et le volume échangé sur une action relève du domaine des indicateurs. Les indicateurs portant sur le sentiment du marché, proches des indicateurs mesurant la force du marché, autrement appelés indicateurs de momentum, appartiennent aussi à la catégorie des indicateurs techniques. Mais ils n'en sont que de lointains cousins. Nous traiterons de ces indicateurs de sentiment dans un prochain chapitre. Dans ce chapitre, il ne s'agit que de cours et de volumes traités.

Le cours est la variable la plus importante. Sur le marché on dispose d'indicateurs de cours tels que le Dow Jones des Industrielles, le S & P 500 ou mon indice non pondéré le ZUPI. Vous pouvez observer l'évolution de ces indices et en déduire le momentum du marché. Vous pouvez par exemple relever les variations du Dow Jones. S'il est en hausse de X%, le marché est haussier; s'il cède X%, il est baissier. Ce serait là un indicateur primitif.

Mais pour compliquer la chose, certains argueront que si le marché est en hausse de X%, l'orientation est baissière car les titres sont surachetés et devraient donc reculer. A l'inverse, on peut penser que si le marché perd X%, c'est haussier car les actions sont survendues et devraient remonter. Ce type de considération nous amène à une question essentielle: la hausse amène-t-elle la hausse ou tend-elle à diminuer et entraîne-t-elle la baisse ? Analysons les faits objectivement.

Au terme d'années de suivi des différents indices de marchés, des ratios d'avancées/déclins, les volumes traités et d'autres indicateurs, j'ai observé que la hausse tend effectivement à entraîner la hausse. Le momentum du marché est auto-cumulatif. Tous les marchés haussiers que j'ai analysés avaient débuté en fanfare. La forte avancée n'intervient pas nécessairement le jour même où la phase baissière est terminée. Il arrive que vous deviez attendre des semaines ou des mois avant que le marché ne reparte de l'avant, ce que les techniciens appellent une consolidation. Si les conditions sont vérifiées, la Bourse finira par redécoller.

Un marché très haussier n'intervient que dans un contexte: baisse des taux, récession (qui pousse généralement la Fed a assouplir sa politique en baissant les taux), abondantes liquidités disponibles, cours attrayants - en d'autres termes des ratios cours/bénéfices bas - et une bonne dose de pessimisme (car, comme nous le verrons plus tard, le pessimisme ambiant signifie que des liquidités importantes sont disponibles). Si toutes ces conditions sont vérifiées, le marché devrait nettement progresser et le premier mouvement de hausse devrait être le plus fort.

Au terme de ce premier décollage, le marché devrait encore dépasser ses sommets après une pause. Souvenez vous de mon analogie avec la fusée sur la lune. La fusée doit disposer d'une poussée suffisante pour sortir de l'atmosphère et voguer dans l'espace. Le marché fonctionne un peu de la même manière. Si le premier mouvement de hausse est particulièrement marqué, l'avance se poursuivra. Dans ce cas, la remontée initiale rend les investisseurs euphoriques et amène toujours des suiveurs qui ont raté le premier train. Cela permet d'habitude d'éviter une correction sévère: le premier mouvement de hausse a renversé le sentiment du marché. Les investisseurs qui sont restés sur la touche et qui disposent de liquidités ne veulent plus hésiter. Dès lors, après un premier léger recul, un nouveau courant d'achat permet d'éviter une véritable correction à la baisse. Le plus frustrant pour les investisseurs qui ont raté la première reprise, c'est qu'ils attendent une importante correction qui n'arrive jamais. Le marché n'arrête pas de monter. La hausse alimente la hausse et peut entraîner les cours pendant six mois, voire davantage.

Les indicateurs d'avancées/déclins

Examinons maintenant les ratios des avancées/déclins sur la Bourse de New York, notre premier indicateur de momentum. Les avancées correspondent au nombre de titres qui progressent lors d'une séance donnée, les déclins totalisent ceux qui cèdent du terrain. Nous ne prendrons pas en compte les cours inchangés. Voici comment calculer ce ratio: si 1.000 actions montent en une séance donnée, alors que 500 reculent, le ratio est de deux pour une. Bien entendu lorsque les avancées l'emportent, le marché affiche de bonnes performances. Dans le cas contraire, le marché est faible. Si les avancées dominent de façon significative, c'est un signe de momentum haussier. Et vice-versa.

Observons maintenant le ratio de avancées/déclins (ratio A/D) sur dix séances. Il est rare que les avancées l'emportent sur les déclins, dans une proportion de deux pour un, sur une telle durée. Si cela arrive on peut assurément parler de tendance haussière. Il s'agira alors d'étudier les performances du marché après un cas de figure aussi rare pour tirer des conclusions sur la fermeté de la Bourse.

Depuis 1953 on a seulement observé dix cas de ratio A/D de deux pour une, ou supérieur. On peut identifier quelques autres cas similaires que je considère comme répétitifs, puisqu'ils sont intervenus quelques mois après le premier signal de hausse. Par exemple en août 1982 le ratio A/D était supérieur à deux pour une. Cela se reproduisait deux mois plus tard. J'ignorerai donc ce deuxième signal que je considérai comme superflu. Le dernier signal avant la parution de ce livre est apparu en février 1991. Il était très fiable.

Observons maintenant ces signaux. La première colonne du tableau, page suivante, indique les dates des signaux A/D. Les deuxième et troisième colonnes rapportent la variation en pourcentage de l'indice Standard & Poor's 500 et du ZUPI. Le premier signal A/D est apparu le 26 janvier 1954. Trois mois plus tard le S & P 500 gagnait 7,1%, le ZUPI 5,2%. Si vous parcourez les colonnes de haut en bas vous identifierez les performances du marché trois mois après ces signaux.

Si vous aviez investi 10.000 dollars sur ces indices exclusivement lors de l'apparition de tels signaux, puis conservé votre portefeuille pendant trois mois, avant de revendre vous vous seriez retrouvé avec un capital de 22.068 dollars en jouant le S & P 500 ; et avec 30.451 dollars en misant sur le ZUPI. Le tout en seulement deux ans et demi, réparti en onze périodes de trois mois. Le taux de rendement trimestriel ressort à 7,5% sur la base du S & P 500, et 10,6% sur le ZUPI. Le taux annuel serait donc plus du quadruple du rendement trimestriel.

RATIO DES AVANCEES/DECLINS SUPÉRIEUR À 2 POUR 1: 1953 À 1996

	VARIATIONS EN % DU MARCHÉ			
	3 MOIS PLUS TARD		6 MOIS PLUS TARD	
Date	S & P 500	ZUPI	S & P 500	ZUPI
26/01/54	+7,1	+5,2	+16,6	+15,2
24/01/58	+3,4	+4,4	+11,8	+15,4
11/07/62	-1,2	-1,3	+12,3	+11,3
16/01/67	+7,3	+11,0	+10,0	+20,7
04/12/70	+9,5	+19,8	+13,2	+21,8
10/01/75	+15,4	+18,2	+30,6	+38,9
06/01/76	+10,5	+19,4	+10,7	+19,0
23/08/82	+14,5	+24,2	+26,4	+38,4
23/01/85	+2,6	+2,9	+8,6	+11,0
14/01/87	+6,3	+3,1	+18,3	+9,6
05/02/91	+7,8	+13,6	+11,2	+13,9
10.000 $ deviennent:				
	22.068 $	30.451 $	47.591 $	68.953 $
Rendement:	+ 7,5% par trimestre	+10,6% par trimestre	15,2% par semestre	+19,2% par semestre

La colonne de droite dans le tableau rapporte les performances du marché six mois après l'apparition des signaux. Vous noterez que le S & P 500 et le ZUPI progressaient d'au moins 10% six mois plus tard. Votre investissement aurait plus que quadruplé sur la base du S & P 500 et sextuplé sur celle du ZUPI. Le rendement semestriel -particulièrement rare en Bourse- aurait été respectivement de 15,2% ou de 19,2%.

En d'autres termes, si vous aviez tranquillement attendu que les cours s'envolent sur une période de deux semaines, pour rentrer sur le marché à un niveau apparemment élevé, vous auriez engrangé des profits importants durant les mois qui suivaient. De fait un momentum marqué tend à persister. Le momentum du marché a également tendance à être plus affirmée dans la première phase des marchés haussiers. En effet sept des cas rapportés dans le tableau ci-dessous sont apparus au début de marchés haussiers. Les autres cas concernent la deuxième vague de marchés haussiers.

Comme en attestent les résultats de ce tableau, le marché doit décoller avec force pour vraiment s'envoler. Pour me résumer, si la Bourse ne s'embrase pas, les conditions ne sont pas bonnes.

L'indicateur des volumes à la hausse

Un deuxième indicateur de momentum est assis sur le ratio des volumes à la hausse rapporté à celui des volumes à la baisse. Les volumes à la hausse totalisent les échanges sur les titres qui montent en une séance donnée. Celui des volumes à la baisse additionne les volumes sur les titres en recul. Nous ne prendrons pas en compte les titres inchangés. Ces volumes sont disponibles quotidiennement dans le Wall Street Journal, toutes les semaines dans Barron's. Vous les trouverez également dans la plupart des grands quotidiens.

Lorsqu'au moins 90% du volume traité en une séance porte sur des titres en hausse, c'est un signe évident de momentum haussier. En d'autres termes, il faut que les volumes à la hausse l'emportent sur ceux à la baisse par un ratio de neuf pour un, ou davantage. L'interprétation de ce ratio a été initialement mise au point par Lowry's Reports Inc. J'ai aussi élaboré ma propre grille.

Depuis 1960 on a seulement relevé 124 séances durant lesquelles le ratio des volumes à la baisse sur volumes à la hausse était de neuf. Sur une base annuelle cela correspond à moins de quatre séances extrêmement baissières chaque année. A l'inverse, on a observé 68 séances extrêmement haussières durant lesquelles les volumes à la hausse faisaient neuf fois les volumes à la baisse. Ce qui représente seulement deux séances par an.

Les séances où l'on relève un ratio de neuf fois plus de volumes à la baisse qu'à la hausse, sont moins efficaces en termes de prévision de l'évolution du marché que les journées avec un ratio inverse. Concentrons nous sur les séances marquées par un ratio de neuf fois plus de volumes à la hausse qu'à la baisse. Qu'ont-elles de particulier? Elles montrent graphiquement la force de la tendance. Tous les grands marchés haussiers observés jusqu'à présent, et de nombreuses phases haussières plus modérées, ont débuté sur des vagues d'achats qui ont entraîné des séances avec de tels ratios (sur la base de statistiques depuis 1960 et d'estimations pour les années précédentes).

Le ratio le plus spectaculaire a été de 42 fois plus de volumes sur les valeurs à la hausse que sur les valeurs à la baisse, le 17 août 1982. Ce n'est pas une coïncidence si cette séance précédait la plus forte envolée des cours depuis près de 50 ans. Trois jours plus tard, la Bourse affichait un ratio de 32, soit le deuxième plus fort ratio pour le quart de siècle sur lequel on dispose de statistiques. Cela ne fait que confirmer la force gigantesque qui a permis au marché de décoller.

Mais même des ratios de neuf fois plus de volumes sur les valeurs à la hausse que sur les valeurs à la baisse peuvent rester sans effet. En d'autres termes, si un tel ratio constitue un signal important, il ne garantit pas que le marché va bondir. Il faut davantage de signaux.

Deux journées de ce type dans un laps de temps raisonnablement court constituent un puissant signal haussier. J'appelle cette configuration de marché un « double signal de neuf pour une », à condition que les deux séances sont séparées par moins de trois mois. Deux cas de figure peuvent se présenter. Soit, et c'est le cas le plus haussier, on n'observe aucune séance avec un ratio de neuf fois plus de volumes à la baisse qu'à la hausse entre les deux journées haussières. Soit, une ou plusieurs séances sont marquées par un tel ratio, auquel cas le momentum haussier est plus limitée. Mais même dans ce dernier cas, la hausse est bien ancrée.

Comme vous le verrez dans le tableau ci-dessous, on compte 16 doubles signaux de neuf pour un depuis 1960. En 1962 et en 1975, on a noté même une troisième séance de ce type quelques semaines après les deux premières. Après le double signal de neuf pour un d'août 1982, on peut identifier deux autres séances similaires en octobre (ce que je considère comme un signal redondant). Cet incroyable momentum haussier a débouché sur un nouveau double signal de neuf pour un en janvier 1983. Au début d'août 1984, on notait une série sans précédent de trois séances avec un ratio de neuf fois plus de volumes à la hausses qu'à la baisse, ou davantage. Environ une semaine plus tard, le marché enregistrait une quatrième séance de ce type.

DOUBLE SIGNAL DE NEUF POUR UN (TRIMESTRIEL) COMPARÉ AU DOW JONES: 1 JANVIER 1960 AU 20 MARS 1996

Date	Dow Jones	% de variation 3 mois plus tard	% de variation 6 mois plus tard	% de variation 12 mois plus tard
12/11/62	624	+8,5	+15,9	+20,2
19/11/63	751	+6,9	+9,1	+16,5
12/10/66	778	+6,9	+8,6	+17,4
27/05/70	663	+14,6	+17,8	+16,5
29/11/71	830	+11,8	+17,0	+22,8
19/09/75	830	+1,7	+18,1	+19,9
01/11/78	828	+1,6	+3,3	-1,0
22/04/80	790	+17,3	+20,9	+27,5
22/03/82	820	-2,4	+13,2	+37,0
20/08/82	869	+15,1	+24,3	+38,4
06/01/83	1071	+3,9	+14,0	+20,2
02/08/84	1166	+4,4	+10,6	+16,0
23/11/84	1220	+4,7	+6,3	+20,0
02/01/87	1927	+20,4	+26,4	+4,6
29/10/87	1938	+1,0	+4,9	+8,4
08/06/88	2103	-1,9	+2,4	+19,8
10.000 $:		29.304 $	62.737 $	91.855 $
Rendement:		+7,0% par trimestre	+12,8% par semestre	+17,2% par an

Le tableau ci-contre passe en revue les gains du Dow Jones après des séances ayant enregistré des doubles ratios de neuf pour un. Au bas de la troisième colonne, vous observerez que trois mois plus tard l'avance du DJ était de 7% en moyenne sur le trimestre. Vous noterez dans la colonne suivante que le DJ progressait de 12,8% en moyenne six mois après l'apparition de ces signaux. La dernière colonne montre qu'il gagnait 17,2% un an après. Ce tableau indique que le DJ a monté dans la quasi-totalité des cas. Il a gagné du terrain, sauf dans deux cas, au bout de trois mois. De même, il progressait six mois et un an plus tard, à l'exception d'un seul cas. Une fois de plus, les résultats sont plus probants rapportés au ZUPI. Trois mois après un double signal de neuf pour une, le marché gagnait 10,3%, progressant à chaque fois sauf dans deux cas. Six mois plus tard, le ZUPI s'adjugeait 17,1% en moyenne, un an plus tard il gagnait 21,2%.

Comparez les performances des doubles signaux de neuf pour un à celle d'un investisseur qui aurait acheté le DJ et conservé les titres jusqu'à la fin de la période considérée, c'est-à-dire en 1996. Le capital de cet investisseur ne se serait apprécié que de 4,9% par an (plus environ 4% par an grâce aux versements de dividendes).

On peut établir le calcul des gains du ZUPI trois, six et douze mois après le déclenchement des signaux. L'investisseur qui aurait acheté durant une période sans signal depuis au moins un an aurait perdu 8,0 % par an. Il aurait gagné 21,2 % par an s'il s'était fié aux signaux. Le rendement d'une stratégie d'achat-conservation sur le ZUPI ressort à 4,7% par an.

Si vous préférez raisonner en dollars plutôt qu'en pourcentages, l'investisseur qui aurait acheté le ZUPI et gardé les titres pendant un an à la suite de l'apparition d'un signal aurait vu sa mise de 10.000 dollars passer à 147.045 dollars. Ce calcul ne prend pas en compte les intérêts pour les périodes durant lesquelles il aurait placé ses liquidités sur le marché monétaire, ni les dividendes. A l'inverse, l'investisseur qui n'aurait acheté que durant les périodes sans signaux aurait vu son capital fondre de 10.000 dollars à 2.012 dollars. Ce qui constitue une différence énorme par rapport à la stratégie assise sur les doubles signaux à neuf pour un.

L'indicateur du modèle des 4%

Je vous ai présenté deux indicateurs fondés sur le momentum. L'un vise à surveiller les avancées/déclins, l'autre prend en compte les volumes à la hausse et ceux à la baisse. Ces deux indicateurs ne prennent en compte que les explosions importantes du momentum, ce qui est un phénomène rare. Ils donnent des rendements fabuleux à la hausse. Ils sont cependant limités car, d'une part les signaux d'achat sont rares, d'autre part ils ne donnent pas de signaux de vente. En d'autres termes, ils ne sont pas d'une grande utilité dans la majeur partie des cas: La Bourse explose rarement. Il nous faut un

DOUBLE SIGNAL DE NEUF POUR UN (SUR UN TRIMESTRE) COMPARÉ AU ZUPI: 1 JANVIER 1960 AU 20 MARS 1996

Date	ZUPI	variation en % 3 mois plus tard	variation en % 6 mois plus tard	variation en % 12 mois plus tard
12/11/62	72,10	+12,8	+19,2	+22,3
19/11/63	86,95	+5,2	+7,8	+16,2
12/10/66	100,64	+16,0	+28,1	+47,5
27/05/70	89,44	+8,1	+12,4	+40,9
29/11/71	109,13	+18,3	+16,3	+9,6
19/09/75	65,16	+1,0	+28,7	+32,6
01/11/78	99,35	+5,6	+8,5	+3,9
22/04/80	100,76	+25,2	+35,9	+46,2
22/03/82	124,47	-2,0	+12,3	+48,3
20/08/82	126,35	+27,5	+40,7	+61,3
06/01/83	169,91	+8,9	+24,6	+23,8
02/08/84	182,81	+7,8	+17,8	+27,1
23/11/84	195,96	+11,0	+13,5	+21,4
02/01/87	274,78	+16,0	+14,8	-15,4
29/10/87	219,95	+8,6	+16,1	+14,7
08/06/88	260,10	-1,1	-2,3	+13,9
10.000 $:		47.684 $	110.073 $	147.045 $
Rendement:		+10,3% par trimestre	+17,1% par semestre	+21,2% par an

modèle qui donne à la fois des signaux d'achat et de vente. Bien entendu, un tel modèle ne produira pas des rendements aussi spectaculaires sur des périodes courtes que les deux indicateurs abordés précédemment. Mais il fournit à l'investisseur des indications suffisamment sûres pour lui permettre de prendre ses décisions en matière d'investissement. Rappelez-vous qu'aucun indicateur ou modèle n'est fiable à 100%. En fait, notez que le modèle que je vais vous présenter n'est efficace que dans la moitié des cas environ. Quoi qu'il en soit, les profits qu'il vous permet de dégager sont excellents.

Le modèle des 4% a été mis au point par mon ami Ned Davis. Il est basé sur l'indice Value Line Composite. Le Value Line, calculé par Arnold Bernhard & Co., est un indice non pondéré regroupant environ 1.700 actions. Il est très similaire au ZUPI. Sur le long terme, les deux indices donnent des résultats quasi-identiques. On pourrait donc tout à fait appliquer ce modèle des 4% au ZUPI. Mais les statistiques de l'indice Value Line, plus faciles à obtenir, sont également plus faciles à interpréter.

Pour construire ce modèle, vous avez seulement besoin de la clôture hebdomadaire du Value Line. Vous pouvez laisser de côté les données quotidiennes si vous le souhaitez. Relevez simplement les statistiques hebdomadaires dans les journaux du week-end, ou dans Barron's, disponible dans les kiosques le samedi. Ce modèle de suivi de la tendance donne un signal d'achat quand l'indice hebdomadaire Value Line progresse de 4% ou davantage en clôture par rapport à n'importe quelle clôture hebdomadaire antérieure. Il fournit un signal de vente quand l'indice hebdomadaire cède 4% en clôture ou davantage par rapport à un pic de clôture hebdomadaire antérieur. Notez bien qu'il s'agit d'une variation de 4% et non de 4 points.

Prenons un exemple. Si l'indice Value Line clôture la semaine de référence à 200, il faudra qu'il affiche au moins 208 pour donner un signal d'achat. Supposons que cela se produise une semaine où la clôture hebdomadaire de l'indice est marquée à 209. Ce signal d'achat restera actif tant que nous n'aurons pas de baisse de 4% ou plus dans la lecture de l'indice Value Line hebdomadaire. Supposons que le Value Line continue de progresser, éventuellement avec quelques pauses passagères - aucune supérieure à 4% - pour atteindre un plus haut de clôture hebdomadaire à 240. Imaginons maintenant que l'indice chute à partir de ce niveau. Il faudra qu'il perde 4%, ou revienne à 230,40 (ou à un niveau inférieur), pour entraîner un signal de vente. Supposons que cela se passe dans le cadre d'une semaine au terme de laquelle le Value Line clôture à 229. Ce niveau constituera le point de vente et le modèle restera en mode de vente tant que l'indice n'aura pas regagné 4% ou davantage sur un rallye.

C'est tout ce dont vous avez besoin. En quelques minutes par semaine, avec une calculatrice, vous pouvez calculer le modèle des 4%.
Ce modèle est destiné à vous faire coller à la tendance du marché. La Bourse ne pourra pas progresser pendant bien longtemps sans qu'un signal d'achat ne vous ramène sur le marché. Et vice-versa. Bien entendu, si vous utilisez seulement des données hebdomadaires, le marché pourra progresser de plus

de 4% avant qu'un signal ne soit déclenché. Il peut arriver que le marché marque une forte progression sur une semaine donnée et que vous achetiez 6, 7 ou 8% au-dessus du pic de clôture hebdomadaire antérieur, ou bien que vous vendiez d'autant au-dessous d'un creux de clôture hebdomadaire précédent. Quoi qu'il en soit, vous suivez toujours la tendance dominante.

L'intérêt du modèle des 4%, ou de tout autre modèle de suivi de la tendance est que si le marché enregistre un mouvement important, vous vous retrouverez toujours du bon côté. Mais en Bourse, il y a toujours un prix à payer. Si vous êtes assuré de ne jamais vous retrouver à contre-tendance, vous pouvez avoir des faux signaux, lors de mouvements brefs. Si le marché dessine des zig-zags avec des amplitudes légèrement supérieures à 4%, le modèle pourra vous placer dans le mauvais sens. Cela vous coûtera de l'argent. Mais sur le long terme le modèle des 4% amortit largement ces coûts.

Le tableau présenté ci-contre rapporte les différents signaux du modèle des 4%, à compter de mai 1966. Dans ce tableau nous avons supposé que vous vendez à découvert lors de l'apparition d'un signal de vente (les ventes à découvert sont abordées dans le chapitre 14) et que vous investissez lors d'un signal d'achat. Ce n'est pas nécessairement ce que je vous conseille de faire. Mais le but est simplement de quantifier les bénéfices que vous auriez pu réaliser en vendant à découvert.

La quatrième colonne indique le pourcentage du bénéfice réalisé sur les signaux, aussi bien de vente que d'achat. Vous trouverez également les dates d'apparition des signaux et, dans la colonne de droite, la valeur cumulée d'un portefeuille initial de 10.000 dollars. Les résultats sont bien sûr théoriques car personne ne peut acheter ou vendre le Value Line sur toute cette période. Un marché à terme sur l'indice Value Line a été créé en 1982. Depuis cette époque on pourrait assez précisément estimer le rendement dégagé sur le véritable indice Value Line. Depuis 1966 vous auriez malgré tout pu vous rapprocher des performances du Value Line en achetant des SICAV diversifiées.

Résultat du modèle: 61 signaux d'achat parmi lesquels seulement 30, soit 49%, ont entraîné des profits. Cependant ces 30 signaux d'achat ont abouti à un bénéfice moyen de 14,1% par opération. En revanche, les 30 coups perdants n'ont entraîné qu'une perte de 3,5% par opération. Voilà l'exemple parfait de l'adage: réduisez vos pertes, mais laissez courir vos bénéfices; la stratégie idéale du spéculateur... mais également une assez bonne idée pour l'investisseur moyen.

MODELE DE 4% COMPARÉ À L'INDICE VALUE LINE: 6 MAI 1966 AU 20 MARS 1996

Signal	Date	Indice Value Line	Bénéfice (%)	Jours	10.000 $ deviennent
Vente	06/05/66	133,09	15,9	168	11.591
Achat	21/10/66	111,92	33,6	371	15.488
Vente	27/10/67	149,55	-2,2	63	15.142
Achat	29/12/67	152,89	-4,5	42	14.463
Vente	09/02/68	146,04	0,3	56	14.510
Achat	05/04/68	145,57	12,3	112	16.300
Vente	26/07/68	163,53	-2,9	42	15.831
Achat	06/09/68	168,24	5,2	126	16.653
Vente	10/01/69	176,98	3,1	119	17.172
Achat	09/05/69	171,46	-8,0	35	15.798
Vente	13/06/69	157,74	8,3	126	17.114
Achat	17/10/69	144,60	-3,2	35	16.564
Vente	21/11/69	139,95	8,8	105	18.022
Achat	06/03/70	127,63	-4,6	14	17.192
Vente	20/03/70	121,75	21,7	70	20.918
Achat	29/05/70	95,36	-6,9	28	19.475
Vente	26/06/70	88,78	-1,9	21	19.100
Achat	17/07/70	90,49	-3,7	28	18.458
Vente	14/08/70	87,45	-9,3	14	16.742
Achat	28/08/70	95,58	2,0	56	17.082
Vente	23/10/70	97,52	-1,4	42	16.837
Achat	04/12/70	98,92	19,6	175	20.130
Vente	28/05/71	118,27	3,5	84	20.843
Achat	20/08/71	114,08	-2,2	56	20.381
Vente	15/10/71	111,55	5,1	49	21.410
Achat	03/12/71	105,92	13,2	154	24.236
Vente	05/05/72	119,90	6,2	189	25.741
Achat	10/11/72	112,45	0,6	42	25.899
Vente	22/12/72	113,14	25,3	203	32.460
Achat	13/07/73	84,48	1,6	28	32.986
Vente	10/08/73	85,85	-1,2	28	32.595
Achat	07/09/73	86,87	3,6	56	33.754
Vente	02/11/73	89,96	12,1	63	37.821

MODELE DE 4% COMPARÉ À L'INDICE VALUE LINE: 6 MAI 1966 AU 20 MARS 1996 (Suite)

Signal	Date	Indice Value Line	Bénéfice (%)	Jours	10.000 $ deviennent
Achat	04/01/74	79,12	-0,9	84	37.501
Vente	29/03/74	78,45	9,1	70	40.914
Achat	07/06/74	71,31	-6,5	14	38.263
Vente	21/06/74	66,69	20,2	91	46.003
Achat	20/09/74	53,20	-6,3	14	43.115
Vente	04/10/74	49,86	-11,8	7	38.039
Achat	11/10/74	55,73	-5,5	42	35.957
Vente	22/11/74	52,68	1,1	42	36.340
Achat	03/01/75	52,12	45,2	203	52.766
Vente	25/07/75	75,68	5,8	112	55.813
Achat	14/11/75	71,31	-5,0	21	53.019
Vente	05/12/75	67,74	-5,7	28	49.982
Achat	02/01/76	71,62	19,7	98	59.808
Vente	09/04/76	85,70	-1,4	77	58.992
Achat	25/06/76	86,87	-1,3	56	58.245
Vente	20/08/76	85,77	-2,8	35	56.629
Achat	24/09/76	88,15	-4,1	14	54.309
Vente	08/10/76	84,54	-2,3	49	53.044
Achat	26/11/76	86,51	4,0	133	55.159
Vente	08/04/77	89,96	-5,5	77	52.130
Achat	24/06/77	94,90	-3,1	56	50.493
Vente	19/08/77	91,92	-0,5	84	50.263
Achat	11/11/77	92,34	-1,5	56	49.517
Vente	06/01/78	90,97	-3,4	70	47.813
Achat	17/03/78	94,10	10,6	105	52.899
Vente	30/06/78	104,11	-4,5	28	50.496
Achat	28/07/78	108,84	4,4	56	52.718
Vente	22/09/78	113,63	11,8	77	58.944
Achat	08/12/78	100,21	14,9	308	67.738
Vente	12/10/79	115,16	1,3	42	68.626
Achat	23/11/79	113,65	9,6	98	75.178
Vente	29/02/80	124,50	11,5	42	83.801
Achat	11/04/80	110,22	29,3	210	108.321
Vente	07/11/80	142,47	-4,1	7	103.926
Achat	14/11/80	148,25	-7,3	28	96.313

MODELE DE 4% COMPARÉ À L'INDICE VALUE LINE: 6 MAI 1966 AU 20 MARS 1996 (Suite)

Signal	Date	Indice Value Line	Bénéfice (%)	Jours	10.000 $ deviennent
Vente	12/12/80	137,39	-5,0	14	91.483
Achat	26/12/80	144,28	4,9	196	96.004
Vente	10/07/81	151,41	12,3	84	107.810
Achat	02/10/81	132,79	-0,8	105	107.007
Vente	15/01/82	131,80	3,1	77	110.278
Achat	02/04/82	127,77	-2,3	56	107.784
Vente	28/05/82	124,88	2,9	84	110.857
Achat	20/08/82	121,32	64,3	343	182.184
Vente	29/07/83	199,38	-1,6	56	179.279
Achat	23/09/83	202,56	-4,2	28	171.791
Vente	21/10/83	194,10	-1,7	35	168.959
Achat	25/11/83	197,30	-4,4	70	161.568
Vente	03/02/84	188,67	6,0	182	171.305
Achat	03/08/84	177,30	-0,9	119	169.837
Vente	30/11/84	175,78	-3,0	42	164.716
Achat	11/01/85	181,08	5,6	112	173.867
Vente	03/05/85	191,14	-4,1	35	166.708
Achat	07/06/85	199,01	-0,6	70	165.628
Vente	16/08/85	197,72	-1,0	84	163.894
Achat	08/11/85	199,79	18,5	245	194.238
Vente	11/07/86	236,78	0,7	42	195.657
Achat	22/08/86	235,05	-6,5	21	183.029
Vente	12/09/86	219,88	-4,5	49	174.747
Achat	31/10/86	229,83	13,5	167	198.264
Vente	16/04/87	260,76	-2,7	57	192.850
Achat	12/06/87	267,88	2,9	98	198.386
Vente	18/09/87	275,57	26,7	91	251.386
Achat	18/12/87	201,95	10,1	154	276.830
Vente	20/05/88	222,39	-5,9	21	260.424
Achat	10/06/88	235,57	-2,4	63	254.111
Vente	12/08/88	229,86	-3,0	56	246.406
Achat	07/10/88	236,83	-4,1	35	236.345
Vente	11/11/88	227,16	-1,0	46	233.981
Achat	06/01/89	236,07	11,8	280	251.389
Vente	13/10/89	263,93	6,7	154	268.232
Achat	16/03/90	246,23	-5,8	42	252.675
Vente	27/04/90	232,04	-4,1	14	242.315

MODELE DE 4% COMPARÉ À L'INDICE VALUE LINE: 6 MAI 1966 AU 20 MARS 1996 (Suite)

Signal	Date	Indice Value Line	Bénéfice (%)	Jours	10.000 $ deviennent
Achat	11/05/90	241,59	-1,2	77	239.407
Vente	27/07/90	238,64	19,7	126	286.570
Achat	30/11/90	191,55	22,3	210	350.475
Vente	28/06/91	234,36	-4,2	56	335.756
Achat	23/08/91	244,21	-4,1	91	321.990
Vente	22/11/91	234,26	-3,3	35	311.364
Achat	27/12/91	242,09	4,5	98	325.375
Vente	03/04/92	253,00	-0,1	119	325.050
Achat	31/07/92	253,36	-4,4	63	310.748
Vente	02/10/92	242,25	-2,9	28	301.736
Achat	30/10/92	249,27	14,2	518	373.873
Vente	01/04/94	284,85	0,0	133	373.873
Achat	12/08/94	284,68	-1,2	91	369.386
Vente	11/11/94	281,14	1,3	49	374.188
Achat	30/12/94	277,52	13,8	301	425.826
Vente	27/10/95	316,04	-4,0	35	408.793
Achat	01/12/95	329,30	4,2	133	425.962

Globalement les 61 signaux d'achat ont produit un rendement moyen de 4,7% par opération. Ces signaux ont duré 80 jours en moyenne, soit un peu plus de 11 semaines par opération. Cela ne fait donc pas beaucoup de transactions. Ce qui est important si l'on prend en compte les commissions et la rotation du portefeuille. Sur une base annuelle ce bénéfice de 5,0% devient 16,2%. De 1966 au 20 mars 1996, si vous vous étiez contenté d'acheter l'indice Value Line et de le conserver, vous n'auriez gagné que 2,7% par an. Ces calculs ne prennent pas en compte les dividendes.

Les résultats sur les signaux de vente sont similaires. En supposant que vous ayez vendu à découvert lors de l'apparition de ces signaux vous auriez été gagnant 28 fois sur 61 opérations, soit un taux de réussite de 46%. Cela peut paraître peu, mais, sur les 28 opérations bénéficiaires, le gain moyen était de 9,6%. A l'inverse si vous aviez acheté dans ces 28 cas vous auriez perdu en moyenne 9,6%. Sur les 33 cas où les ventes à découvert auraient été inopportunes la perte moyenne ressort seulement à 3,5%. Le gain net et moyen par opération lors de l'apparition de signaux de vente atteint 2,4%, la période moyenne pendant laquelle vous auriez gardé les titres représente 48 jours, ou 7 semaines. Le bénéfice annuel s'établit à 13,5%. En d'autres termes, l'investisseur qui n'aurait fait qu'acheter lors des signaux de vente aurait perdu 13,5% par an.

Combinons les différentes opérations de ventes et d'achats. Dans 52% des cas vous auriez perdu de l'argent, mais la perte moyenne n'aurait été que de 3,7%. Par contre, dans les 48% de cas bénéficiaires, les gains moyens atteignaient 11,8%. Le bénéfice moyen unitaire sur les 122 transactions représentait 4,1%. Ce qui représente un rendement annuel sur les transactions générées par le modèle des 4% de 13,3%, bien au-dessus des 2,7% dégagés par une stratégie d'achat-conservation pendant environ 30 ans. Indéniablement, ce modèle extrêmement simple fonctionne bien.

Il peut arriver que les pertes soient supérieures à ce que j'aurais souhaité. Cela est surtout dû à l'utilisation exclusive de statistiques hebdomadaires. Il y a cependant deux avantages: d'une part c'est très simple; d'autre part cela vous évite d'avoir à surveiller les statistiques quotidiennes pour tester la fiabilité du modèle. Ce serait un peu l'arbre qui cache la forêt. Si vous aviez à la fois acheté et vendu lors de l'apparition des signaux depuis 1966, une mise initiale de 10.000 dollars aurait progressé jusqu'à 425.962 dollars, hors dividendes. Ce n'est pas si mal pour un modèle de cette simplicité.

Vous pouvez utiliser ce modèle tel quel. Vous pouvez aussi le modifier et l'adapter en fonction de vos préférences. Par exemple, si vous voulez effectuer moins d'aller-retour, vous pouvez relever le seuil de 4% à 5 ou 6%. Vous dégagerez assurément un rendement inférieur, mais vous économiserez sur les coûts de transactions et laisserez de côté certains signaux. A l'inverse, si votre stratégie est plus à court terme, vous pouvez opter pour 3 ou même 2,5%. Vous effectuerez davantage d'opérations, engrangerez probablement des bénéfices supérieurs mais vous devrez acquitter plus de coûts de transactions. Il me semble que la règle des 4% est un équilibre judicieux entre un taux de transactions excessivement élevé et de bons rendements.

Vous pourriez également appliquer des règles similaires à d'autres indices comme le S & P 500. Mais les résultats ne seront pas aussi probants que sur le Value Line ou sur le ZUPI. Simplement parce que les grands indices sont moins volatils que le Value Line ou le ZUPI. Généralement ils ne progressent pas autant dans des marchés haussiers et ne reculent pas autant dans une conjoncture baissière.

Résumons les grandes lignes du modèle des 4%. Vous avez seulement besoin des clôtures hebdomadaires de l'indice Value Line. S'il progresse de 4% ou plus, il déclenche un signal d'achat. S'il perd 4% ou davantage, c'est un signal de vente. Environ la moitié des signaux n'engendreront pas de profits. Mais les bénéfices sur les signaux exacts compensent largement les pertes des mauvais signaux. Vous dégagerez de solides profits à long terme, en collant à la tendance.

CHAPITRE SIX

Comment combiner les indicateurs monétaires et de momentum?

Dans le chapitre 4 je vous ai présenté le Modèle Monétaire fondé sur les taux d'intérêts et les indicateurs de la Réserve Fédérale vous permettant de faire des prévisions sur l'évolution du marché. Ces excellents résultats confirment la règle « ne spéculez pas contre la Fed ». Dans le chapitre 5, j'ai développé trois indicateurs assis sur le momentum de marché, dont l'un, le modèle des 4%, donne des signaux haussiers ou baissiers en continu. Les résultats sont également excellents et correspondent à la théorie selon laquelle il ne faut pas jouer contre le marché. Au vu des performances, il est intéressant de combiner les indicateurs monétaires et de momentum; un modèle suivant à la fois la politique de la Fed et la tendance. C'est ce que je vais vous présenter dans ce chapitre.

Une fois de plus, je tenterai de réduire le modèle à sa plus simple expression. Nous débuterons avec le Modèle Monétaire et ses gradations telles qu'elles sont présentées dans le chapitre 4. Le modèle dispose de pondérations allant de 0 à 8 points. Le Modèle Monétaire donne un signal d'achat lorsqu'il affiche 6 points ou davantage, et reste en mode acheteur tant qu'il ne baisse pas à 2 points ou au-dessous, lorsqu'il entraîne des signaux de vente. A ce modèle, nous ajouterons une pondération pour le Modèle des 4%, comme dans le chapitre 5.

Quand le Modèle des 4% affiche un signal d'achat, affectez lui 2 points. Quand ce modèle indique des ventes, donnez lui 0 point. Ensuite, ajoutez les points du Modèle des 4% et ceux du Modèle Monétaire. En théorie la combinaison des deux, que nous appellerons le Super Modèle peut varier de 0 à 10 points. Si tous les indicateurs du Modèle Monétaire sont haussiers et si le Modèle des 4% affiche un signal d'achat, le Super Modèle sera à +10. A l'inverse, si tous les indicateurs monétaires sont à la baisse et si le Modèle des 4% est en signal de vente, le Super Modèle sera à 0.

Vous pouvez utiliser ce modèle de diverses manières. Vous pouvez décider d'investir à 100% au-dessus d'un certain niveau ou bien rester liquide à 25% ou à 50% à d'autres. Pour simplifier, considérons un système vous permettant soit d'être soit investi à 100% soit totalement liquide.

Les règles sont les suivantes: lorsque le Super Modèle est à six points ou au-dessus, cela correspond à un signal d'achat. Supposons qu'à ce moment là l'investisseur décide d'investir 100% en actions. Le signal d'achat demeure tant que le Super Modèle n'est pas revenu à 3 points ou en-deçà, lorsqu'il passe en signal de vente. Supposons que lors de l'apparition du signal de vente, l'investisseur liquide toutes ses positions et place ses fonds sur le marché monétaire, en achetant des bons du Trésor, des certificats de dépôts ou des SICAV monétaires. Nous utiliserons le rendement des bons du Trésor comme référence de gains potentiels.

Il est clair que si tous les indicateurs dans les deux modèles sont haussiers, le Super Modèle le sera également, et vice-versa. La combinaison des indicateurs monétaires et de ceux de momentum a un avantage: si les indicateurs monétaires sont relativement neutres mais que le momentum est positif, cela peut suffire à déclencher un signal d'achat. Dans un tel contexte, cela peut être plus intéressant d'être sur le marché que d'être liquide. A l'inverse, si le Modèle Monétaire est à peu près neutre et que le momentum faiblit, cela peut engendrer un signal de vente. Bien entendu, le cas de figure idéal se présente lorsque les indicateurs monétaires et les indicateurs de momentum sont tous deux positifs. Mais cela n'est pas toujours le cas. Dès lors, le Super Modèle constitue une synthèse raisonnable entre ces deux types d'indicateurs.

Le tableau ci-contre compare les performances du Super Modèle avec celles du ZUPI entre 1966 et mars 1996. La partie gauche du tableau rapporte les dates d'apparition de signaux d'achats dans le Super Modèle, les niveaux correspondants du ZUPI, la variation en pourcentage du ZUPI durant la période d'achats et le nombre approximatif de mois de signaux d'achat. Le premier signal d'achat est, par exemple, apparu le 16 novembre 1966, alors que le ZUPI affichait 108,75. Le signal s'est maintenu 20,5 mois pour passer en signal de vente le 26 juillet 1968, lorsque le ZUPI s'établissait à 156,34. Durant toute cette période le ZUPI a progressé de 43,8%.

SUPER MODELE COMPARÉ AU ZUPI: 1966 À 1996

SIGNAUX D'ACHAT				SIGNAUX DE VENTE			
Date	ZUPI	Variation en %	Nbre. de mois	Date	ZUPI	Variation en %	Nbre. de mois
				10/03/66	125,43	- 13,3	8,0
16/11/66	108,75	+ 43,8	20,5	26/07/68	156,34	+ 1,2	2,0
30/08/68	158,29	+ 9,4	4,0	31/12/68	173,15	- 45,7	17,0
29/05/70	93,96	+ 32,2	13,5	16/07/71	124,17	- 12,4	3,0
19/11/71	108,82	+ 11,2	7,5	26/06/72	121,02	- 37,1	19,5
14/02/74	76,18	+ 2,4	1,5	29/03/74	78,02	- 33,3	7,0
25/10/74	52,03	+ 76,0	31,0	31/05/77	91,57	+ 15,2	35,0
06/05/80	105,52	+ 21,6	7,0	12/12/80	128,32	+ 5,2	0,5
26/12/80	134,98	+ 6,8	6,5	10/07/81	144,14	- 11,9	2,5
21/09/81	127,04	+ 60,9	25,0	21/10/83	204,43	- 4,8	12,0
15/10/84	194,61	+ 65,3	35,5	18/09/87	321,70	- 30,3	3,0
18/12/87	224,35	+ 10,9	5,0	20/05/88	248,76	+ 11,0	8,6
07/02/89	276,12	- 1,6	1,3	20/03/89	271,78	+ 13,1	5,2
24/08/89	307,51	+ 22,5	5,8	17/05/94	376,96	+ 12,7	13,8
06/07/95	424,91	+ 13,2	8,6	20/03/96			

10.000 $ deviennent:	219.564 $	223,8 mois	1.746 $	137,1 mois
Rendement annuel:	+18,1%		-14,1%	

Stratégie achat/conservation: +4,6% par an
a: dernière donnée disponible (pas un signal).

La partie droite du tableau passe en revue les signaux de vente, le premier étant apparu le 10 mars 1966. Le hasard a voulu que le premier signal soit un signal de vente, raison pour laquelle vous ne trouvez pas de signal d'achat précédent. On en trouverait un en 1965, qui aurait amené le signal de vente de mars 1966. Cette partie du tableau donne aussi les variations en pourcentage et la durée du signal. Par exemple, le signal de vente de mars 1966 a duré 8 mois, jusqu'au signal d'achat suivant le 16 novembre 1966. Sur cette période, le ZUPI a perdu 13,3%.

Vous noterez un total de 14 signaux de vente et 14 d'achat. Au bas du tableau, vous observerez qu'un investissement de 10.000 dollars, exclusivement placé durant les signaux d'achat, serait devenu 219.564 dollars sur un total de 224 mois, ou environ 18,5 ans. Cela correspond à un rendement annuel de 18,1%, intérêts des placements sur le monétaire pour le reste du temps, dividendes et frais non compris. En revanche, si vous aviez tenté d'aller à l'encontre de la Fed et du marché en achetant des titres alors que le modèle vous donnait un signal de vente, vos 10.000 dollars auraient fondu en 1.746 dollars sur un total cumulé de 137 mois, ou environ 10 ans. La perte annuelle aurait été de 14,1%.

Si vous aviez acheté le ZUPI sur la totalité de cette période de 30 ans et conservé les titres, vous n'auriez gagné que 4,6% par an. Les signaux d'achat ont dégagé un rendement d'environ 14 points supérieur à celui de la stratégie d'achat-conservation. Vous noterez que 13 signaux d'achat sur 14 ont débouché sur des bénéfices. Le marché a baissé dans huit cas sur quatorze en présence de signaux de ventes. Sur deux des six cas où il a monté, les gains ont été minimes. La perte la plus conséquente en période de signal de vente a été de 15,2% le 31 mai 1977. Cependant, le signal de vente a persisté durant 35 mois, soit près de trois ans. Durant toute cette période, les taux d'intérêts étaient élevés. Si vous aviez investi votre argent en bons du Trésor vous auriez encaissé un rendement de 27,1%, soit près du double de la progression de la capitalisation du marché sur la même période, dividendes non compris.

La plupart des gains en période de signal d'achat sont substantiels, comme par exemple un bénéfice de 43,8% à partir de 1966; 32,2% à partir du signal de mai 1970; 76% à compter du signal d'octobre 1974; 60,9% à partir de septembre 1981 enfin un profit de 65,3% sur le signal d'octobre 1984. Lorsque la forte vague de hausses est apparue, le Super Modèle a bien rempli sa fonction en vous donnant un signal rapide et en restant haussier durant la majeure partie de l'envolée qui a suivi.

Le Super Modèle a également très bien fonctionné en mode de vente, vous permettant de rester à l'écart des plus fortes chutes sur la période. Plus particulièrement, il vous a donné un superbe signal de vente à la fin de 1968, juste avant que les cours ne s'effondrent. Ils ont perdu 45,7% sur les 17 mois qui suivirent. Le Super Modèle a également bien réagi en donnant un autre signal de vente en juin 1972, avant que les cours ne cèdent 37,1% en un an et demi. Après un bref retour à la hausse, le Super Modèle est redevenu baissier, fournissant un signal de vente efficace le 29 mars

1974. La pire chute depuis la grande crise des années trente est intervenue durant les sept mois suivants: les cours ont plongé de 33,3%. Le Super Modèle avait anticipé le « Lundi noir » de septembre 1987 avec un signal de vente le 18 de ce mois, après quoi les cours ont plongé de 30,3%.

On peut comparer le Super Modèle au S & P 500. Dans ce cas, douze des quatorze signaux d'achats ont débouché sur des gains. Les deux cas de pertes n'ont représenté que 5,3% en 1980-81 et 3,2% en 1989. Huit des quatorze signaux de ventes ont conduit à une baisse du marché. Deux des cinq signaux erronés n'ont abouti qu'à de très faibles avances. Mais la plus forte progression du marché (23,3%) sur un signal de vente est intervenue en mai 1994. Vous noterez que le rendement annuel des signaux de vente rapporté au S & P 500 est de 14,5%, contre seulement 6,8% pour la stratégie d'achat- conservation. En revanche, le S & P 500 a perdu 4,5% par an sur la période des signaux de vente.

Quelles auraient été vos performances si vous aviez utilisé le Super Modèle depuis 1966? Vous trouverez la réponse dans le tableau suivant, qui indique les rendements que vous auriez dégagés si vous aviez acheté le ZUPI ou un panier de titres équivalent à cet indice sur la base des signaux du Super Modèle. Ces résultats supposent des achats du ZUPI ou de son équivalent sur les signaux d'achat, et des vente puis un placement à 100% en bons du Trésor sur les signaux de vente. Cette fois-ci, les dividendes sont inclus. Les deux premières colonnes donnent la date et le type de signal. Pour les signaux de vente les trois colonnes suivantes sont délibérément laissées en blanc. L'avant-dernière colonne de droite rapporte le taux d'intérêt que vous auriez obtenu sur les bons du Trésor, en restant en dehors du marché en période de signaux de ventes. La dernière colonne à droite montre ce que vous auriez gagné sur la base du Super Modèle avec un investissement initial de 10.000 dollars. Lors de l'apparition du signal de vente du 10 mars 1966, par exemple, vous auriez acheté des bons du Trésor et gagné 3,2% sur les huit mois suivants, jusqu'au signal d'achat du 16 novembre 1966. Votre mise de 10.000 dollars serait devenue 10.320 dollars, comme vous pouvez le noter sur la première ligne de la dernière colonne de droite.

La deuxième ligne du tableau suivant reflète ce qui s'est passé après le signal d'achat du 16 novembre 1966. La troisième colonne indique que le ZUPI s'est apprécié de 43,8% sur les 20 mois qui suivirent ou jusqu'au signal de vente du 26 juillet 1968. Durant cette période on peut estimer que les dividendes versés représentaient environ 4,3%. Cela apparaît dans la quatrième colonne. La suivante donne le bénéfice total sur les signaux d'achats, qui correspond à la somme de l'appréciation du ZUPI en troisième colonne et des dividendes estimés dans la quatrième, dans ce cas 48,1%. Lorsque ce gain est dégagé sur une somme de 10.320 dollars, au début du signal, la valeur du portefeuille passe à 15.289 dollars. Les autres signaux s'enchaînent suivant la même logique dans le tableau.

RENDEMENT DU SUPER MODELE COMPARÉ AU ZUPI: 1966 À 1996

Date	Signal	% de hausse sur achat	Dividendes estimés sur achats	Rendement	Intérêts perçus sur les périodes de ventes	10.000 $ deviennent
10/03/66	Vente				+ 3,2	10.320 $
16/11/68	Achat	+ 43,8	+ 4,3	+ 48,1		15.289 $
26/07/68	Vente				+ 0,9	15.421 $
30/08/68	Achat	+ 9,4	+ 0,7	+ 10,1		16.979 $
31/12/68	Vente				+ 9,8	18.643 $
29/05/70	Achat	+ 32,2	+ 3,7	+ 35,9		25.336 $
16/07/71	Vente				+ 1,4	25.690 $
19/11/71	Achat	+ 11,2	+ 1,5	+ 12,7		28.953 $
26/06/72	Vente				+ 10,0	31.849 $
14/02/74	Achat	+ 2,4	+ 0,3	+ 2,7		32.708 $
29/03/74	Vente				+ 4,2	34.082 $
15/10/74	Achat	+ 76,0	+ 11,2	+ 87,2		63.802 $
31/05/77	Vente				+ 27,1	81.092 $
06/05/80	Achat	+ 21,6	+ 2,6	+ 24,2		100.717 $
12/12/80	Vente				+ 0,7	101.422 $
26/12/80	Achat	+ 6,8	+ 1,9	+ 8,7		110.245 $
10/07/81	Vente				+ 3,1	113.663 $
21/09/81	Achat	+ 60,9	+ 9,8	+ 70,7		194.022 $
21/10/83	Vente				+ 9,2	211.872 $
15/10/84	Achat	+ 65,3	+ 7,1	+ 72,4		365.267 $
18/09/87	Vente				+ 1,6	371.112 $
18/12/87	Achat	+ 10,9	+ 1,0	+ 11,9		415.274 $
20/05/88	Vente				+ 3,6	430.224 $
07/02/89	Achat	- 1,6	+ 0,3	- 1,3		424.631 $
20/03/89	Vente				+ 3,5	439.493 $
24/08/89	Achat	+ 22,5	+ 12,4	+ 34,9		592.876 $
17/05/94	Vente				+ 5,87	627.678 $
06/07/95	Achat	+ 13,2	+ 1,5	+ 14,7		719.947 $

Rendement total:	719.947 $
Rendement annuel:	+15,3%
Stratégie achat/conservation (dividendes compris):	85.474 $
Rendement annuel sur achat/conservation:	+7,4%

Notez dans la cinquième colonne que le rendement global sur les signaux d'achat est toujours positif. L'intérêt gagné sur les bons du Trésor, après l'apparition de signaux de vente en sixième colonne, est toujours également positif. Par conséquent, l'investisseur a constamment gagné de l'argent sur les 27 ans passés en revue. Bien entendu de courtes périodes ont pu se présenter durant lesquelles le marché baissait, alors que l'on était en mode d'achat. Mais à la fin de la phase d'achat, le marché était toujours en hausse, alors que les dividendes ont grossi les gains.

Au bas du tableau vous observerez que le portefeuille de 10.000 dollars vaut 719.947 dollars, en un peu plus de 29 ans. Soit un rendement annuel de 15,3%. Par comparaison, si vous aviez acheté le ZUPI et l'aviez conservé pendant 27 ans, tout en réinvestissant les dividendes perçus, 10.000 dollars n'auraient donné que 85.474 dollars. Soit un gain annuel de seulement 7,4%. Ainsi, l'investissement en fonction du modèle a donné un gain annuel plus de deux fois supérieur à la stratégie d'achat-conservation. De plus, le modèle permet de dégager de tels rendements, tout en restant hors du marché, et sans aucun risque, pendant près de la moitié de la période. Si l'on tient compte des risques, les gains sont encore plus importants dans la mesure où vous auriez gagné trois fois le rendement annuel, tout en ne prenant que la moitié des risques courus par l'investisseur adoptant une stratégie d'achat-conservation.

Vous pouvez comparer les 719.947 dollars gagnés avec le Super Modèle et les 219.564 dollars dégagés sur les signaux d'achat sur le tableau page 101. Cette dernière somme est incluse dans le total du tableau ci-dessus dans la mesure où elle représente le gain réalisé sur les signaux d'achat apparaissant dans la troisième colonne de ce tableau. Le solde du profit manquant est obtenu en ajoutant les dividendes inscrits dans la quatrième colonne et les taux d'intérêt de la sixième colonne.

Comparons le Super Modèle et l'indice S & P 500. Des investissements sur la base des signaux du Modèle auraient abouti à des gains dans douze des quatorze cas de signaux d'achats considérés. Le 26 décembre 1980, le signal d'achat aurait entraîné une faible perte de 5,3%. Bien entendu, il y aurait toujours eu des intérêts encaissés (sur du monétaire) durant les périodes de ventes. Au terme de 27 ans, 10.000 dollars se seraient transformés en 490.919 dollars, enregistrant un gain annuel de 13,9%. La stratégie d'achat-conservation, sur la base du S & P 500, dividendes compris, aurait porté vos 10.000 dollars à 222.816 dollars, soit un bénéfice annuel de 10% seulement. Ainsi, même par rapport à l'indice

S & P 500 peu volatil, un investisseur aurait battu l'indice de 4 points par an sur 30 années. Il aurait terminé avec un portefeuille plus de deux fois plus important que l'investisseur ayant opté pour la stratégie d'achat-conservation.

Gardez à l'esprit que le Super Modèle fonctionne sur le principe d'achats à 6 points et de ventes à 3 points sur une échelle allant de 0 à 10 points. Vous pouvez modifier ces règles si vous le souhaitez pour rendre vos achats et vos ventes plus sélectives. Vous pouvez, par exemple, choisir d'être investi à 100% en actions si le modèle affiche 7 points ou davantage. S'il redescend à 5 ou 6 points, vous pouvez décider de vendre un tiers de votre portefeuille et rester investi à 75%. Si le Super Modèle tombe ensuite à 3 ou 4 points, vous pouvez encore vendre un tiers du portefeuille, avec un tiers de vos fonds en actions et deux tiers en bons du Trésor. Finalement, si le modèle tombe à 2 points ou en dessous, vous pouvez être totalement liquide. Vous pouvez mettre au point des règles similaires pour être investi en actions de 0 à 50% et 100% par exemple. Vous pouvez également adopter un système plus compliqué et être investi à 0, 25, 50, 75 et 100%. Vous n'êtes pas obligé d'acheter ou de vendre la totalité de votre portefeuille à chaque fois.

Supposons que le Super Modèle soit en mode d'achat, à partir de 6 points ou au-dessus. Si par la suite, il se détériore et redescend à 4 ou 5 points, le signal d'achat demeure. Mais l'investisseur souhaitant minimiser ses risques peut se sentir mal à l'aise, investi à 100% alors que le modèle vient de passer en zone neutre et baisse. Dans ce cas, il vaut mieux vendre une partie du portefeuille.

Par ailleurs, si le modèle donne un signal de vente à 3 points, mais par la suite s'améliore à 4 ou 5 points, l'investisseur qui ne souhaite pas rester à 100% en bons du Trésor peut légitimement souhaiter entrer sur le marché. Je ne lui conseillerai pas d'être investi à 100%, mais un ratio d'un tiers ou de deux tiers peut être intéressant.

CHAPITRE SEPT

Aller à contresens du marché: une invitation au désastre.

Je ne soulignerai jamais assez combien il est important de rester en phase avec la tendance générale du marché au lieu d'aller à contre-courant. Aller à contresens du marché revient à une invitation au désastre. Laissez-moi vous donner un exemple. En tant que conseiller en investissement, je vis dans la transparence et je ne vais donc pas jeter la pierre à un de mes concurrents. Voila pourquoi je ne vous dévoilerai pas le nom de cet autre conseiller. Appelons le Sam. Il publie une lettre de marché et à diverses reprises dans les années soixante et soixante-dix, il avait tenté d'aller à contre-sens de gros mouvements haussiers et baissiers. Mais comme la plupart d'entre nous, il avait eu sa part de succès et au début de 1975, il avait fait un gros coup. Durant quelques années, Sam avait identifié de nombreux retournements du marché, dans la plupart des cas des mouvements intermédiaires. Ses affaires marchaient bien.

Au début des années quatre-vingts, Sam était devenu baissier. Durant l'été 1981, le Dow Jones avait perdu environ 200 points et Sam faisait figure de génie. Alors que les cours continuaient de céder du terrain, Sam renforçait son analyse baissière. Dans une interview dans une prestigieuse publication financière au début 1982, il prédisait de nouvelles chutes des cours. Un reporter demanda à Sam comment il pouvait savoir s'il avait raison. Sam répondit « si le Dow Jones se mettait à progresser de 100 points, j'aurais tort et je changerai mon point de vue ».

Le raisonnement de Sam paraissait assez juste à l'époque. Une avance de 100 points sur le Dow Jones aurait représenté un gain de 12% environ. C'est bien au dessus de notre règle des 4%. Mais Sam cherchait à identifier les tendances lourdes. Un seuil de 12% en anticipation d'un marché haussier n'était pas dénué de sens. Sam aurait pu considérer qu'un gain de 100 points sur le plus bas était un signal haussier suffisant pour revenir sur le marché, même s'il n'avait pas prévu ce plus bas. Réputé comme « suiviste », Sam avait déclaré à de nombreuses occasions: « le marché, c'est comme un train. Je ne suis qu'un wagon qui s'accroche au train ». Une fois de plus, je considère ceci comme un excellent conseil.

Les taux d'intérêts chutèrent brutalement en août 1982 et le marché s'envola, gagnant 38 points le 17 août. En six séances, le Dow Jones était passé de son plus bas de 777 du 12 août 1982 à 891. Soit un gain impressionnant de 114 points. C'était une bonne raison pour que Sam modifie ses perspectives. S'il l'avait fait, il pouvait arguer qu'il était redevenu haussier six séances après le plus bas du précédent mouvement de baisse. Assurément, il aurait raté les 100 premiers points de la reprise, mais ce n'était rien en comparaison de ce qui allait suivre.

En octobre 1983, moins de 14 mois plus tard, le Dow Jones touchait un plus haut intermédiaire de 1.285. S'il avait suivi la tendance, comme il l'avait recommandé par le passé, Sam aurait gagné près de 400 points sur le DJ, ou plus, puisque la valeur moyenne avait gagné plus que le Dow Jones sur cette période. En fait, durant l'année qui a suivi août 1982, les actions ont enregistré une de leur plus forte avance sur une courte période depuis le double plus bas des plongeons de 1932 et 1933. Mais Sam décidait de ne pas suivre ses propres conseils. Alors que les cours montaient, Sam restait baissier. Il était à contresens du marché. Il avait oublié qu'il n'était qu'un wagon accroché à un train. Il avait déjà déraillé.

Le fatal problème de Sam était son idée préconçue de l'évolution du marché, même s'il avait eu raison pendant un certain temps. Lorsque les conditions changeaient, Sam refusait d'accepter ces nouveaux éléments et de modifier ses anticipations en conséquence. Au lieu de cela, il cherchait à identifier des indices allant dans le sens de son analyse baissière. C'est là un trait commun des investisseurs. Les psychologues appellent cela la « perception sélective ».

Malheureusement, en Bourse il y a toujours des éléments haussiers et des éléments baissiers. On n'a jamais grand mal à trouver des indices pour étayer son point de vue. Si l'on considère un panel de 100 indicateurs, il y a très peu de chance de les trouver tous haussiers en même temps. En fait, si 80% des indicateurs sont positifs, c'est qu'on est dans un marché « super haussier ». Mais un analyste baissier pourra toujours s'accrocher aux 20 autres indicateurs qui donnent des signes négatifs. Sam avait opté pour cette approche et avait fait l'erreur que fait tout investisseur au moins une fois dans sa vie.

C'est le genre d'erreur que vous ne devriez pas faire plus d'une fois. Cela m'est également arrivé. Je me suis trompé dans le sens inverse lors de la baisse de 1974. J'étais passé baissier au printemps 1972, pratiquement au plus haut du marché. Je suis resté baissier la plupart du temps pendant les deux ans qui ont suivi, ne passant du côté haussier que temporairement pour saisir au vol un rebond ici et là. Mais en juin 1974, pour une raison ou une autre, je me suis soudainement décidé à passer haussier et m'en suis voulu pendant les trois mois qui ont suivi.

Je pourrais vous dire qu'un an après être devenu haussier, le marché avait progressé. Je pourrais prétendre que je n'avais pas tort et que j'avais juste anticipé la hausse un peu tôt. Je pourrais affirmer avec entêtement que j'avais raison et que le marché se trompait. C'est commun chez les gens qui se trompent. En fait, j'avais simplement tort, un point c'est tout. Dans les semaines qui suivirent mon revirement, je savais dans mon for intérieur que je m'étais trompé. Mais ma fierté m'aveuglait. J'étais convaincu que le marché approchait de ses bas. Au lieu de rester en phase avec la tendance et de redevenir baissier, je cherchais les indications qui allaient dans le sens de mon analyse haussière. Certains éléments allaient dans ce sens, confortant mon point de vue. Il était pourtant évident que la tendance était à la baisse et je ne l'ai pas vu.

Mon erreur principale fut d'ignorer l'environnement monétaire très défavorable de l'époque. Afin d'éviter que ce genre d'erreur ne se reproduise, je décidai par la suite de construire de nouveaux indicateurs monétaires. Pourtant, je récidivais un an et demi plus tard, en janvier 1976. Cette fois-là, j'étais à contre tendance mais face à un mouvement de hausse. Je restais neutre et 100% liquide alors que la Bourse progressait pendant quelques mois. Mon erreur fut de ne pas prêter attention au fort momentum du marché. Mais je réagis rapidement et en tirais un enseignement. Je mis au point des indicateurs prenant en compte le momentum et les cours. Je les utilisai dans un premier temps séparément puis, en 1978, je décidai de les combiner dans un modèle.

Depuis cette époque, je refuse obstinément d'aller à contre courant d'une tendance lourde. Je suis le marché même si cela impose de changer de cap de temps en temps. Ainsi, je n'ai jamais plus manqué un seul mouvement du marché. Ne croyez pas que je fasse le fanfaron. Je sais très bien qu'il m'arrivera encore de me tromper. Mais en collant au marché, je sais que je ne raterai pas le moindre revirement de tendance. J'ai appris cela sur le marché.

En revanche Sam - et probablement des millions d'autres investisseurs - ont commis ce genre d'erreurs certainement plus d'une fois. Pourtant, ils continuent de tomber dans le même piège. Le marché ne vous laisse pas le loisir de vous tromper trop souvent. Sans quoi vous en serez de votre poche. L'ignorance - je considère que mes erreurs étaient en quelque sorte de l'ignorance - peut vous amener à vous trouver à contre-courant une fois ou deux. Mais commettre cette erreur une troisième ou une quatrième fois, ce n'est plus de l'ignorance puisque vous en avez déjà vu les résultats.

L'origine de ces erreurs est la fierté personnelle. Si vous pensez que vous avez raison et que le marché se trompe ou que vos idées préconçues sont inébranlables quelle que soit la tendance, vous vous exposez à de graves risques. Le marché peut humilier n'importe qui à un moment ou un autre. Votre meilleure protection consiste à coller à la tendance. En d'autres termes, n'allez pas à contresens du marché.

CHAPITRE HUIT

Les indicateurs de sentiment: quand se démarquer de la foule?

Voici une anecdote sur le génie en relations publiques de P.T. Barnum. Lors d'un de ses fameux shows, la foule ne cessait de s'accumuler, au point de ne plus pouvoir tenir dans le chapiteau prévu. Il ne pouvait décemment pas demander aux gens de partir - ce qui aurait été l'équivalent d'un serveur demandant à ses clients d'abandonner leur table en plein repas. Finalement, une idée de génie a germé dans son esprit. II fit mettre une affiche indiquant la sortie. De nombreux badauds, désireux de se rapprocher de la sortie se sont retrouvés ainsi éjectés de la tente. Ils regardaient le spectacle de l'extérieur.

C'est à peu près ce qui se passe en Bourse quand la foule devient trop importante. La masse a tendance à suivre les mauvais signes à l'approche des plus hauts et des plus bas du marché. Finalement, de nombreux investisseurs se retrouvent sur la touche, surpris de voir le marché changer de direction.

Voyons d'un peu plus près comment cela fonctionne. Prenons un marché baissier, au creux de la vague. Dans ce cas, l'économie est généralement en phase de récession, les profits des entreprises sont en baisse et les investisseurs s'attendent à subir d'importantes pertes pendant un an ou deux. Les mauvaises nouvelles font toujours la une des journaux. On ne rêve même plus à de bonnes nouvelles. C'est dans de tels marchés maussades et pessimistes que la tendance baissière s'interrompt pour faire place à une hausse. Ce qui montre tout simplement que la grande majorité des gens avait tort, précisément à l'approche du point de retournement du marché.

Pourquoi? La Réserve Fédérale va avoir tendance à desserrer le carcan du crédit parce que l'économie s'essouffle et les taux d'intérêts vont se mettre à baisser soudainement. Cela rend les cours des actions plus attractifs car les rendements des placements monétaires se réduisent. Pourtant, bien souvent, l'économie mettra encore six mois ou davantage pour repartir de l'avant. Les plus mauvais résultats des entreprises étant encore à venir.

Si Wall Street a raison d'anticiper une telle baisse des bénéfices des sociétés, la Bourse peut difficilement expliquer la remontée des cours. Le raisonnement intuitif selon lequel une amélioration des bénéfices implique une hausse des cours est simplement faux. Les plus belles progressions dans des marchés haussiers, comme nous l'avons vu au chapitre 5, ont tendance à intervenir dans les cinq premiers mois du mouvement de hausse, alors que les bénéfices sont encore en baisse. Il est d'ailleurs difficile pour les investisseurs d'être optimistes alors qu'ils attendent des résultats déplorables.

Les investisseurs et les spéculateurs de Bourse ont amassé des liquidités abondantes en restant sur la touche, en partie à cause des taux d'intérêts élevés servis sur ces liquidités en période de baisse des cours des actions, en partie également parce que les perspectives de résultats des sociétés sont peu encourageantes. Les investisseurs (privés comme institutionnels) ont donc de l'argent mais ils sont très réticents à entrer sur le marché. Le pessimisme domine. Mais lorsque les taux commencent à baisser, cela constitue un catalyseur: en période de baisse des taux il n'est pas aussi intéressant de détenir des liquidités qu'en phase de taux élevés. De plus, un repli des taux vraiment marqué va relancer l'économie dans un délai de six à douze mois. Le marché boursier fonctionne sur un principe d'anticipation. Il se projette toujours dans le futur. Dès lors, le niveau des bénéfices des sociétés à un moment donné n'est pas aussi important que le niveau des profits anticipés.

Le tassement des taux constitue d'habitude un stimulus suffisant. Les cours commencent à remonter. Un nouveau marché haussier vient de naître. On note non seulement un terrible pessimisme avant cette reprise, mais en plus le rebond initial paraît peu crédible. Durant le précédent mouvement de baisse, quelques reprises ont souvent tourné court et ont une fois de plus fait mordre la poussière aux investisseurs. Pourquoi auraient-ils donc confiance en cette nouvelle reprise, singulièrement plus marquée que les tentatives précédentes? Si les cours remontent plus que d'habitude c'est simplement pour mieux rechuter par la suite, penseront-ils.

L'investisseur perspicace, allant à contre-courant de la foule, dispose de deux indications à l'approche du plancher d'un marché baissier: en premier lieu, le pessimisme extrême de la vaste majorité des investisseurs et, deuxièmement, la persistance de ce scepticisme lors de la première envolée marquant le début du nouveau marché haussier. Lors des reprises passagères des marchés baissiers, le pessimisme a tendance à s'estomper rapidement dans la mesure où les investisseurs veulent croire à la reprise. Mais vers les plus bas des marchés baissiers, la plupart des investisseurs ont trop pris de « bouillons » et voient dans la reprise une occasion de vendre. La foule a tendance à avoir tort précisément au mauvais moment.

Puis, alors que le mouvement de hausse se confirme, en l'absence de nouvelles baisses, de nombreux investisseurs se retrouvent sur la touche. Ils commencent progressivement à croire en cette reprise mais pensent « j'achèterai quand cela baissera à nouveau ». Le problème, c'est que les éventuelles pauses ne représentent jamais des baisses suffisamment importantes pour que les gens reviennent à l'achat. Tout simplement parce-que les baissiers sont encore trop nombreux sur la touche, hésitant à rentrer sur le marché.

Lorsque les cours perdent quelques points, une partie des investisseurs baissiers commence à racheter, mettant ainsi un terme prématuré à la correction et empêchant d'autres baissiers de profiter des bas cours en procédant à des achats à bon compte. Cette tendance se poursuit alors que le marché continue de progresser avec des paliers passagers. Finalement, le nombre d'investisseurs haussiers devient plus important que celui des baissiers. Pour les spécialistes des mouvements de foule, cela constitue un signal de vente.

Si vous croyez en la théorie des opinions contraires, il faut faire l'inverse de la majorité. Mais ce serait excessivement simplifier les choses et certainement peu recommandable au milieu d'un marché haussier. Ce n'est pas parce que 51% des investisseurs sont haussiers et 49% baissiers que le marché ne devrait plus monter. En fait, il va probablement encore progresser à ce moment-là. Il faut toutefois être vigilant sur le sentiment dominant lorsque ce dernier devient très majoritairement marqué dans un sens.

Au gré des nouvelles progressions, de plus en plus d'investisseurs rejoignent le rang des haussiers. Un seuil important est atteint lorsque les investisseurs ont utilisé la majeure partie des liquidités disponibles, celles-ci représentant des munitions pour le marché. Lorsqu'elles sont épuisées, ces munitions ne peuvent plus tirer le marché. Tout au plus les cours parviendront à se maintenir. Si les taux d'intérêts remontent ou si tout autre facteur défavorable émerge, le marché sera en mauvaise posture à cause d'un faible niveau de liquidités disponible.

A l'approche du plus haut, les investisseurs sont extraordinairement optimistes car ils n'ont vu que la hausse pendant un an ou deux. Les périodes de repli des cours ont d'ordinaire été courtes. Même si elles ont été sévères, le marché a toujours rapidement rebondi pour regagner plus que le terrain perdu. La foule anticipe des remontées des cours et elle « sait » que si des prises de bénéfice interviennent cela ne constituera qu'une étape avant de nouveaux gains.

Au plus haut, l'optimisme est roi, la spéculation est effrénée, les actions affichent des ratios cours/bénéfices élevés et les liquidités se sont évaporées. Une hausse des taux mineure peut suffire pour déclencher un véritable mouvement de baisse à ce moment là. Lors du premier repli le pessimisme reste limité. Restant dans la logique haussière, la plupart des gens se précipitent pour racheter à la baisse, escomptant un nouveau rebond vers d'autres sommets. Mais la première reprise s'essouffle, ne va pas très loin et ne touche pas de nouveaux plus hauts. Une nouvelle baisse intervient et entraîne les cours un peu plus bas.

A partir de ce moment-là, les investisseurs deviennent un peu plus nerveux et le pessimisme ambiant gagne du terrain. Cela va prendre quelques mois de baisses avant que le pessimisme ne l'emporte vraiment. A un certain stade du mouvement de repli, la physionomie du marché se gâte sensiblement et le pessimisme devient dominant au moment où les conditions du marché sont les pires. Nous sommes alors revenu au début du cycle, au plus bas du marché baissier, quand le pessimisme est à son comble. Certains spécialistes, qui observent les mouvements d'opinions, choisissent de se placer à contresens du sentiment dominant: c'est la stratégie de l'opinion contraire. Le terme peut être judicieux, mais gardez à l'esprit qu'il ne faut pas systématiquement aller à l'encontre de la majorité des investisseurs - il ne faut le faire que lorsque le sentiment est très majoritairement dominant. Ce n'est pas facile de définir ce « très ». Il existe différentes méthodes pour mesurer le sentiment, mais le pourcentage exact de haussiers et de baissiers ainsi que tout indicateur permettant d'établir des signaux d'achat et de vente peuvent varier de façon très sensible d'un cycle à l'autre. Il n'y a pas un niveau magique d'optimisme ou de pessimisme qui donnerait un signal précis.

Quoi qu'il en soit, en mesurant différents éléments contribuant au sentiment du marché, allant du niveau de liquidités des investisseurs privés et institutionnels à celui de l'activité sur les ventes à découvert, les options ou les augmentations de capital, vous pouvez obtenir une idée du degré actuel de l'optimisme ou du pessimisme. Lorsque le sentiment touche des extrêmes, vous devez au moins vous en inquiéter. Vous pouvez combiner ces indicateurs de sentiment, aussi bruts soient-ils, avec les indicateurs monétaires et de marché. Vous obtiendrez une vision assez précise de la tendance du marché.

Les ratios de liquidités/actifs des fonds mutuels

Prenons tout d'abord un premier exemple d'attitude de la majorité des investisseurs. Les institutionnels sont désormais les plus importants parce qu'ils dominent le marché en réalisant la majeur partie du volume. Les fonds mutuels opérant sur les actions contrôlent des actifs largement supérieurs à 100 milliards de dollars. Bien que cela ne représente qu'une faible proportion de la totalité des encours gérés par les investisseurs institutionnels, elles constituent un échantillon significatif. De plus, des données statistiques fiables sur l'encours des fonds mutuels existent depuis 1954 aux Etats-Unis.

L'optimisme ou le pessimisme régnant parmi les gestionnaires de fonds mutuels peut être mesuré à l'aide d'un ratio simple rapportant les liquidités aux actifs détenus. S'ils sont très optimistes, les gestionnaires affecteront leurs liquidités à l'achat de titres et le ratio des liquidités par rapport aux encours va baisser. S'ils sont pessimistes, ils vont vendre des actions, augmentant d'autant leurs liquidités et le ratio va progresser.

Il y a assurément un problème pour déterminer où se situent le « bas » et le « haut » du ratio. Mais, sur la base de l'observation des pratiques des gestionnaires sur les trois dernières décennies, on peut établir des sommets et des planchers sur le ratio liquidités/actifs. Un plus haut sur ce ratio signifie un extrême pessimisme et un plus bas un très fort optimisme.

Par exemple en juillet 1956, le ratio a touché un plus bas de 4,7%. Après avoir atteint un plus haut point d'optimisme en juillet 1956, les gestionnaires de fonds mutuels sont devenus plus pessimistes alors que les cours baissaient. Finalement en juin 1958, le ratio de liquidités/actifs a plafonné à 7,2%, le plus haut de ce cycle.

Le Dow Jones se situait à 516 lorsque l'optimisme atteignait son plus haut. Environ deux ans plus tard, lorsque le point extrême de pessimisme a été atteint, le DJ était revenu à 487, en baisse de 29 points sur le plus haut. En d'autres termes, l'extrême optimisme de juillet 1956 n'était pas justifié. Au lieu de progresser, comme les gestionnaires l'avaient anticipé, les cours ont reculé.

Vers la mi 1958, alors que les gestionnaires étaient à l'un des plus forts niveaux de pessimisme de l'époque, le marché rebondissait sur un plus bas. En moins d'un an, le DJ a progressé de 148 points, pour atteindre 635 au printemps 1959. A ce moment-là, les statistiques du mois d'avril 1959 montraient que les gestionnaires étaient revenus à un extrême optimisme puisque le ratio liquidités/actifs était tombé à 4,4%. Ils avaient eu tort d'être extrêmement pessimistes en 1958.

Entre 1955 et 1996, on a noté 34 extrêmes sur 42 ans. Dans 26 des cas, le Dow Jones a évolué dans le sens inverse de celui prévu par les gestionnaires.

Après l'extrême optimisme de septembre 1967, le DJ n'a gagné qu'un point avant l'extrême pessimisme de mars 1968, soit un très faible gain pour les fonds mutuels. Après l'extrême optimisme de septembre 1978, le marché a aussi avancé marginalement de 32 points avant que les gestionnaires ne redeviennent extrêmement pessimistes en mai 1980. Même dans ce cas-là, l'exemple est peu probant, puisque la Bourse s'est effondrée en octobre 1978. Néanmoins, le DJ a encore progressé par la suite, de telle sorte qu'il se situait un peu au dessus des niveaux de 1978 au point d'extrême pessimisme suivant, en mai 1980.

Les sept prévisions « correctes » des gestionnaires ont permis de dégager un bénéfice net de 1.767 points sur le Dow Jones. En revanche, les 26 anticipations « erronées » ont totalisé une perte de 6.305 points sur le DJ. La perte nette des gestionnaires est donc de 4.538 points sur le DJ!
Les statistiques sur l'activité des fonds mutuels sont disponibles auprès de « The Investment Company Institute » à Washington. Cette organisation publie ces statistiques mensuelles sur les liquidités et les valeurs d'actif des fonds mutuels avec un délai d'environ trois semaines.

Il n'y a pas de chiffre magique qui vous dise à partir de quel niveau les cours vont monter, pas plus que quand ils vont baisser. Cependant, des ratios élevés ont tendance à coïncider avec des plus bas de la Bourse et des ratios faibles annoncent le plus souvent des marchés maussades. Par exemple, à l'approche de plus bas de marchés baissiers comme en 1966, 1970, 1974, 1978, au printemps 1980, 1982, et en 1990, le ratio a fortement progressé par rapport à son niveau habituel sur les années précédentes et les cours ont touché un plus bas. A l'inverse, lorsque le ratio liquidités/actifs déclinait en 1967, 1971-72 et en 1976, les cours ont eu tendance à reculer.

Un des problèmes avec ce ratio liquidités/actifs est qu'il a tendance à augmenter quand les taux d'intérêt progressent car les liquidités deviennent alors plus attractives. Le ratio a également tendance à baisser lorsque les taux décroissent. A la fin des années 70, les taux ont commencé à remonter vers de hauts niveaux et - le ratio liquidités/actifs a oscillé entre 7% et 12% dans le même temps. Avant cette période de hausse des taux, le ratio est souvent descendu aux environs de 4%, lorsque les taux étaient significativement moins élevés.

Si vous le souhaitez, vous pouvez mettre au point des méthodes d'ajustements sophistiquées pour prendre en compte le niveau des taux. C'est en tout cas ce que j'ai fait. Malheureusement, même de telles précautions ne garantissent pas le succès. Le problème: lorsque vous observez un pessimisme excessif - et que tout le monde en a conscience - il faut s'attendre à un marché haussier. De même, lorsque l'optimisme est très partagé - et c'est facile de s'en rendre compte en Bourse - il faut anticiper un marché baissier. Il faut prendre garde au mouvement de foule surtout quand une large majorité penche dans un sens.

Les conseillers en investissement

Après les institutionnels, les plus gros intervenants sur le marché sont les petits porteurs. De nombreux investisseurs privés se fondent sur les avis de conseillers en investissement. Dès lors on peut considérer ces derniers comme influents. De plus, même si leurs recommandations ne sont pas suivies, elles n'en demeurent pas moins importantes dans la mesure où cet échantillon d'investisseurs est suffisamment représentatif de l'ensemble des boursiers.

La société « Investors' Intelligence », basée à Larchmont dans l'Etat de New York, dispose de données historiques sur les autres conseillers depuis 1963. A présent, elle passe en revue environ les avis de 140 conseillers par semaine et détermine - quelquefois avec assez de difficultés à cause de l'imprécision du concept - si le conseiller est haussier, baissier ou neutre. La classification neutre peut comprendre des haussiers à long terme mais qui croient à une baisse à court terme, ou d'autres catégories tout aussi vagues. C'est pourquoi je crois que le plus simple est d'ignorer la catégorie neutre.

Si par exemple 60% des conseillers sont haussiers, 20% baissiers et 20% neutres, mon calcul devient 60% (haussiers) divisé par 80% (60% de baissiers plus 20% de neutres), ce qui revient à 75%. En d'autres termes, parmi les conseillers exprimant clairement une opinion (80% du total) 75% sont haussiers.

Par exemple, le 23 avril 1965 on note un extrême optimisme: 89,7% des conseillers étaient passés haussiers. Le Dow Jones atteignait 911 à ce moment-là. Par la suite, le marché s'est replié jusqu'à 863 le 30 juillet 1965. A cette date, le pessimisme avait gagné du terrain puisque seulement 41,4% des analystes étaient encore haussiers, ce qui d'ailleurs représente un extrême de pessimisme pour l'époque. Dans les trois mois qui suivirent avril 1965, alors que près de 90% des conseillers étaient optimistes, le DJ a perdu 48 points. Ils avaient tort. A partir de cet extrême de pessimisme de juillet 1965, le marché a rebondi, pour atteindre 988 en janvier 1966. A ce moment-là, 90,9% des conseillers étaient redevenus optimistes, l'un des plus fort pourcentages jamais atteints. Le 26 janvier, le Dow Jones se situait 7 points en dessous de son plus haut précédent. Il avait gagné 125 points sur son niveau de six mois auparavant alors que les analystes étaient extrêmement pessimistes. Ils avaient eu tort d'être pessimistes à la mi 1965 et allaient encore se tromper dans leur extrême optimisme au début 1966. Peu après le DJ perdait plus de 200 points alors qu'une tendance baissière venait de naître.

Entre 1965 et 1996, on rencontre 66 cas où les conseillers ont fait preuve d'extrême optimisme ou d'extrême pessimisme. Le marché n'a évolué que six fois dans le sens qu'ils avaient anticipé - en février 1975, mars 1985, avril 1986, décembre 1992, juillet 1995 et février 1996. Les « prévisions » des analystes étaient erronées dans 63 cas sur 69, affichant un taux de réussite de seulement 9% - et un taux d'échec de 91%. Si vous aviez eu connaissance des extrêmes du sentiment des conseillers en

investissement exactement au bon moment et si vous aviez suivi leurs recommandations, vous auriez perdu 10.672 points sur le Dow Jones en 31 ans!
Lorsque le pourcentage de haussiers devient trop fort, le marché a tendance à s'affaiblir. Quand il devient trop faible, alors que le pessimisme gagne du terrain, c'est souvent le bon moment pour acheter des actions. Lorsque la tendance passe en dessous de 40% de haussiers, c'est souvent un bon signal d'achat à long terme. Cela s'est produit à l'approche du plus bas de marchés orientés à la baisse comme en 1966, 1970, 1974, 1978, au printemps 1980 et en 1982. Le ratio atteignait alors environ 40% et l'indice était proche du plus bas de type intermédiaire comme au début 1968, à la fin 1978, la fin 1979, en septembre 1981 et à la mi 1984, et fin 1990. D'un autre côté, lorsque le pourcentage de haussiers a atteint 75%, cela a souvent constitué un signal de prudence. Ce fut le cas au début 1966, de 1971 au début 1973, en 1976 et en 1983. Des marchés baissiers ont suivi ces périodes dans tous les cas. Les ratios élevés de 1985 et de 1986 n'ont pas apporté grand chose. Cependant, lorsque l'optimisme est devenu excessif en 1987, les actions ont plongé quelques mois plus tard.

Les publicités dans Barron's

Au début des années 70, j'ai mis au point un nouvel indicateur très proche de l'indicateur de sentiment des conseillers. Ce dernier s'appuie sur le nombre de publicités haussières et baissières paraissant dans l'hebdomadaire Barron's, le support le plus recherché pour les encarts de conseils en investissement. Lorsque le marché est en pleine expansion, vous observerez que les publicités haussières l'emportent largement. Il y a deux raisons à cet état de fait: en premier lieu les conseillers, comme on l'a vu précédemment, se placent plutôt du côté de la tendance dominante. Ainsi, lorsque les cours ont déjà progressé depuis un certain temps, l'optimisme des analystes se renforce et cela finit par apparaître dans le type d'encarts qu'ils font passer. En d'autres termes, un grand nombre de publicités haussières reflète un optimisme dominant chez les conseillers. De plus, comme je l'ai déjà fait observer, cela peut aussi vouloir dire que la Bourse s'apprête à plonger. En deuxième lieu, les conseillers raisonnent en termes de marché. Ils ont tendance à faire passer des publicités lorsque le rendement attendu est le plus élevé. Dans un marché en ébullition, les spécialistes estiment que des encarts haussiers ont de l'impact alors que des publicités baissières n'en auraient pas.

On peut également vérifier cette propension à l'optimisme chez les gens qui souscrivent aux lettres de marché éditées par les conseillers. Ceux-ci n'aiment pas publier des publicités inutilement. Lorsqu'ils pensent que le public est sensible aux arguments haussiers, ils ont tendance à faire passer des annonces de ce type. Par conséquent le nombre de publicités haussières reflète aussi bien le sentiment du public que celui des conseillers.

L'inverse est tout aussi vrai lorsqu'on approche de la fin d'une tendance baissière en Bourse. A ces moments-là, vous trouverez très peu de publicités haussières. D'abord, cela indique que les analystes sont devenus plus pessimistes. Ensuite, cela prouve également que le sentiment du public est aussi devenu plus maussade. En général, lorsque le public accepte l'idée qu'une tendance baissière est bien installée, les investisseurs ne sont pas très intéressés par les éléments plus optimistes car la plupart sont convaincus que le marché ne peut que reculer. Bien entendu, ils ont plutôt tort d'être aussi négatif quand le pessimisme ambiant devient trop dominant.

Je relève aussi bien le nombre d'annonces haussières que baissières. Cependant, j'ai observé que le nombre des encarts haussiers est un meilleur indicateur, dans la mesure où les encarts baissiers ont tendance à être moins nombreux et sont donc moins représentatifs. Le plus frappant est qu'en 1974, on note des périodes pendant lesquelles il n'y a aucune annonce de ce type. Cette époque correspond en effet au creux du pire marché depuis la dépression. En revanche, à proximité des sommets de 1976, 1978, du début 1980 et de 1981, le nombre de publicités haussières a progressé à une vingtaine par semaine sur une moyenne de quatre semaines. En 1976, les cours ont peu varié durant le reste de l'année, tandis que dans les trois autres cas, le marché a plongé. A la mi-80, et début 1993, l'indicateur a aussi atteint la zone des 20, mais la Bourse a continué de progresser pendant quelques mois, essentiellement en raison d'un environnement monétaire qui demeurait favorable.

En 1983, avant que le marché n'entame une phase de repli intermédiaire, au plus haut de l'optimisme atteint dans les publicités dans Barron's, on pouvait compter 16 encarts par semaine sur une moyenne de quatre semaines. Le nombre de parutions était assez élevé mais pas aussi fort que dans les exemples précédents. Bien entendu, on était déjà dans une fourchette similaire dès la fin 1982. Mais le marché continuait de monter à cause de l'excellent environnement monétaire alors que les autres facteurs économiques étaient encore assez favorables. Vers la mi-1983, alors que les signaux baissiers devenaient de plus en plus évidents, les cours des actions ne pouvaient plus continuer de progresser. En 1987, le nombre des publicités haussières a atteint un niveau record, annonçant ainsi le krach d'octobre. A la fin de 1987, lorsque la Bourse s'est stabilisée, le nombre de ce type d'annonces était peu important.

Comme pour tous les autres indicateurs, il faut utiliser le nombre de publicités haussières dans Barron's comme un outil de prévision parmi tant d'autres. Ce serait trop demander à un indicateur de toujours être dans le vrai. Ce que vous cherchez à identifier, ce sont des tendances lourdes. Lorsqu'un nombre suffisant d'indicateurs va dans le même sens, il est temps de penser que ces indicateurs, de concert, ont raison.

Concentrons-nous sur les cas où les annonces haussières dans Barron's ont baissé à sept ou en dessous. C'est le cas à l'automne 1975, la mi-1982, la mi-1984 et la fin 1984. En 1982, le marché a entamé son plus fort mouvement de hausse sur 50 ans. Dans les trois autres cas, il s'agissait de reprises de marchés haussiers à la fin de phases de baisses intermédiaires.

En règle générale, je dirais qu'il faut faire preuve de prudence dès que la moyenne hebdomadaire (sur quatre semaines) des publicités haussières dans Barron's atteint le chiffre 13. J'ai tendance à redevenir haussier lorsque la moyenne revient aux environs de 7. Si l'environnement monétaire est favorable - sur la base des indications que je vous ai données dans le chapitre 4 - je relèverai le seuil des publicités haussières à 16 et celui des baissières à 10. Si la politique monétaire est défavorable, baissez la fourchette de quelques points. Dans ces cas là, un nombre de 10 ou 11 peut être considéré comme dangereux, tandis que 4 ou moins peut être positif. Une fois de plus, je ne vous donne ici que des ordres de grandeur et non des seuils rigides.

Pour ce qui est des statistiques, je crains bien d'être le seul à prendre le temps de compter les publicités dans Barron's - et je persiste depuis 1972. Si la moyenne devient vraiment excessive, je le mentionne dans ma lettre de marché. Une autre façon d'avoir ces chiffres est de relever vous-même le nombre des publicités dans l'hebdomadaire. Si vous le faites, il est possible que vous trouviez un nombre différent du mien. C'est simplement parce que certains encarts sont tellement vagues, que suivant l'interprétation que vous en faites, vous les trouverez haussiers, baissiers ou bien neutres. De toute façon, je ne prends pas en compte les publicités neutres.

L'homogénéité est importante pour mettre au point un indicateur de ce type. Si vous vous mettez dès aujourd'hui à compter le nombre de publicités haussières, il est possible que vous en trouviez trois de plus que moi par semaine, ce qui peut vous conduire à penser que l'optimisme ambiant est trop élevé. Tandis que pour ma part, j'attendrai encore un peu pour être de cet avis. La subjectivité de l'individu fait que ce calcul est biaisé. Ce type de raisonnement s'applique également aux analyses d'Investor's Intelligence. Seulement deux personnes ont assuré le décompte des publicités dans cette société. Abe Cohen, aujourd'hui décédé et l'actuel rédacteur en chef, Michael Burke. Donc, ici aussi, le biais demeure homogène. Si je me mettais à identifier le sentiment d'environ 140 conseillers en investissement, j'arriverai sûrement à un chiffre différent de celui d'Investor's Intelligence. Ce n'est pas tant le chiffre absolu qui est important, mais plutôt la variation par rapport à la normale. Et ce concept de normalité inclut le biais de celui qui fait le décompte.

Les augmentations de capital et les reclassements de titres

Je tente ici de vous donner une idée des différents indicateurs de sentiment. Et comme toujours dans ce livre, mon but est avant tout de rester simple et compréhensible. J'évite délibérément les indicateurs basés, par exemple, sur les ventes à découvert ou sur le volume des options parce que les concepts sont trop complexes ou trop récents et peu fiables. Les marchés d'options ne sont apparus que durant les années 70 et les marchés dérivés sur indices ne datent que de 1982. De plus, ce type d'indicateurs impliquent souvent des calculs complexes. J'évoquerai donc des indicateurs plus simples dont un, particulièrement intéressant pour repérer les sommets du marché: le nombre d'augmentations de capital et de reclassements de titres.

Je m'intéresse ici aux augmentations de capital des sociétés qui sont déja cotées et non aux introductions en Bourse. Une autre situation similaire concerne les cas où un investisseur à la tête d'une très importante ligne de titres décide de la reclasser en passant par un intermédiaire pour en faciliter le placement, plutôt que de les vendre directement sur le marché. Dans un tel cas, un certain nombre de courtiers sont en mesure d'organiser le placement comme lors d'une introduction. Que le vendeur soit un actionnaire indépendant ou la société elle-même, cela ne fait aucune différence. Vous trouverez les annonces de ce type d'opération sur le capital à la fin du Barron's.

On voit très peu de ce type d'opérations quand le marché est maussade. Dans ces conjonctures, les investisseurs ne souhaitent pas acheter. De toute façon, si les cours sont en baisse les sociétés comme les actionnaires individuels n'ont pas intérêt à vendre des participations. Cependant, lorsque le marché repart de l'avant et qu'un allant spéculatif naît, le nombre de ces opérations augmente sensiblement.

Il en est ainsi pour deux raisons. En premier lieu, il est beaucoup plus facile de réaliser des transactions sur blocs lorsque le marché est euphorique et que la spéculation bat son plein. Le placement est alors aussi facile qu'une introduction. En second lieu, il est plus séduisant pour l'actionnaire ou la société vendeuse d'écouler un bloc de titres dans un marché en hausse. Après tout, chacun d'entre nous préfère vendre à des cours élevés plutôt qu'affaiblis.

Je relève le nombre d'opérations sur le capital de ce type et les montants concernés. Le sommes en dollars posent quelques problèmes de calcul, mais les chiffres absolus d'opérations sont bien plus simples et plus efficaces. Lorsque la moyenne des augmentations de capital tombe aux environs de trois par mois, cela atteste d'un faible niveau de spéculation et d'une offre limitée de titres - ce qui constitue un facteur relativement haussier. Ce fut le cas aux plus bas ou aux environs du plus bas de marchés baissiers en 1960, 1970, 1974, au début de 1980 et à la mi-1982. D'autres chiffres un peu moins bas sont apparus à de bons niveaux d'achat en 1984 et à la fin de 1987. A la fin de la terrible déprime de 1973-74, le nombre d'opérations sur le capital est tombé à 0. Il a fallu attendre quelques années avant que ce chiffre ne revienne aux niveaux des années 60 ou du début des années 70.

En général, lorsque les opérations sur le capital sont en dessous de 10 par mois (en moyenne sur trois mois) et que l'environnement monétaire est favorable, on est dans un marché haussier. Mais si la politique du crédit est défavorable, le nombre de ces opérations doit revenir entre 0 et trois par mois avant de donner une indication positive.

Le nombre des opérations sur le capital est encore plus important pour estimer le niveau de la spéculation et l'éventuelle formation d'un sommet du marché. Le total des opérations est passé au dessus de 25 par mois en 1959, 1961, 1965, 1968-69, 1971-72, 1983, 1986, 1987, 1991,1992,1993,1994 et en 1996. Des marchés baissiers ont suivi dans cinq de ces cas. En 1965, il ne s'agissait que d'un repli de type intermédiaire, constituant pourtant la plus forte vague de ventes en trois ans. Après une reprise de quelques mois, les cours replongeaient modérément en 1966. Pour ce qui est de 1983, le marché a touché un plus haut vers le milieu de l'année, puis il est entré dans une phase de repli intermédiaire se soldant par une perte de 200 points sur le Dow Jones en moins d'un an. La Bourse a enregistré une correction modérée en 1986 avant de rebondir violemment. En somme quand l'environnement monétaire est très favorable, il ne faut pas prêter grande attention au nombre des opérations sur le capital tant qu'il reste en dessous d'une trentaine par mois (sur une moyenne de trois mois). Mais lorsque cet environnement devient plus négatif, un niveau de 15 constituera déjà un signal défavorable.

Pour me résumer, le nombre des opérations sur le capital est un excellent baromètre vous mettant en garde contre une excessive spéculation à l'approche des plus hauts d'un marché qui devient trop élevé. Cet indicateur vous permet surtout d'identifier ces sommets. Cependant, quand le nombre des opérations chute à des niveaux extrêmement bas, cela atteste d'un manque d'enthousiasme sur le marché, ce qui revient à du pessimisme. C'est souvent le signe avant-coureur d'un plus bas du marché.

L'indice de sentiment de Zweig

Vous ne seriez pas en mesure de calculer mon indice de sentiment. Mais je vais vous le présenter dans un simple but d'illustration. Comment combiner différents éléments de mesures de la psychologie du marché pour obtenir un indice opérationnel? Vous pouvez très bien vous fabriquer votre propre indice, si vous souhaitez en prendre le temps, simplement en combinant les quatre indicateurs qui ont été abordés dans ce chapitre. Vous pouvez bien entendu ajouter d'autres indicateurs.

Je tiens à jour une liste d'une trentaine d'indicateurs de sentiment, dont plusieurs se recoupent et permettent ainsi de fabriquer des indicateurs composites à trois ou quatre éléments. J'ai inclus dans mon indice le ratio de liquidités/actifs des fonds mutuels, le sentiment des conseillers en investissement, le nombre de publicités haussières dans Barron's et le nombre d'opérations sur le capital qui ont déjà été présentés dans ce chapitre. Les autres éléments que j'introduis dans mon indice sont: le ratio de puts/calls que j'ai inventé et présenté dans Barron's en 1970-71; une demi douzaine d'indicateurs de ventes à découvert; les ventes et les achats de blocs; les appels de marge; les introductions en Bourse; et le volume de la spéculation sur le marché officiel et sur les transactions hors séances.

Selon la gradation que j'ai établi pour la plupart de ces indicateurs, +2 points correspond à un marché extrêmement haussier, +1 est modérément haussier, 0 est neutre, -1 est modérément baissier et -2 est extrêmement baissier. Sur les indicateurs mineurs, la gradation peut être plus réduite allant de +1 à -1. Pour d'autres, comme l'indicateur des conseillers en investissement, l'échelle va de +3 à -3 car ces derniers sont plus importants que d'autres indicateurs. Je convertis et agrège ensuite ces gradations sur une échelle synthétique où 100 constitue le point neutre de mon indice de sentiment.

En théorie, l'indicateur de sentiment peut varier entre +200 pour son point le plus haussier - ce qui suppose que chacun des sous-indicateurs composant cet indicateur synthétique soit extrêmement haussier - et 0 pour son niveau le plus baissier, lorsque tous les composants sont orientés à la baisse. Le record haussier sur cet indicateur s'est établi à 183 au plus bas d'un marché baissier du milieu des années 70. Le plus bas fut de 26 au printemps 1976; lorsque le Dow Jones se situait à quelques points de son plus haut. Par la suite, le Dow Jones a fluctué dans d'étroites marges pendant quelques mois pour finalement prendre le chemin de la baisse, avec un recul d'environ 250 points avant de se stabiliser en février 1978.

Le graphique suivant retrace l'évolution de mon indicateur de sentiment depuis sa création en 1965. Des niveaux supérieurs à 140 attestent d'un pessimisme excessif et sont considérés comme extrêmement haussiers. Les niveaux se situant entre 120 et 139 sont haussiers. Tandis que ceux entre 100 et 119 sont neutres voire légèrement haussiers. Si l'indicateur se situe entre 76 et 99, son effet est modérément baissier. Enfin, lorsque mon indicateur de sentiment affiche 75 ou un niveau inférieur, l'optimisme des investisseurs est excessif et il a une implication extrêmement haussière.

Bien entendu, comme je l'ai indiqué précédemment, il faut utiliser ces indicateurs de sentiment tout en tenant compte de l'environnement monétaire. Révisez à la baisse les niveaux que je viens de vous indiquer lorsque la politique monétaire est favorable. Symétriquement, des niveaux

INDICE ZWEIG NON PONDÉRÉ

CHIFFRES MENSUELS DU 08/01/65 AU 15/03/96

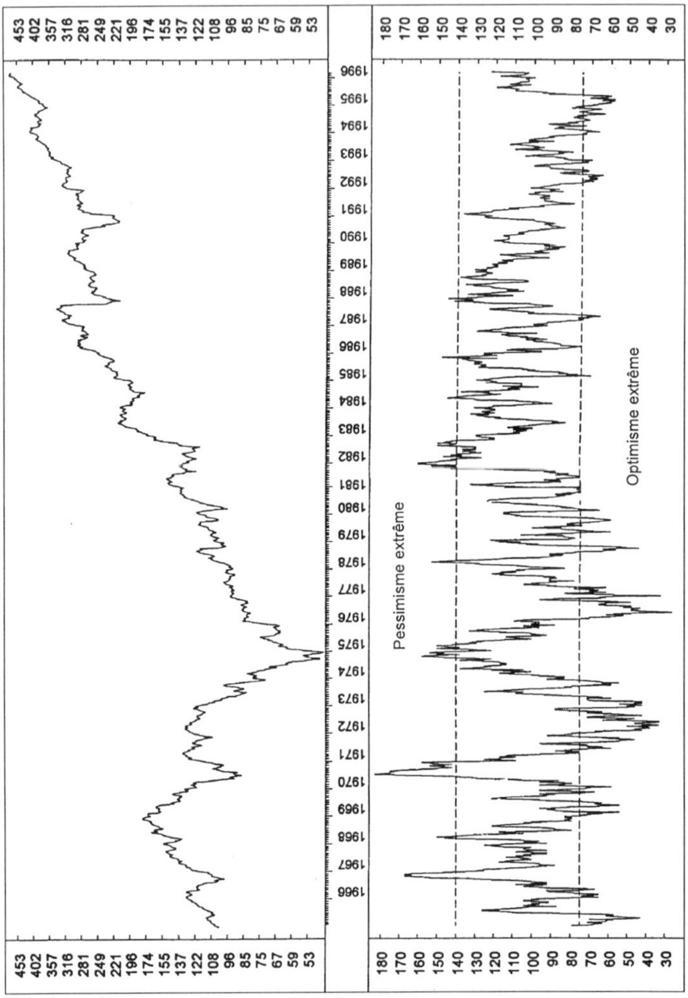

INDICE DE SENTIMENT DE ZWEIG

modérément bas peuvent annoncer des sommets sur les cours pour des conditions défavorables du crédit. Àl'inverse, des niveaux très élevés comme ceux de 1966, 1970 et 1974 peuvent correspondre à des plus bas lorsque la politique monétaire est défavorable. Des scores modérément haussiers entre 120 et 139 peuvent suffire à vous donner un excellent signal d'achat pour un environnement monétaire favorable. Ce fut le cas au moment de plus bas intermédiaires comme à l'automne 1975 ou à la fin de 1984, avant la forte envolée du marché de janvier 1985.

Si vous tentez de vous faire une idée du sentiment du marché, il faut utiliser différents types d'indicateurs et ne pas surestimer des niveaux relativement neutres. Quand un certain nombre de vos indicateurs de sentiment montrent un niveau excessif de pessimisme et que votre indice de sentiment progresse vers un niveau extrêmement élevé, cela constitue vraisemblablement un signe fiable d'approche d'un plus bas du marché. De même, si le marché est vraiment optimiste et que la plupart de vos indicateurs vont dans ce sens, il faut commencer à penser à vendre. Il est particulièrement utile d'identifier le moment où la vaste majorité des investisseurs partage la même opinion. Ne vous inquiétez pas trop d'un sentiment du marché partagé entre 55% de haussiers et 45% de baissiers. Ce sont les extrêmes qui importent vraiment.

CHAPITRE NEUF

Les indicateurs de saisonnalité : un guide de previsions calendaires.

Ma destinée voulait que je m'intéresse aux variations de la Bourse en fonction du calendrier. Mon fils cadet est né à Pâques et mon aîné pour le Memorial Day. Mon anniversaire tombe d'habitude le week-end de la fête de l'Indépendance et celui de ma femme vers Labor Day. De plus, ma mère s'est rendue compte qu'elle était enceinte le 7 décembre 1941 - le jour de Pearl Harbor. Le 7 décembre n'est pas un jour férié, mais mon histoire personnelle m'a conduit à m'intéresser aux bizarreries du calendrier, ou plus précisément à leur incidence sur le cours des actions.

Je vous présenterai ici six types d'événements saisonniers, en commençant par le plus intéressant: les mouvements du marché à l'approche de jours fériés. Par la suite, j'aborderai les jours de la semaine, les mois, les tendances en fin de mois, les cycles présidentiels, et enfin les effets des ventes de fin d'année pour des raisons fiscales.

Si le marché n'était que pure mécanique, sans émotion, il n'y aurait aucune raison d'imaginer des attitudes aberrantes à l'approche des jours fériés, mis à part logiquement à la fin de l'année vers Noël et le Nouvel An, lorsque les transactions réalisées pour des raisons fiscales peuvent avoir un certain impact - il s'agit là d'une véritable justification économique. Mais il n'y a pas d'explication économique pour les transactions anormales au moment des autres périodes fériées. J'ai passé en revue les mouvements de marché à l'approche de jours fériés depuis 1952. Si les transactions avaient été normales durant ces périodes, le nombre des séances de hausse aurait dépassé 50%, la moyenne sur le long terme pour le marché. En fait, la tendance des cours à l'approche de jours fériés est extraordinairement haussière. Cette physionomie du marché est largement attribuable à la psychologie des investisseurs.

On compte sept principales périodes fériées par an, durant lesquelles la Bourse est fermée. Deux autres congés n'ont pas été pris en compte dont le jour des élections (présidentielles et législatives), tous les deux ans. Lorsqu'il s'agit d'élections législatives, le marché fonctionne. Pour les élections présidentielles, la Bourse était traditionnellement fermée, mais ce n'est plus le cas depuis 1984. La « journée des présidents », un lundi de février, qui combine l'anniversaire de la naissance de Washington et celui de Lincoln, est plus discutable. Il y a quelques années la Bourse fermait parfois pour chacun de ces deux anniversaires présidentiels, d'autres fois pour un seul. Depuis 1969 les deux ont été regroupés.

Or, les marchés ont fait de très belles performances le jour précédent cette « journée des présidents ». Sur 17 cas observés, l'indice ZUPI a progressé 12 fois avant ce jour férié. Il a reculé trois fois et n'a pas varié dans deux cas. Si l'on ignore les deux cas, le taux de réussite est de 80%. Le ZUPI a gagné en moyenne 0,17% par période de fériés, soit un gain annualisé de 28,3%. C'est bien au-dessus d'un résultat statistiquement aléatoire. Mais, comme nous allons le voir, c'est encore bien en deçà des performances enregistrées durant les autres congés. De plus, comme l'historique de cette journée fériée est relativement court, j'ai décidé de ne pas le prendre en compte dans le raisonnement qui va suivre.

Nous ne retiendrons pour la suite de notre étude que les sept jours fériés suivants: Pâques, Memorial Day (en mai), l'anniversaire de l'Indépendance (le 4 juillet), Labor Day (en septembre), Thanksgiving (en novembre), Noël et Nouvel An. Dans tous ces cas, j'ai suivi l'activité du marché à l'aide du ZUPI, durant la période encadrant ces vacances. Fait le plus frappant: le marché a tendance à progresser à la veille de ces vacances.

Dans le tableau ci-contre apparaît le mouvement des cours des séances précédant chacun de ces jours fériés. Par exemple, sur les 34 séances avant Pâques le marché est monté 26 fois n'a baissé que cinq fois, et était inchangé dans trois cas. Le ZUPI a gagné en moyenne 0,26% par séance, soit un rythme annualisé de 68%. Comme on peut le voir dans la colonne du milieu, si vous aviez investi 10.000 dollars la veille de Pâques sur les 34 dernières années, vous auriez obtenu 10.906 dollars. Un calcul similaire est effectué pour chacune des vacances.

MOUVEMENTS DES COURS AVANT ET APRES LES JOURS FÉRIÉS: JANVIER 1952 À JUIN 1985

Congés	EVOLUTION DU MARCHÉ Hausse	Baisse	Inchangé	10.000 $ Investis	Rendement par jour	Rendement annuel
AVANT LE JOUR FERIE:						
Pâques	26	5	3	10.906$	+ 0,26%	+ 68,0%
Memorial Day	25	4	5	11.402 $	+ 0,39%	+ 111,7%
4 Juillet	28	5	0	11.644 $	+ 0,46%	+ 127,0%
Labor Day	31	2	0	12.335 $	+ 0,64%	+ 180,4%
Thanksgiving	27	4	2	11.325 $	+ 0,38%	+ 102,4%
Noël	25	7	1	11.302 $	+ 0,37%	+ 100,6%
Nouvel an	31	1	1	11.893 $	+ 0,53%	+ 146,3%
APRES LE JOIUR FERIE:						
Thanksgiving	30	2	1	12.286 $	+ 0,63%	+ 176,6%
Noël	22	10	1	10.967 $	+ 0,28%	+ 74,7%
Total 7 jours avant jours fériés:	193 (83%)	28 (12%)	12 (5%)	27.188 $	+ 0,43%	+ 189,7%
Total 9 jours:	245 (82%)	40 (13%)	14 (5%)	36.633 $	+ 0,44%	+ 179,6%

Les journées fériées les plus fructueuses sont Labor Day et Nouvel An. La première donne le gain le plus important, le ZUPI progressant de 0,64% en une séance, soit un bénéfice annualisé de 180,4%. Le marché a gagné du terrain dans 31 cas, n'en a perdu que deux fois la veille de Labor Day. Le Nouvel An a enregistré le plus fort taux de réussite puisque la Bourse a avancé dans 31 cas, n'a baissé que dans un et n'a jamais été inchangées. Le ZUPI s'est adjugé 0,53% en une session, soit un rendement annualisé de 146,3%.

Comme cela apparaît sur la ligne de synthèse du tableau qui couvre une période de 23 ans, on compte un total de 223 séances de veilles de congés. Le marché a progressé dans 193 cas, soit dans 83% des cas. Il n'a baissé que dans 28 cas, soit 12%; il était inchangé dans 12 cas, soit 5%. Si l'on met de côté ces 12 cas où la Bourse était inchangée, le marché a avancé dans 193 cas sur 221. Un taux de réussite phénoménal de 87%. Si l'on ignore les inchangés, la Bourse a tendance à progresser dans sept cas sur huit. Bien que ces calculs aient été fait jusqu'en juin 1985, ils sont toujours valables pour la tendance qui a suivi.

Si vous aviez investi 10.000 dollars sur la base de cette stratégie de veilles de jours fériés depuis 1952, vous auriez obtenu 27.188 dollars en juin 1985, tout en n'étant sur le marché que 233 jours, soit moins d'une année boursière, soit environ 250 séances. Cette étude montre que la veille de chacun de ces congés le marché a en général gagné 0,43%, ce qui correspond à un extraordinaire gain annualisé de 189,7%. Bien entendu, le problème avec cette stratégie c'est qu'une années boursière ne compte pas assez de jours fériés. Si vous pouviez inventer un jour férié pour chaque jour de l'année, vous tripleriez votre mise en un an!

J'ai découvert un nouvel élément concernant deux de ces journées chômées. Le lendemain de Thanksgiving et Noël, le marché a aussi tendance à progresser. Comme vous le voyez dans le tableau précédent, la Bourse a gagné du terrain 30 fois après Thanksgiving, a baissé deux fois et était inchangée une seule fois. Le gain annualisé est de 176,6%, la deuxième meilleure performance de tous les jours fériés étudiés. Le jour après Noël, le marché était en hausse dans 22 cas, en baisse dans dix et inchangé une fois. C'est la moins bonne performance, mais qui aboutit quand même à un gain annualisé de 74,7%.

Sur un total de 299 séances testées dans le cadre d'opérations de trading autour de jours fériés, le marché a progressé dans 245 cas, décliné dans 40 et était inchangé 14 fois. Si on ignore ces derniers, il a avancé 245 fois sur 285, soit un taux de réussite de 86%. Un investissement de 10.000 dollars serait devenu 36.633 dollars, soit un gain de 0,44% par séance et de 179,6% en base annuelle. Si vous aviez effectué des aller-retour sur ces journées particulières encadrant les jours fériés chaque année, cela aurait représenté neuf jours d'activité par an durant lesquels vous auriez gagné 3,99%.

Le problème essentiel reste de trouver un moyen de ne pas payer les coûts de transactions érodant vos gains. L'une des solutions est de prendre des fonds d'investissement sans droits d'entrée.

Une autre solution est d'opérer sur les marchés à terme sur indice. Le Value Line étant très proche de mon ZUPI, vous pouvez traiter sur le Value Line à terme coté à la Bourse de Kansas City. Les coûts de transactions sont minimes. Toutefois, les contrats à terme peuvent être décalés par rapport à l'indice comptant. Vous vous exposez au risque de voir la prime (la différence entre le cours du contrat et le niveau de l'indice) se réduire.

Par exemple, supposons qu'une veille de vacances l'indice Value Line affiche 200 en ouverture, tandis que le contrat à terme sur indice se traite à 204, soit une prime de quatre points. Imaginons que l'indice progresse d'un point pour clôturer à 201. Il est possible que le contrat à terme stagne à 204, ne vous donnant aucun bénéfice, puisque la prime revient de quatre points à trois points. Bien entendu si le contrat à terme sur indice s'aligne sur l'évolution de l'indice, il progressera à 205 et votre gain sera préservé.

Sur le long terme, il est probable que le contrat à terme évoluera dans le même sens que l'indice lui-même. Mais cela n'est pas garanti. De plus, parfois la prime jouera en votre de défaveur, d'autres fois à votre avantage.

Il existe d'autres façons de tirer profit de la tendance à l'approche de périodes fériées. Si vous envisagez d'acheter des actions c'est bien entendu une bonne idée de les acquérir une veille de congés, afin d'accroître vos chances de réussite. Si vous vous apprêtez à vendre, ne le faites pas avant le jour de rentrée de congés. Dégagez-vous soit à proximité de la clôture de la séance précédent immédiatement le jour férié, soit, mieux encore, conservez vos titres pendant le jour férié et vendez à l'ouverture de rentrée...mis à part bien sûr après Thanksgiving et Noël, où vous devrez encore attendre un jour au moins.

Par ailleurs, si vous souhaitez prendre plus de risques en termes de coûts de transactions et de diversifications, vous pouvez choisir d'acheter des titres à flottant important aux environs des périodes fériées. Des valeurs telles que IBM, Digital Equipment, Merrill Lynch ou Texas Instruments sont appropriées. Cependant, l'évolution des cours de tels titres peut donner des performances différentes de celles observées sur mon indice ZUPI qui dispose d'un plus grand nombre de valeurs.

La question évidente que vous pouvez vous poser est pourquoi ces tendances apparaissent à l'approche de ces jours fériés? Comme je l'ai précédemment indiqué, cela n'a rien à voir avec une réalité économique, mis à part peut-être quelques transactions liées à la fiscalité aux environs de Noël et du Nouvel An. En fait, la psychologie des investisseurs est affectée par les congés. La plupart d'entre eux se sentent mieux avant un congé. Dans un tel contexte, il n'est pas surprenant que les gens soient plutôt optimistes et davantage enclins à acheter des actions, entraînant ainsi une hausse des cours. Si cette tendance est vérifiée à la veille de congés, elle devrait aussi être valable pour les vendredis. Les investisseurs devraient être mieux disposés à l'approche du week-end. Comme nous allons le voir, c'est bien le cas.

223 coups gagnants contre huit perdants

Nous avons vu que la Bourse a une très forte tendance à monter la veille de jours fériés. Le lendemain de Thanksgiving a aussi une très forte propension à la hausse. Ce jour-là, toujours un vendredi, les gens ont le week-end devant eux. Le lendemain de Noël est moins évident à cerner, en partie car il peut tomber n'importe quel jour de la semaine. Souvent l'ambiance est encore joyeuse quelques jours après la fête. Mais même dans ce cas-là, la tendance du lendemain de Noël n'est pas aussi ferme qu'après Thanksgiving.

Sur la base de l'analyse des tendances aux alentours des jours fériés, j'ai ajouté quelques éléments pour rendre la stratégie d'investissement encore plus efficace. Tout cela est fondé sur le fait que le marché a une forte propension à progresser aux alentours des périodes chomées. Il s'avère que c'est le cas sept fois sur huit. Mais si la Bourse ne monte pas comme elle devrait le faire durant ces périodes, y compris juste après Thanksgiving et Noël, cela constitue un signal négatif et augmente les probabilités de baisse à court terme. Dès lors, la stratégie générale consiste à observer les mouvements de cours le jour précédant un jour férié, et si la clôture de ce jour est inchangée ou en baisse - allant ainsi à l'encontre de sa tendance normale - il faut vendre à découvert le marché le jour de rentrée qui suivra le jour férié, Cette règle s'applique pour Pâques, Memorial Day, le Jour de l'Indépendance, Labor Day et le Nouvel An.

Bien entendu la stratégie sera différente à Thanksgiving et Noël, parce que l'on veut rester acheteur le jour suivant ces congés. Pour Noël nous adopterons cependant une stratégie similaire à celle des autres vacances. C'est-à-dire que si le marché est inchangé ou en baisse le lendemain de Noël, nous passerons des ordres de vente à découvert pour le jour suivant.

Pour Thanksgiving, la stratégie est légèrement différente. Globalement, les deux jours encadrant le jeudi de Thanksgiving - c'est-à-dire le mercredi et le vendredi - sont d'ordinaire de bonnes journées. Seulement six fois sur les 33 dernières années le marché n'est pas parvenu à enregistrer une avance de 0,5 ou de 1% sur ces deux jours. Donc je considère un gain de moins de 0,5% comme « inférieur » à la tendance habituelle. Si l'indice ZUPI progresse d'un total de moins de 0,5% le mercredi et le vendredi de Thanksgiving, il faudra vendre à découvert à la clôture du vendredi et conserver cette position à découvert un jour de plus.

Le tableau ci-contre donne les résultats de cette stratégie d'investissement assise sur des ventes à découvert - ou des paris négatifs - le jour suivant une performance au-dessous de la moyenne. Par exemple, la première ligne du tableau passe en revue les 34 séances depuis 1952 précédent Pâques. Comme nous l'avons déjà vu dans le tableau précédent le marché a cédé du terrain cinq fois et est resté inchangé trois fois la veille de Pâques. Ces huit années vous auriez dû vendre à découvert à la clôture avant le vendredi de Pâques et attendre la clôture du lundi après le pont de Pâques pour vous racheter. Ainsi, vous auriez fait des bénéfices dans les huit cas.

STRATÉGIE OPTIMALE DURANT LES JOURS FÉRIÉS, SUR LA BASE DU ZUPI: JANVIER 1952 À JUIN 1985

Congés	Nombre de jours investis	EVOLUTION DU MARCHÉ Hausse	Baisse	Inchangé	10.000 $ Investis	Rendement par jour	Rendement annuel
Pâques	42	33	0	1	11.634 $	+ 0,45%	+ 99,2%
Memorial Day	43	32	2	0	11.767 $	+ 0,48%	+ 104,8%
4 Juillet	43	33	0	0	12.481 $	+ 0,67%	+ 147,1%
Labor Day	35	33	0	0	12.657 $	+ 0,72%	+ 193,6%
Thanksgiving	72	33	0	0	14.564 $	+ 1,15%	+ 161,6%
Noël	77	27	5	1	12,680 $	+ 0,72%	+ 88,8%
Nouvel an	35	32	1	0	11,857 $	+ 0,52%	+ 135,3%
Total: 347	223 (96%)	8 (3%)	2 (1%)		47.353 $	+ 0,45%	+ 184,5%
						+ 0,67% par période	

Grâce aux ventes à découvert vous auriez encaissé des profits à Pâques, 33 fois sur 34. Sur un total de 42 séances, dont huit avec des ventes à découvert, un investissement de 10.000 dollars se serait apprécié à 11.634 dollars, soit un gain de 0,45% par opération ou un profit annualisé de 99,2%. Les performances lors des autres vacances sont similaires. Neuf ventes à découvert lors de Memorial Day ont débouché sur un profit 32 fois sur 34, avec seulement 2 pertes. Pour le jour de l'Indépendance, Labor Day et Thanksgiving les rendements deviennent vraiment spectaculaires, puisque l'on observe 33 gains pour aucune perte. En d'autres termes, sur 99 congés couvrant ces trois périodes fériées vous auriez gagné de l'argent 99 fois et n'en n'auriez jamais perdu! Pour Noël, on compte 27 cas gagnants, 5 perdants et 1 inchangé. Mais cela représente encore un profit annualisé de 88,8% pour ce congé. Pour Nouvel An, ce sont 32 gains pour 1 perte.

Le congé le plus performant en chiffres annualisés est le Labor Day avec un profit de 193,6%. Cependant le meilleur gain par période fériée revient à Thanksgiving, qui affiche une avance moyenne de 1,15% en deux jours. Le gain annualisé de Thanksgiving ressort tout de même à 161,6%.

De janvier 1952 à juin 1985, on compte un total de 347 séances durant lesquelles vous auriez pu lancer un aller-retour à l'approche de vacances. Parmi celles-ci vous auriez vendu à découvert lors de 48 séances, lorsque les performances du marché étaient en-dessous de la moyenne. Sur cette période une mise de départ de 10.000 dollars aurait progressé à 47.353 dollars, soit un gain de 0,45% par séance ou un profit de 0,67% par période fériée. On dénombre 233 périodes. Cela correspond à un profit de 4,78% par année en n'étant sur le marché que quatre pour cent du temps. Vous n'auriez jamais fait de pertes!

Sur les 233 périodes fériées, 223 ont été gagnantes, seulement 8 ont été perdantes et 2 inchangées. Si l'on élimine les inchangées, le taux de réussite est de 97%. Certains argueront que ces rendements sont purement théoriques et difficiles à réaliser en pratique. Cependant vous pouvez tout simplement vous servir des marchés à terme sur indices pour abaisser ces coûts, avec le risque cependant de voir le premium de future jouer contre vous.

Les jours de la semaine

Ceci étant, il n'en demeure pas moins que les écarts de prix qui apparaissent autour de ces jours fériés ne sont pas le fruit du hasard. L'une des premières études comparatives sur les jours de la semaine a été réalisée par Art Merrill. Entre 1952 et 1974, il a compté le nombre de jours de hausse et de baisse sur le Dow Jones. L'indice progressait durant 52,5% des jours de la période. Il n'a pas observé de différence significative en milieu de semaine. Les mardis, l'indice avançait dans 51,8% des cas, les mercredisdans 55,5% des cas et les jeudis dans 53,5% des cas. Les lundis étaient un peu en deçà de la tendance avec des progressions dans seulement 41,6% des cas, alors que les vendredis étaient en hausse dans 59,8% des cas. Cette fermeté le vendredis est cohérente avec la tendance étudiée précédemment sur les périodes fériées.

En d'autres termes, les investisseurs sont plutôt mieux disposés avant un week-end, bien que la propension soit moins forte qu'à la veille de jours fériés. En revanche, si la psychologie a une influence négative un quelconque jour de la semaine, ce devrait être le premier jour de la semaine, à cause du syndrome du « Lundi noir ». Il est probable que pour la plupart d'entre nous, si nous devons être moroses un jour, ce sera plutôt un lundi.

Une autre étude de Frank Cross confirme les observations de Merrill. Cross, qui s'est servi du S & P 500, a découvert qu'entre 1953 et 1970 les vendredis étaient en hausse dans 62,0% des cas, tandis que les lundis ne progressaient que dans 39,5% des cas. La variation moyenne était de +0,12% les vendredis et de -0,18% les lundis.

Michael Gibbons et Patrick Hess, dans une analyse un peu plus récente ont passé en revue les rendements en fonction du jour de la semaine entre 1962 et 1978. Ils ont trouvé que le S & P 500 perdait 0,13% les lundis et avancait de 0,08% les vendredis. Ils ont également observé qu'un indice non pondéré (assez similaire à mon ZUPI) cédait en moyenne 0,11% les lundis et gagnait 0,22% les vendredi.

Les effets des vendredis et des lundis ont certainement un intérêt pour l'investisseur. Mais cela n'offre vraisemblablement pas de grandes possibilités à cause des coûts de transaction. Cependant, si vous devez vendre en fin de semaine, il vaut mieux attendre la clôture du vendredi ou l'ouverture du lundi. Si vous achetez, vous ne devriez pas opérer le vendredi après-midi ou le lundi: vous serez vraisemblablement en meilleure position le mardi. Bien entendu, de telles tendances peuvent très bien être compensées par des indicateurs plus importants, comme ceux étudiés précédemment.

Les mois

Le tableau suivant donne les résultats d'une autre étude d'Art Merrill sur les tendances saisonnières en fonction des mois de l'année de 1897 à 1974. J'ai remis à jour les données jusqu'en 1996. Le tableau indique le pourcentage de cas dans lesquels le Dow Jones a progressé. On note deux périodes durant lesquelles le marché affiche les meilleures performances: à la fin de l'année, avec un taux de réussite de 59,6% en novembre, de 71,7% en décembre, le mois le plus fort, et de 65,6% en janvier; et en été, avec un taux de 61,6 % en juillet et de 64,6 % en août. Par comparaison, le ratio moyen de hausse par mois n'est que de 57 %. En revanche, septembre affiche la moins bonne performance, avec 40,4 % de progression; février fait un peu mieux avec 49,5 %.

Une étude plus récente de Anthony Tabell de la charge Delafield, Harvey, Tabell confirme les conclusions de Merrill. Sur la période 1926-1982, Tabell a observé, une fois de plus, que décembre progressait plus que n'importe quel autre mois. J'ai vérifié cette observation dans ma mise à jour jusqu'en 1996. En décembre, le S & P 500 a avancé 52 fois et n'a reculé que 18 fois. Janvier affiche la deuxième meilleure performance, progressant dans 41 cas. Viennent ensuite mars, avril, juillet et août.

EVOLUTION MENSUELLE DU DOW JONES DE 1987 A 1996

Mois	% de cas de hausses ou D.J.
Janvier	65,6
Février	49,5
Mars	59,6
Avril	54,5
Mai	52,5
juin	51,5
Juillet	61,6
Août	64,6
Septembre	40,4
Octobre	54,5
Novembre	59,6
Décembre	71,7

Moyenne cumulée sur 99 ans: 57,0%

Source: Merrill Analysis Inc.

Dans ma mise à jour de l'étude de Tabell, juillet arrive en tête, avec une avance moyenne de 1,85%. Janvier affiche un gain moyen de 1,62%, décembre de 1,44%, août de 1,20% et juin de 0,99%. Comme dans l'étude précédente, septembre accuse la pire performance avec seulement 29 hausses pour 40 baisses, soit un rendement global de -1,32%.

Une fois de plus, la psychologie humaine explique probablement la majeure partie d'une telle physionomie de marché. Assurément, les jours avant et après Noël représentent la plus grande partie de l'avance moyenne de 1,44% en décembre. La hausse de janvier est attribuable à la fin des ventes pour raisons fiscales, comme je l'explique dans la dernière partie de ce chapitre. Une partie de l'excellente performance de juillet s'explique par la tendance précédant la fête de l'Indépendance, le 4 juillet. Le reste de la hausse de juillet-août est, d'après moi, attribuable au fait que les gens se sentent habituellement mieux durant les vacances d'été. Ce qui contraste fortement avec les tristes journées d'hiver.

Tabell et Merrill ont tous les deux trouvé que septembre était le pire mois de l'année, ce qui n'est pas étonnant si l'on tient compte des données de la psychologie des investisseurs. C'est la fin des vacances, un moment où les gens commencent à penser à l'hiver. C'est aussi une époque avec une charge de travail qui a tendance a croître.

En matière de stratégie mensuelle, l'optimum consiste à acheter à la fin mai, conserver les titres en juin, juillet et août pour vendre après le Labor Day. Cette stratégie donne un rendement moyen de 3,5% sur le S & P jusqu'en août, puis quelques pourcents de plus début septembre, juste avant le Labor Day. Certes, de telles perspectives de bénéfices peuvent être balayées par des signaux plus classiques défavorables. Mais si ces derniers sont haussiers et si le marché est bien orienté en été, vous pourrez acheter davantage que vous ne l'auriez fait normalement.

Structure calendaire de la fin de mois

Dans une autre analyse, Art Merrill a découvert que le marché avait tendance à être plus haussier que d'habitude durant les trois dernières séances du mois et les six premiers jours du mois suivant. Le reste du temps, la performance de la Bourse est en dessous de la moyenne. Dans une étude plus détaillée, datant d'une dizaine d'années, l'analyste Norman Fosback

(Institut de Recherches en Econométrie, Fort Lauderdale, Floride) a abouti à des conclusions similaires mais pour une période d'étude plus courte. Le marché a tendance à faire mieux que d'habitude le dernier jour du mois et les quatre premières séances du mois suivant, soit une tendance « saisonnière » ferme sur cinq jours seulement.

Une partie de cette physionomie haussière s'explique par la fermeté des périodes avant la fête de l'Indépendance et avant le Nouvel An, qui tombent toujours dans cette période haussière de cinq jours, et en partie par la hausse d'avant le Labor Day qui tombe souvent sur cette période de cinq séances. Pâques, et Memorial Day tombent également de temps en temps sur cette période. Quoi qu'il en soit, le biais haussier des cinq jours de Fosback ne peut être expliqué en totalité par les jours fériés.

Fosback a étudié 568 périodes de fin de mois entre 1928 et avril 1975. Il a calculé qu'un investissement de 10.000 dollars sur le S & P 500, seulement sur ces cinq séances particulières, serait devenu 569.135 dollars, soit un gain de 0,71% pour la période, ou 43,8% annualisé. Par opposition, un investissement sur les autres jours du mois - c'est-à-dire du cinquième jour du mois a l'avant-dernier jour du mois - aurait ramené votre capital de 10.000 dollars à 844 dollars, soit une perte annualisée de 6,6%.

J'ai remis à jour l'étude de Fosback d'avril 1975 à juin 1985. Le biais haussier sur le S & P 500 n'est pas aussi marqué que par le passé, mais la tendance générale demeure. Un investissement de 10.000 dollars en fin de mois se serait apprécié à 13.322 dollars, enregistrant un gain de 0,24% par période de transactions, ou 12,8% par an, soit à peu près un tiers du rendement que Fosback avait observé.

J'ai aussi repris les statistiques de Fosback depuis 1928 pour les comparer à mon indice ZUPI jusqu'en juin 1985. Les résultats sont meilleurs que pour l'étude précédente, quoique moins probants sur les dernières années. Sur les 57,5 années de 1928 à la mi-1985, une mise de départ de 10.000 dollars sur le ZUPI, investie en fin de mois, aurait progressé à 495.300 dollars, soit un gain de 0,57% par période de transactions ou 33,4% en base annualisée. Ce qui correspond aussi à un profit de 7% sur l'année, alors que l'investissement ne porte que sur 60 séances par an.

Il faut noter que ce rendement de 7% par an est dégagé sur seulement un quart du temps d'ouverture de la Bourse. Cela vous laisse la possibilité de placer vos liquidités sur le marché monétaire le reste du temps.

Bien sûr, si vous investissez sur cette structure calendaire en achetant le marché le dernier jour du mois calendaire et en le revendant au quatrième jour du mois suivant, vous serez exposés aux problèmes des coûts de transactions. Vous pourrez les réduire en utilisant des fonds mutuels sans droits d'entrée qui accèpteront 12 aller-retour par an.

Dans le cadre de cette stratégie, si la cinquième séance d'un certain mois est aussi une veille de jour férié - disons le jeudi d'avant Pâques - vous pouvez conserver vos titres un jour de plus. De même, si l'avant-dernier jour d'un mois donné est un jour chômé ou un vendredi, vous pouvez avancer votre achat d'une journée. A long terme, cela vous permettra d'améliorer vos performances tout en restant plus longtemps sur le marché afin de dégager davantage de profits.

En dehors des mois comme décembre, où l'impact des vacances se combine avec celui de la fin du mois, je n'ai pas d'explication particulière sur la structure que développe le marché en fin de mois. Il est peu probable que cela soit lié à l'économie et je ne vois pas d'explication psychologique. Il ne me semble pas que les gens soient mieux disposés en fin ou en début de mois qu'à un autre moment. Les causes de ce biais haussier demeurent pour moi un mystère. Mais le fait est que cette tendance est vérifiée depuis des décennies, même si l'effet est un peu moins marqué sur la période récente.

Le cycle des élections présidentielles

Selon une théorie, les élections présidentielles affecteraient fortement la Bourse. On suppose, en effet, que les présidents sortants prendront des mesures de soutien de l'économie dans les deux années qui précèdent une élection. Ce qui débouche généralement sur des performances au-dessus de la moyenne pour la Bourse. Bien entendu, la note devra bien être payée un jour: il faut donc s'attendre à de faibles performances sur les deux années suivant une élection.

J'ai passé en revue les performances du marché en fonction des cycles électoraux depuis 1872. Avant le vote qui intervient début novembre, j'ai estimé les performances annuelles en année mobile d'octobre à octobre, en prenant pour base les niveaux moyens des indices en octobre. Par exemple, pour l'année 1984, la performance du marché est estimée sur la base du cours moyen d'octobre 1984 par rapport à la moyenne d'octobre

1983. Après 1926, j'ai utilisé le S & P 500. Pour la période antérieure, j'ai utilisé l'indice existant le plus approprié, celui qui est calculé par la Commission Cowles.

Le tableau suivant conforte, en gros, la théorie des cycles présidentiels. L'année pré-électorale, qui débute toujours deux ans avant une élection pour se terminer un an avant le vote, affiche toujours les meilleures performances, avec un rendement annuel moyen de 7%. Le marché a progressé dans 70% des cas, avançant 21 fois alors qu'il reculait 9 fois. Un investisseur aurait multiplié son investissement par 7 durant ces 30 années pré-électorales.

Les deuxièmes meilleures performances ont été enregistrées pendant l'année où se tiennent les élections, c'est-à-dire l'année se terminant juste avant la journée des élections. Le marché a gagné du terrain 22 fois, il en a cédé 9 fois, soit un taux de réussite de 71%. Le gain annualisé ressort à 4,8%, soit légèrement au-dessus de la performance annuelle moyenne, toutes années confondues, équivalente à 3,8% sur les 120 années jusqu'en 1992.

Sur l'année qui suit les élections, le marché a eu tendance à faire moins bien que d'habitude. Durant ces années post-électorales, le marché n'a gagné que 3,3% par an.

LA BOURSE ET LES CYCLES ÉLECTORAUX: 1872 À 1992

Année	Nombre de cas	10.000 $ investis	Rendement annuel (%)	EVOLUTION DU MARCBÉ Hausse	Baisse	Nombre d'années où le marché montait
Pré-élection	30	76.545 $	+ 7,0%	21	9	70,0%
Election	31	42.969 $	+ 4,8%	22	9	71,0%
Post-élection	30	26.345 $	+ 3,3%	16	14	53,3%
Période intermédiaire	30	10.976 $	+ 0,3%	16	14	53,3%
Cumul	121	943.355 $	+ 3,8%	75	46	62,0%

La conclusion de ces observations est que les cycles présidentiels ont certes une influence, mais que celle-ci n'est pas assez marquée pour justifier une stratégie d'investissement particulière. Ainsi, l'année pré-électorale est la meilleure sur ce cycle de quatre ans. Pourtant, il est arrivé que les résultats soient quelquefois beaucoup moins bons. En 1903, les cours ont plongé de 26,9%, en 1907 ils ont chuté de 33,4% et en 1931, le marché a abandonné 42,8%. Sur les années d'élections, supposées être performantes, le marché a tout de même perdu 16,8% en 1920, 30,5% en 1932 et 16,8% en 1940. Plus près de nous, la Bourse a perdu 1,9% en 1984, une année électorale. Assurément, il vaut mieux ne pas parier sa maison que le marché va monter sur les années d'élections ou les années qui les précèdent, même si les statistiques sont plutôt en votre faveur.

A l'inverse, ne jouez pas la baisse parce que vous êtes sur une année post-électorale. En 1933, le marché a gagné 31,4% juste après les élections; en 1945, la progression était de 27,8% et en 1961 de 26,6%.

Les ventes de fin d'année liées à des raisons fiscales

En fin d'année, il est courant que les investisseurs détenant des titres dépréciés les vendent pour faire ressortir leur moins-values. Elles viennent alors en diminution des plus-values réalisées sur d'autres actions, sur la vente de biens immobiliers ou de tout autre actif. Dès lors, dans les premières semaines de décembre, le marché est souvent artificiellement alourdi par des ventes « fiscales », au moins sur les titres qui n'ont pas enregistré une bonne performance durant l'année considérée. De tels dégagements sont minimes sur les titres qui se sont bien comportés: peu d'investisseurs ont subi des pertes sur ces actions. Mais les titres proches de leurs plus bas annuels en décembre sont des cibles privilégiées pour de tels dégagements.

Ben Branch (dans le Journal of Business, avril 1977) s'est penché sur les onze fins d'année de 1965 à 1975 inclus. Son objectif était d'identifier les titres affichant des plus bas de l'année durant la dernière semaine de l'année pour les acheter. Il revendait le portefeuille quatre semaines plus tard à la fin de janvier. Il s'est aperçu qu'en moyenne ces titres rebondissaient de 9% en un mois, alors que l'indice général de la Bourse de New York, le NYSE Composite (un indice pondéré regroupant 1.700 actions) n'avait gagné que de 2,6%.

De même, Robert McEnally, dans sa thèse de doctorat à l'Université de Caroline du Nord en 1969, a étudié l'effet des ventes fiscales entre 1946 et 1959. Sur un échantillon de 650 titres, il avait décidé d'acheter en début d'année les 10% ayant enregistré les moins bonnes performances sur l'année précédente. Il les achetait début janvier et les revendait à la fin du mois. Le gain moyen à la revente est ressorti à 5,9%, contre un gain de seulement 2,8% pour la totalité de l'échantillon.

D'autres études similaires ont abouti aux mêmes conclusions: les actions, à leurs plus bas, ou proches de ces niveaux en décembre, ont tendance à afficher de meilleures performances que l'ensemble du marché sur les quelques semaines suivantes. Cette stratégie fonctionne d'ailleurs d'autant mieux que le marché est relativement proche des ses plus bas en fin décembre: de nombreux titres sont eux-mêmes proches de leurs plus bas. En revanche, lorsque les actions terminent l'année à un niveau proche de leurs sommets, vous trouverez peu de titres près de leurs plus bas. Dès lors, ces années-là, « les ventes fiscales » ne se justifient pas.

Si vous voulez procéder à « des ventes fiscales », cherchez dans Barron's ou dans un autre hebdomadaire les titres qui ont enregistré leurs plus bas à la fin décembre. Comme vous trouverez toujours quelques dizaines d'actions dans ce cas-là, je vous conseille de répartir votre investissement de manière égale sur quelques titres. Achetez-les et gardez-les pendant quelques semaines. La date de vente est assez arbitraire. Mais si la Bourse se comporte bien en janvier, vous devriez attendre la fin du mois avant de vous dégager. Si le marché ne se tient pas bien la deuxième semaine de janvier, débarassez-vous rapidement des titres.

CHAPITRE DIX

Comment identifier à temps les grands marchés haussiers et baissiers?

On gagne ou on perd beaucoup d'argent en Bourse lors des phases de marché les plus dynamiques, qu'elles soient haussières ou baissières. Le problème: le marché vit rarement de tels évènements. Même lors des grandes envolées, le marché passe par des phases de léthargie. J'estime que les périodes de grande activité ne représentent que 20% du temps sur les marchés haussiers et 10% sur les marchés baissiers. En gros, les cours ne varient guère, ou bien enregistrent des rebonds ou des corrections mineures, plus de deux tiers du temps. Pendant ces périodes, appelons-les des phases neutres ou de « trading range » - votre stratégie d'investissement a peu d'importance. Vous pouvez être investi ou totalement liquide. Avec un portefeuille diversifié, vous ne devriez ni gagner ni perdre beaucoup d'argent pendant ces phases.

Mais la situation est différente le reste du temps restant, lorsque le marché est actif et bien engagé dans un mouvement baissier ou haussier. Vous pouvez surveiller certains signaux clés avec de très bonnes chances de pouvoir capter les meilleures portions des principaux marchés haussiers et vous tenir à l'écart des phases les plus violentes des marchés baissiers les plus forts.

Deux indicateurs essentiels pour les marchés haussiers

Il n'existe ni définition, ni mesure officielle du marché haussier. Dans un but de simplification, j'ai arbitrairement selectionné les 11 plus fortes hausses sur l'indice Standard & Poor's 500 qui se sont développées sur des périodes de 18 mois depuis 1926. J'ai pris 1926 comme année de référence car c'est la date à laquelle le S & P a vu le jour.

Dans bien des cas, les cours ont continué de progresser au terme de ces périodes de 18 mois. Mais j'ai estimé qu'un an et demi constitue un laps de temps raisonnable pour apprécier le mouvement haussier - d'autant que les gains les plus importants interviennent au début de la période. Effectivement, le S & P a parfois touché ses sommets bien avant le terme des 18 mois retenus. Dans les cas où le marché aurait gagné, disons 100% en 12 mois, mais serait retombé à 50% 18 mois après le début d'un cycle haussier, j'aurais retenu la progression de 100% comme point de référence.

PLUS FORTES HAUSSES DU S & P 500 DE 1926 Á 1996

Date du plus bas	Gain maximal 18 mois au plus après le plus bas
01/06/32	+ 154,5
27/02/33	+ 120,6
31/03/38	+ 62,2
28/04/42	+ 69,2
13/06/49	+ 50,0
14/09/53	+ 65,2
22/10/57	+ 49,2
26/05/70	+ 51,2
03/10/74	+ 66,1
12/08/82	+ 68,6
13/12/84	+ 53,3
11/10/90	+ 52,1

Le tableau ci-dessus reprend les 11 marchés ayant enregistré les plus fortes avancées entre 1926 et 1993, par ordre chronologique.

Vous trouverez au début du tableau, la plus forte hausse historique, qui a débuté le 1er juin 1932. Aussi incroyable que cela paraisse, le S & P devait alors progresser de 154,5%, en seulement trois mois, bondissant de 4,40 à 9,31 en septembre. Il faut cependant se souvenir que cette gigantesque avancée n'a fait que ramener les cours à leur niveau de décembre 1931, sur la base du S & P. En effet, la hausse de 1932 devait faire long feu. En février 1933, le S & P avait plongé à 5,53, accusant un repli de 41,6%. Quelques jours plus tard, le nouveau président Franklin D. Roosevelt décidait de la fermeture des banques pour une période indéterminée, alors que plus de 5.000 établissements bancaires avaient fait faillite durant la dépression. La Bourse est restée fermée pendant près de deux semaines, pour laisser le temps aux investisseurs d'intégrer dans les cours la nouvelle donne.

Le 15 mars, le jour de réouverture du marché, le S & P rebondissait de 16,6% par rapport à la clôture précédente. Après quelques hésitations, la Bourse entrait dans le véritable deuxième marché haussier des années 30. Le 18 juillet, seulement quatre mois et demi après le plus bas de février, le S & P avait regagné de façon impressionnant 120,6%. Depuis, on n'a jamais revu des marchés aussi euphoriques. Ces deux vagues de hausses des années 30 mettaient un terme au plus terrible krach de notre histoire, entre 1929 et 1932.

Le marché haussier le plus récent qui fait partie des douze meilleurs (au moment de la rédaction) débuta en octobre 1990. Son gain maximum en dix-huit mois a été de 52,1%.

Hélas, seuls les génies achètent au plus bas et conservent leurs titres jusqu'au sommet du mouvement de hausse. Les autres ne peuvent qu'espérer mettre au point des indicateurs leur permettant d'être sur le marché durant la plus grande partie d'une telle vague de hausse. Nous nous fierons, par exemple, à des signaux d'achat comme un ratio de 2 pour les avancées/déclins, comme nous l'avons décrit dans le chapitre consacré au momentum du marché. Même avec un léger retard, cela vaut la peine d'entrer sur un tel marché haussier.

Le ratio des avancées/déclins est un des deux principaux indicateurs essentiels permettant d'anticiper le plus sûrement les mouvements de hausse mentionnés dans le tableau précédent. Comme nous l'avons vu dans le chapitre 5, lorsque le nombre de titres en hausse l'emporte sur le nombre de titres en baisse dans une proportion de deux pour un sur une période de dix séances, cela donne une précieuse indication haussière. Trois mois après l'apparition de tels signaux, le ZUPI gagnait 10,6%. L'existence d'un tel signal est la première condition qui annonce un grand marché haussier. Pour simplifier, appellons ce facteur un super ratio des avancées/déclins.

La seconde condition en réfère à l'indicateur de la Fed, qui a été présenté dans le chapitre 4. L'indicateur de la Fed marque des points quand la Réserve Fédérale baisse, soit son taux d'escompte, soit celui des réserves obligatoires. Pour vérifier que vous êtes bien au début d'un mouvement de hausse significatif, l'indicateur de la Fed doit progresser d'une pondération de 0 point ou moins, à trois points ou davantage (une pondération de +2 sur l'indicateur de la Fed correspond à un marché « très haussier », mais j'ai mis la barre un peu plus haut). Si cet indicateur affiche +3 ou davantage, puis revient à +2 ou +1, avant de remonter à +3 au moins, cela ne donne pas le signal que nous cherchons à identifier. La cas de figure que nous recherchons est une avance de l'indicateur d'une pondération nulle à un niveau très positif. Ce qui implique deux baisses consécutives, soit du taux d'escompte, soit de celui des réserves obligatoires. Appelons ce cas de figure un indicateur de la Fed super haussier.

Nous recherchons alors l'apparition simultanée d'un super ratio des avancées/déclins et d'un indicateur de la Fed super haussier. Il suffit que les deux indicateurs se déclenchent dans un laps de temps relativement court: d'expérience, il s'avère qu'un délai de trois mois est raisonnable. Si nous rassemblons maintenant ces deux conditions, nous devons arriver à une configuration de marché particulièrement porteuse. J'appellerai la convergence des deux indicateurs un double signal d'achat.

Le tableau suivant passe en revue ces doubles signaux d'achat depuis 1926. Depuis 1932, on a compté seulement 12 cas de ce type. Observez attentivement les dates d'apparition de ces doubles signaux et comparez-les à celles du tableau précédent, qui couvre les dates de début des grands marchés haussiers depuis 1926. Ces dates sont très proches. Le premier double signal d'achat est intervenu par exemple le 21 juillet 1932, soit deux semaines à peine après que le Dow Jones ait touché un plus bas, et seulement six semaines après que le S & P 500 ait aussi affiché un plus bas. Tous les doubles signaux d'achat sont apparus suffisamment tôt, dans le cadre de marchés haussiers, pour vous permettre de profiter de la majeure partie de l'avance. Et cela sans aucune exception.

La deuxième colonne du tableau donne les performances du S & P 500 un mois après l'apparition d'un double signal d'achat. En 1932, cet indice a enregistré un bond exceptionnel de 48,7% en un mois. Bien entendu, c'est un cas très rare. Il n'en demeure pas moins que le marché a progressé dans dix des douze autres cas jusqu'en 1992. Le rendement cumulé sur le S & P est ainsi ressorti à 7,4%, juste un mois après un double signal d'achat.

DOUBLES SIGNAUX D'ACHAT COMPARÉS AU S & P 500: 1926 À 1996

Date d'achat	VARIATION EN % DU S & P 500				
	1 mois	3 mois	6 mois	12 mois	18 mois
21/07/32	+ 48,7	+ 35,0	+ 40,6	+ 85,5	+ 85,0
26/05/33	+ 16,4	+ 20,8	+ 7,05	+ 4,4	+ 1,9
16/04/38	- 5,1	+ 14,1	+ 25,0	+ 4,1	+ 20,0
14/09/42	+ 10,3	+ 10,2	+ 29,4	+ 39,1	+ 42,9
13/07/49	+ 3,7	+ 8,1	+ 12,8	+ 12,9	+ 42,8
15/02/54	+ 2,0	+ 10,6	+ 18,0	+ 41,7	+ 61,9
24/01/58	- 2,5	+ 3,4	+ 11,8	+ 34,3	+ 43,0
04/12/70	+ 1,9	+ 9,5	+ 13,2	+ 8,5	+ 22,7
10/01/75	+ 7,9	+ 15,4	+ 30,6	+ 30,8	+ 44,6
23/08/82	+ 6,6	+ 14,5	+ 26,4	+ 40,2	+ 32,9
23/01/85	+ 1,2	+ 2,6	+ 8,6	+ 15,2	+ 34,6
05/02/91	+ 7,0	+ 7,8	+ 11,2	+ 17,0	+ 19,4
10.000 $ deviennent:	23.590 $	39.538 $	75.598 $	161.144 $	405.004 $
Rendement:	+ 7,4%	+ 12,1%	+ 18,4%	+ 26,1%	+ 36,1%

Les autres colonnes du tableau ci-dessus montrent le rendement du S & P 3, 6, 12 et 18 mois après un double signal d'achat. Le rendement cumulé moyen du S & P atteint 12,1% trois mois après l'apparition d'un double signal, 18,4% dans un délai de six mois, 26,1% au bout de 12 mois et 36,1% au bout d'un an et demi.

Observons maintenant d'un peu plus près les 18 mois suivant l'apparition des 11 doubles signaux d'achat. Un investissement de 10.000

dollars sur le S & P 500 vaudrait 405.004 dollars, sur un total de 17,2 années (le total a été corrigé pour prendre en compte les années 1932-33). Le rendement de 36,1% dégagé sur 18 mois revient en base annuelle à un gain de 22,4%. Par comparaison, de janvier 1926, date de début de cette étude, à janvier 1993, le même investissement avec une stratégie d'achat-conservation ne se serait élévé qu'à 339.836 dollars. L'argent étant bloqué sur près de 67 ans, le rendement annualisé (hors dividendes) n'aurait été que de 5,4%. Même pas le quart d'une stratégie assise sur les doubles signaux d'achat. De plus, sur les 49,8 années qui ne correspondaient pas aux périodes de 18 mois suivant le déclenchement d'un double signal de d'achat, les 10.000 dollars seraient revenus à 8.391 dollars, accusant une perte annuelle de 0,3%. En d'autres termes, on peut dire, sans crainte de se tromper, que la très grande majorité des gains enregistrés par le marché depuis 1926 sont intervenus pendant les 18 mois qui a suivi un double signal d'achat. Le reste du temps, vous auriez perdu de l'argent en Bourse.

Le tableau ci-dessous nous montre les performances du ZUPI après apparition d'un double signal d'achat. La dernière ligne indique que le ZUPI progressait de 11,2% au bout d'un mois, de 18,0% au bout de trois mois, de 24,5% au bout de six mois, de 40,9% au bout d'un an et de 53,8% au terme de 18 mois. Suivant le même calcul que dans le paragraphe précédent, un investissement de 10.000 dollars d'une durée de 18 mois sur le ZUPI (ou un instrument financier équivalent) après un double signal, aurait progressé à 1.757.118 dollars, soit un rendement annualisé de 53,8%.

En revanche, un investisseur qui aurait conservé le ZUPI pendant 67 ans, n'aurait obtenu que 603.134 dollars, soit un gain annualisé de 6,3%, un sixième du rendement dégagé grâce à une stratégie assise sur les doubles signaux d'achat. Sur les 49,8 années ne tombant pas dans une période de 18 mois suivant l'apparition d'un signal, une mise de 10.000 dollars se serait réduite à 3.432 dollars, soit une perte annualisée de 2,1%.

Ainsi, depuis 1932, on n'a compté que 11 doubles signaux d'achat, correspondaient aux 11 plus forts mouvements de hausse des six dernières décennies.

DOUBLES SIGNAUX D'ACHAT COMPARÉS AU ZWEIG INDEX: 1926 À 1996

Date d'achat	% DE VARIATION DE L'INDICE DE ZWEIG 1 mois	3 mois	6 mois	12 mois	18 mois
21/07/32	+ 64,3	+ 54,5	+ 39,6	+ 189,6	+ 189,6
26/05/33	+ 27,1	+ 31,2	+ 4,3	+ 48,9	+ 22,4
16/04/38	- 2,6	+ 28,8	+ 37,9	+ 10,3	+ 49,8
14/09/42	+ 12,5	+ 12,3	+ 57,4	+ 77,1	+ 96,1
13/07/49	+ 5,7	+ 12,5	+ 20,2	+ 18,5	+ 58,3
15/02/54	+ 0,8	+ 5,5	+ 19,2	+ 44,2	+ 49,3
24/01/58	- 1,4	+ 4,4	+ 15,4	+ 48,9	+ 58,2
04/12/70	+ 4,8	+ 19,8	+ 21,8	+ 7,6	+ 19,6
10/01/75	+ 12,1	+ 18,2	+ 38,9	+ 34,6	+ 59,6
23/08/82	+ 8,1	+ 24,2	+ 38,4	+ 57,1	+ 47,1
23/01/85	+ 3,7	+ 2,9	+ 11,0	+ 17,1	+ 29,0
05/02/91	+ 10,8	+ 13,6	+ 13,9	+ 27,2	+ 24,6
10.000 $ deviennent:	35.631 $	72.583 $	139.359 $	612.018 $	1.757.118 $
Rendement:	+ 11,2%	+ 18,0%	+ 24,5%	+ 40,9%	+ 53,8%

Trois conditions essentielles pour anticiper un marché baissier

Je viens de vous livrer une méthode, combinant deux indicateurs, pour anticiper les grands marchés haussiers. Voyons maintenant les marchés baissiers. Afin d'éviter toute confusion, définissons un marché baissier comme un marché sur lequel chacun des trois principaux indices, le Dow Jones, le S & P 500 et le ZUPI (ou le Value Line si vous préférez), perd au moins 15%. Il peut arriver qu'un ou même deux des indices abandonnent 15 %. Ce sont alors des marchés baissiers « limites », des mouvements de baisses intermédiaires, ou bien des marchés mitigés. Je ne traiterai que des véritables marchés baissiers: donc il est important que les trois indices s'effondrent substantiellement pour atteindre notre seuil de 15%.

Il y a une exception mineure à ma définition du marché baissier; il s'agit de la période allant du milieu des années 20 au milieu des années 30. Les cours ont été tellement volatils et cette l'époque qu'une chute de 15% n'était pas extraordinaire. Par exemple, en trois séances, entre le 18 juillet et le 21 juillet 1933, le Dow Jones a plongé de 18,4%, reculant de 108,67 à 88,71.

Avant ce fort recul, le marché avait fait preuve d'une bonne fermeté. A l'époque, les titres liés à l'alcool et à l'agro-alimentaire, pouvant espérer tirer partie de la fin de la « Prohibition », avaient alimenté une gigantesque spéculation. Les Congrès des différents Etats votaient, les uns après les autres, des lois abrogeant le 18eme amendement (interdisant la vente d'alcool aux Etats-Unis). Au fur et à mesure que les Etats adoptaient de telles lois, les cours des titres liés à l'alcool progressaient, les investisseurs anticipant de gigantesques profits pour ces sociétés.

En juillet 1933, deux Etats du Sud s'étaient démarqués du sentiment pro-prohibition dominant dans le Sud et avaient voté des lois abrogeant le 18eme amendement. C'était une bonne nouvelle allant dans le sens de l'abolition de la Prohibition, mais qui avait déjà été anticipée par le marché. La Bourse s'était en effet envolée avant ces annonces. Alors que la « bonne nouvelle » tombait, les spéculateurs commençaient déjà à prendre leurs bénéfices. (Les professionnels de Wall Street ont un fameux adage selon lequel il faut acheter sur une rumeur et vendre lors de l'annonce de l'événement). Comme les titres les plus spéculatifs - ceux du secteur de l'alcool - cédaient du terrain, le reste du marché suivait. Dans le même temps, les marchés de matières premières s'effondraient: les spéculateurs prenaient aussi leurs bénéfices sur le seigle, le maïs ou les autres céréales qui pouvaient bénéficier de la fin de la Prohibition.

Et pourtant, par comparaison au niveau où le Dow avait été en février de la même année - à 50,16 soit 50% plus bas qu'en juillet - et en intégrant le fait que ces pertes de juillet allaient être recoupées dans les semaines qui suivirent, cette chute n'avait rien d'extraordinaire. Il y a d'autres exemples moins extrêmes de brusques trous d'air à la même époque.

On compte 15 marchés baissiers depuis 1919. Vous les trouverez dans le tableau suivant. Bien qu'il n'y ait pas un seul et unique dénominateur commun à toutes ces baisses, on peut identifier au moins une des trois conditions que je vais évoquer au début du mouvement de repli ou durant une bonne partie du mouvement de baisse. Il s'agit de trois conditions ayant un impact particulièrement négatif. Si une seule des conditions est remplie, cela ne présage pas nécessairement d'un véritable marché baissier, mais on ne compte pas un seul marché baissier sur les sept dernières décennies n'ayant pas vérifié au moins une de ces conditions.

MARCHÉS BAISSIERS DE 1919 À 1996

Marchés baissiers	Forte Déflation	PER très élevés	Inversion de la courbe des taux	% de baisse du D. J.
1919-1921	oui		oui	- 47,6 %
1923			oui	- 18,6 %
1929-1932	oui	oui	oui	- 89,2 %
1933	oui			- 37,2 %
1937-1938	oui			- 49,1 %
1938-1942		oui		- 41,3 %
946-1949		oui		- 24,0 %
1956-1957			oui	- 19,4 %
1962		oui		- 27,1 %
1966		oui	oui	- 25,2 %
1969-1970		oui	oui	- 36,1 %
1973-1974		oui	oui	- 45,1 %
1978-1980			oui	- 16,4 %
1981-1982			oui	- 24,1 %
1987 *		oui		- 36,1 %

Moyenne (15 cas): - 35,8 %
* Aucun changement jusqu'au 20/03/96.

La première de ces conditions est une extrême déflation. L'indice mensuel des prix à la production (dans le passé, l'indice des prix de gros), publié par le gouvernement, fournit la meilleure référence en matière de déflation. Il s'agit de repérer les fortes baisses des prix: une chute de 10% sur six mois.

Supposons que l'indice des prix à la production de janvier soit de 100 et celui de février de 99. Cela représente une baisse mensuelle de 1%, soit près de -12% annuellement. En d'autres termes, multipliez la variation mensuelle par 12 (ce n'est pas tout à fait exact en cumulé, mais c'est suffisant pour le calcul qui nous intéresse). Additionnez ensuite les six dernières variations mensuelles et divisez le tout par six pour obtenir la moyenne sur les six mois. Si ce chiffre est de -10% ou inférieur, vous êtes dans une situation d'extrême déflation. Le cas est rare, puisqu'il ne s'est pas présenté depuis plusieurs décennies.

Comme nous l'avons vu dans le chapitre 3, l'extrême déflation constitue un signe d'importantes difficultés économiques. Lorsque les industriels et les commerçants ne parviennent plus à vendre leurs marchandises, ils baissent les prix. Si cette première réduction n'est pas suffisante pour relancer les ventes, une nouvelle baisse s'ensuit. Ce qui aboutit à une chute des prix et à de mauvais chiffre d'affaires, caractéristiques des dépressions. Les actions cotées, bien entendu, n'affichent pas de bonnes performances durant une dépression, pas plus qu'en période d'extrême déflation. La déflation a été forte sur quatre des grands mouvements de baisses en 1919-21, 1929-32, 1933 et en 1937-38. La première période correspond à la dépression de 1920. Les trois autres couvrent la grande dépression des années 30, qui, en fait, a connu deux phases; l'une au début des années 30 (recoupant deux mouvements de baisses), l'autre en 1937.

La deuxième condition nécessaire pour être en situation de marché baissier est la présence de ratio cours/bénéfices très élevés. Le ratio cours/bénéfice (ou PER, Price Earning Ratio) s'obtient en divisant le cours de l'action considérée par le bénéfice dégagé sur les 12 derniers mois. Pour un indice de marché, il suffit de prendre la valeur de l'indice et de le diviser par la moyenne des bénéfices des sociétés incluses dans l'indice. Dow Jones et Standard & Poor's calculent leurs propres ratios cours/bénéfices. Pour l'ensemble du marché, les ratios cours/bénéfices sont d'habitude dans la zone de 10 à 14. Un ratio très bas de 6 à 8 aurait tendance à donner des indications haussières pour le long terme. Tandis qu'un ratio élevé de 15 à plus de 20 reflète d'ordinaire une spéculation excessive, une surévaluation des cours et de faibles perspectives de performances sur les actions.

Le graphique suivant donne les ratio cours/bénéfices sur le S & P 500 depuis 1926. Lorsque ce ratio sur le S & P 500 atteint ou dépasse 18 (ou au moins 20 sur le Dow Jones) cela constitue un signal baissier. Cependant, un sévère retournement de conjoncture, qui entraîne une chute des bénéfices si forte que les ratios cours/bénéfices deviennent élevés peut constituer une exception à la règle.

Par exemple, le cours d'un titre important perd 50% et tombe de 100 à 50 lors d'un fort mouvement de baisse. Supposons qu'aux environs d'un cours à 100, les bénéfices atteignent cinq dollars. Le ratio cours/bénéfices est donc de 20, ce qui constitue un signal défavorable. Admettons maintenant que durant la phase de baisse du marché, l'environnement économique se soit fortement dégradé, au point que le bénéfice par action soit retombé à un dollar. Le ratio cours/bénéfice remonte alors à 50. Cela n'a cependant pas grand sens puisque les bénéfices ont fortement chuté. En effet, si on lisse les bénéfices sur les années précédentes, la moyenne serait bien plus élevée que les résultats érodés par la récession. En d'autres termes, la moyenne des bénéfices sur plusieurs années donne un ratio cours/bénéfices beaucoup plus significatif, surtout lorsque les résultats sont anormalement déprimés.

Cette situation s'est en fait présentée sur le Dow Jones en 1983. La récession, qui venait juste de se terminer, avait touché les bénéfices de sociétés entrant dans la composition de l'indice, comme le secteur de la métallurgie. Certaines compagnies avaient passé d'énormes provisions. Le bénéfice revenait ainsi, à un moment donné, à 10 dollars par titre sur le Dow Jones. L'indice se situant aux environs de 1.200, le ratio cours/bénéfices atteignait 120. Un chiffre bien entendu absurde, non pas à cause d'une importante spéculation, mais plutôt à cause de bénéfices squelettiques. Puis quand les bénéfices sont revenus à un niveau plus normal en 1984, le ratio cours/bénéfices sur le Dow Jones a retrouvé une fourchette plus habituelle de 11 à 14. L'environnement économique était similaire en 1932, lorsque les résultats de la plupart des sociétés sont passés dans le rouge alors que celles du Dow Jones arrivaient difficilement à afficher de maigres bénéfices.

Le troisième facteur extrêmement baissier est une courbe des taux inversée. Il s'agit d'une situation inhabituelle, où les taux d'intérêts à court terme dépassent ceux à long terme. Normalement, le rendement des obligations, avec des échéances de 13 à 30 ans - est supérieur à celui d'instruments financiers à plus court terme, tels que les bons du Trésor ou des SICAV monétaires. Les investisseurs exigent une prime de risque, correspondant à quelques points de base supplémentaires sur les taux longs.

Cependant, lorsque l'étau monétaire se resserre et que la Réserve Fédérale réduit les conditions du crédit, ou qu'une crise financière approche, les taux à court terme peuvent bondir, quelquefois bien au-dessus des taux à long terme, débouchant ainsi sur une inversion de la courbe des taux.

À la fin des années 80, par exemple, les taux à court terme étaient plus de quatre points au-dessus de ceux à long terme. À l'inverse, le différentiel était positif de trois à quatre points en 1971-72, 1975-76 et à

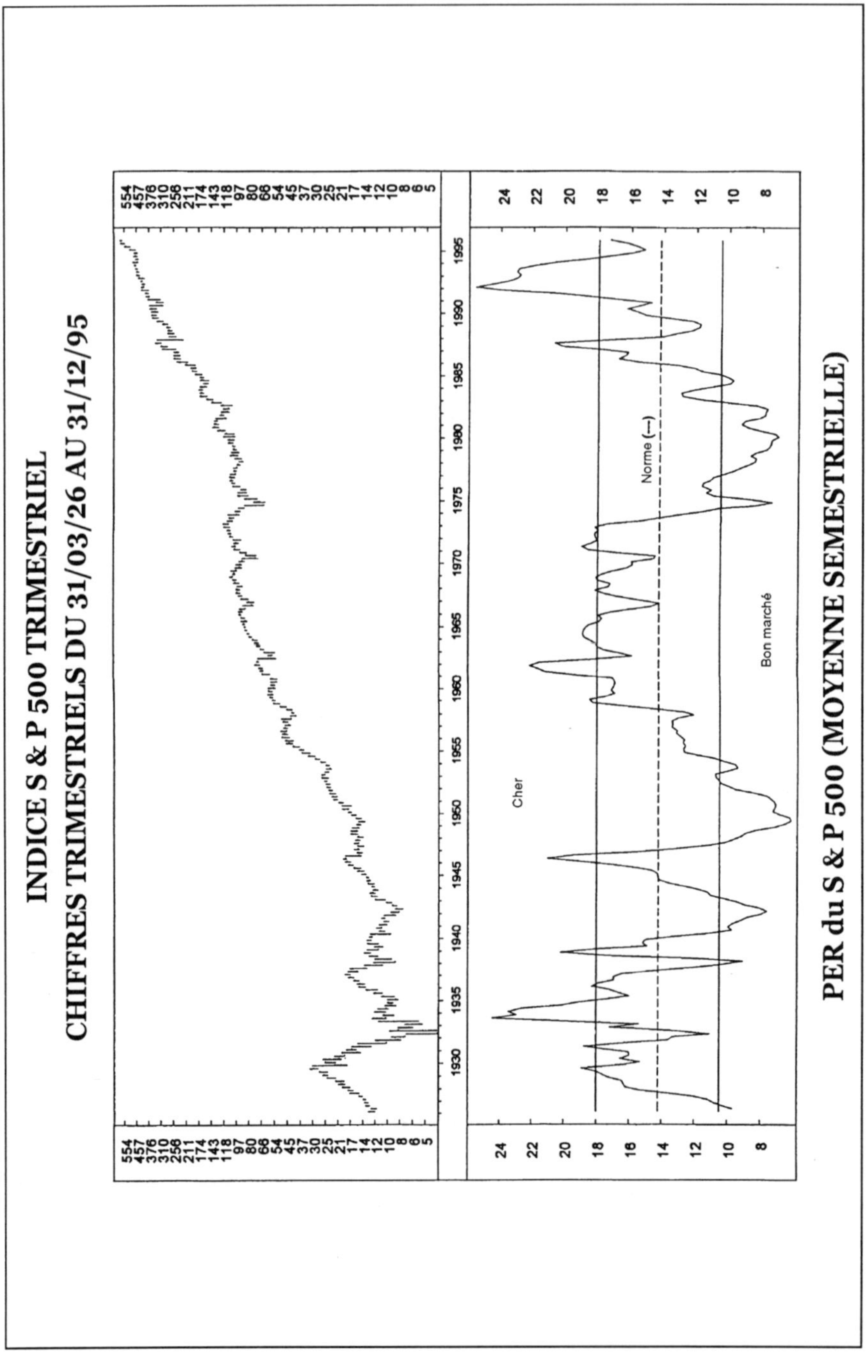
INDICE S & P 500 TRIMESTRIEL
CHIFFRES TRIMESTRIELS DU 31/03/26 AU 31/12/95
554 457 376 310 258 211 174 143 118 97 80 66 54 45 37 30 25 21 17 14 12 10 8 6 5
1930 1935 1940 1945 1950 1955 1960 1965 1970 1975 1980 1985 1990 1995
Cher
Norme (---)
Bon marché
24 22 20 18 16 14 12 10 8
PER du S & P 500 (MOYENNE SEMESTRIELLE)

certaines périodes du début des années 80. Je considère la situation comme très défavorable lorsque le différentiel mensuel est négatif.

L'inversion de la courbe ne dure quelquefois qu'un mois ou deux et n'entraîne pas forcément un mouvement de baisse. Mais si le différentiel entre les billets de trésorerie et les obligations continue de se creuser, les risques de repli des cours augmentent. Vous noterez dans le tableau de la page 153 que neuf des 15 derniers mouvements de baisse sont intervenus dans un contexte d'inversion de la courbe des taux.

Un seul mouvement de baisse, celui de 1929-32 dans le tableau de la page 153 combinait tous les facteurs négatifs. Il s'avère aussi correspondre à la pire chute du marché. Quatre autres mouvements de baisse recoupent seulement deux des conditions négatives que je vous ai présentées, dont trois mouvements particulièrement dévastateurs: en 1919-21, lorsque le Dow Jones a chuté de 47,6%; en 1969-70, lorsqu'il a plongé de 36,1% et en 1973-74 quand il a perdu 45,1%. En revanche, en 1966, le Dow Jones n'a abandonné que 25,2%. Pourtant, cette période marquait le début d'un plus important mouvement de repli, qui a entraîné le Dow Jones à la baisse en termes réels jusqu'en 1982, comme nous l'avons vu dans le chapitre 3 sur les indices. En moyenne, ces quatres vague de baisse ont accusé un repli de 38,5% sur le Dow Jones, bien au-dessus de la moyenne des dix autres mouvements de baisse - qui ne vérifiaient qu'une des trois conditions négatives pour un marché - et qui ont perdu 29,4% en moyenne.

En somme, il n'est pas sûr qu'un mouvement de baisse démarre en présence d'une seule des trois conditions extrêmement défavorables. Mais si cet environnement persiste, ou se dégrade, ou si un deuxième facteur défavorable (voire un troisième) apparaît, la probabilité de baisse devient importante. D'un autre côté, si l'un des principaux indices abandonne disons 10%, ou davantage, alors qu'aucune des trois conditions défavorables n'est vérifiée, le repli a peu de chance de se transformer en véritable déconfiture.

Il est généralement rentable d'acheter des actions après un repli de 10% des trois principaux indices, si aucune des trois conditions négatives n'est présente. Les chances pour que la baisse s'accentue à 15% sont faibles. Mis à part quelques cas sans grande signification à cause de l'extrême volatilité des cours, entre le milieu des années 20 et le milieu des années 30, cela ne s'est jamais produit. Si l'environnement économique général est convenable - c'est-à-dire sans extrême déflation, avec des ratios cours/bénéfices normaux et une courbe des taux positive - une baisse de

10% doit vous pousser à acheter avec l'assurance que, dans la très grande majorité des cas, vous ne risquez pas de perdre plus de 5% avant que le marché ne reparte de l'avant.

CHAPITRE ONZE

Comment sélectionner les titres gagnants ?

Différentes approches peuvent être efficaces. Par efficacité, j'entends la possibilité de dégager des profits à long terme, supérieurs à la performance du marché. Le rendement considéré doit prendre en compte l'appréciation du capital et les dividendes reçus.

On peut scinder les techniques de sélection des titres en deux grandes catégories. D'une part, l'approche globale où il s'agit de compiler systématiquement les données publiques sur l'ensemble des sociétés, puis de sélectionner, dans cette masse d'informations, un certain nombre de titres sur la base de critères déterminés. Avec cette méthode générale vous pouvez couvrir la quasi-totalité des actions, tout en ne passant que très peu de temps sur un titre en particulier. Vous pouvez vous couvrir contre les erreurs statistiquement normales en diversifiant votre portefeuille avec 10, 20 ou 30 titres. Le désavantage d'une telle technique: vous ne suivez pas à fond une société en particulier.

Le seconde méthode est plus sélective: vous ne suivez alors qu'un nombre limité de titres bien analysés. Pour ce type d'approche ne vous fiez pas exclusivement aux informations rendues publiques. Vous pouvez faire vos propres recherches sur les comptes de la société, sur d'éventuelles modifications au sein de la direction, sur les tendances des secteurs connexes, sur les modifications de la fiscalité, ou toute autre variable économique susceptible d'affecter l'affaire. Si vous parvenez à faire une synthèse de cette masse d'informations, vous pouvez tomber sur des titres qui feront mieux que le marché.

Cette technique va bien au-delà du classique choix d'un investissement assis sur la valeur intrinsèque de la société. En contrepartie, cette méthode requiert un suivi constant du marché. Elle ne convient donc pas à l'investisseur qui ne veut s'occuper de son portefeuille qu'occasionnellement. Enfin, les rendements dégagés par cette approche sélective dépendent largement de la capacité d'analyse.

Je ne pense pas qu'elle soit adaptée à l'ensemble des lecteurs de ce livre. Sincèrement, je ne suis moi-même pas tout à fait à l'aise avec cette approche. Je préfère la méthode plus globale qui me permet de systématiquement passer en revue des milliers de sociétés. Avec une telle technique, ma marge d'erreur est d'environ 3/8. En d'autres termes, sur huit actions que je sélectionne, trois, ou 38%, feront moins bien que le marché. Cela signifie aussi que j'aurai raison cinq fois sur huit, ce qui n'est pas si mal. Je ne pense pas être en mesure de parvenir à de meilleurs résultats avec une approche sélective.

Cependant, comme les deux approches ont chacune leurs avantages, je les ai intégrées dans mes travaux pour « Zweig Partners », une société où je suis associé avec Joe DiMenna et Carol Whitehead. En gros, je fais le travail d'approche globale sur les titres et d'anticipation générale des mouvements du marché. DiMenna, qui préfère l'approche sélective, suit un certain nombre de titres, passant la plus grande partie de son temps à analyser les comptes des sociétés et à discuter avec les analystes et les responsables des sociétés. Ainsi, travaillant en équipe, nous tirons le meilleur parti des deux méthodes. Mais, si je travaillais tout seul, je n'utiliserais que la méthode globale, approche que je vais développer dans ce chapitre.

Ma méthode de sélection de titres requiert la prise en compte des variables suivantes: une forte hausse des bénéfices et du chiffre d'affaires de la société; un ratio cours/bénéfices raisonnable au regard du rythme de croissance de la firme; des achats émanants de responsables de la société si possible (ou du moins une absence de ventes des titres de la part de ces « initiés ») et enfin une certaine vigueur du mouvement sur le titre. En d'autres termes, j'ai tendance à conseiller l'achat à la hausse et la vente à la baisse.

Mises au point avec difficulté à force d'essais, ces méthode de sélection de titres faciles d'emploi sont tout à fait appropriées pour l'investisseur conservateur ainsi que pour celui qui préfère une gestion plus active.

Bien que les méthodes décrites dans ce chapitre fonctionnent très bien, je dois très sincèrement vous avouer que mon système courant de sélection d'actions utilise les avancées les plus récentes en matière d'informatique. Ces estimations générées par ordinateur, et dérivées de multiples variables techniques et fondamentales - chacune pondérée par des formules propriétaires - indiquent quelles sont les performances attendues des actions étudiées pour les six à douze mois à venir. Il m'est impossible d'établir la liste de toutes les variables que j'utilise pour sélectionner mes actions parce que cela serait trop compliqué. Cependant, nombre des valeurs sélectionnées par cette méthode forment la liste que je publie tous les quinze jours dans ma lettre boursière : Zweig Performance Rating Report. Vous pouvez vous procurer un exemplaire à l'essai de cette lettre en écrivant au Zweig Performance Rating Report - P.O. Box 360, Bellmore, New York, 11710-0751.

Comment lire
les pages financières des quotidiens

Dans un premier temps, il faut trouver les derniers résultats trimestriels des sociétés dans les pages financières des quotidiens. Avantage supplémentaire de ce type de recherche: cela vous oblige à passer en revue toutes les informations financières publiées. Au bout d'un trimestre vous aurez lu les résultats de centaines de sociétés. Cela n'est pas aussi long qu'on pourrait le croire, car la plupart du temps vous n'accorderez qu'un coup d'oeil à une information qui ne vous intéresse pas.

La première étape: je cherche des hausses raisonnables du chiffre d'affaires et du résultat par action. Prenons une page de quotidien en 1985, par exemple, pour Amcast Industrial Corp, on trouve le bénéfice pour le trimestre se terminant au 2 juin 1985. Le chiffre d'affaires légèrement supérieur à 67 millions de dollars est en recul de plus de 2,5 millions par rapport à celui de l'année précédente. De même, le bénéfice par action baisse à 50 cents, contre 53 cents un an auparavant. En raison de cette absence de croissance, un facteur clé, j'élimine Amcast.

Passons maintenant à Clabir Corp. Les ventes sont en progression d'environ 43% à 10,9 millions de dollars. C'est positif. Malheureusement, le résultat net par action ne ressort qu'à deux cents, contre une perte un an auparavant. Il s'agit assurément d'une amélioration, mais le bénéfice est assez insignifiant et atteste plutôt d'une situation de retournement que d'une véritable croissance. Ce n'est pas ce que je cherche. De plus, le bénéfice net pour le trimestre s'entend après crédit d'impôts de 531.000 dollars, au 30 avril 1985. En d'autres termes, sans cet élément exceptionnel, Clabir aurait annoncé une perte de plus de 300.000 dollars sur ce trimestre. On élimine donc aussi cette action.

La société suivante, Cogenic Energy Systems, a annoncé une perte nette. Je la raye donc également de ma liste. On atteint maintenant le premier titre que j'entoure, Continental Healthcare Systems. Le bénéfice au 31 mars était en hausse de 68% à 3,7 millions de dollars. C'est un bon signe. De plus, le bénéfice par action a doublé de huit à 16 cents, une tendance excellente. Pourtant, si vous continuez à lire l'encadré sur cette société, il y a un élément négatif.

Mis à part au premier trimestre d'un exercice fiscal, les sociétés annoncent des résultats et des chiffres d'affaires trimestriels cumulés sur les trois autres trimestres. Dans le cas de Continental Healthcare, le trimestre à la fin mars était le deuxième trimestre de son exercice exercice comptable. Dès lors, les résultats cumulés sur le premier semestre sont aussi disponibles. On peut lire sur la dernière ligne de l'encadré que le bénéfice par action semestriel était de 19 cents, contre 13 cents un an auparavant. On peut calculer le résultat du premier trimestre au 31 décembre en soustrayant du résultat semestriel celui du deuxième trimestre. On trouve alors trois cents, contre cinq cents l'année précédente. Il est donc clair que le premier trimestre n'était pas brillant. Je ne m'intéresse pas seulement à la croissance sur le dernier trimestre connu, mais je cherche plus encore une croissance régulière sur du long terme. Les résultats de Continental Healthcare n'ayant pas significativement progressé au premier trimestre, j'élimine également ce titre.

J'ai aussi entouré la société suivante, Cullinet Software. Le résultat a progressé de 50% à plus de 52 millions de dollars. Le bénéfice par action a augmenté de plus de 37% de 16 cents à 22 cents. Jusque-là, ces informations sont positives. Il s'avère que ce trimestre au 30 avril est le quatrième de l'exercice. On trouve donc les résultats annuels à la ligne suivante. Cullinet a dégagé un bénéfice net de 184 millions de dollars, en hausse de 53% sur l'année précédente et un bénéfice par action de 81 cents en progression de 50%. On peut calculer que Cullinet a annoncé un résultat cumulé par action de 59 cents, contre 38 cents, soit une hausse de 55% pour les trois premiers trimestres. La croissance du résultat s'est donc ralentie sur le dernier trimestre, ce qui doit susciter un zeste de prudence. Mais, dans la mesure où la progression est demeurée importante - et même si elle ne se poursuivait qu'à un rythme de 30% - cela nous laisse encore un titre avec du potentiel. Dès lors, j'entoure Cullinet et continue de passer en revue ma liste.

Si l'on s'attache maintenant aux ratios cours/bénéfices, nous voyons que celui de Cullinet est bien trop élevé, aux environs de 30. C'est la raison pour laquelle j'élimine ce titre. Pourtant en terme de résultats, le seul élément négatif était le ralentissement de la croissance au dernier trimestre, ce qui n'était pas suffisant pour rayer cette action.

Le titre suivant est Ennis Business Forms. Ennis annonçait pour le trimestre, au 31 mai, une progression du chiffre d'affaires d'environ 8% à plus de 27 millions de dollars. Une croissance des ventes de 8% n'est pas impressionnante; mais le résultat par action est en hausse de 23%, à 63 cents sur le premier trimestre. Ce n'est pas mauvais. Le titre mérite un peu plus d'attention. Il s'avère par ailleurs qu'Ennis était sur ma liste d'achats, regroupant plus d'une centaine de titres, que je tiens constamment à jour, en éliminant les sociétés annonçant de faibles résultats et en ajoutant de nouvelles découvertes.

Pour me faciliter la tâche, je note les sociétés intéressantes sur des fiches. Je les classe par ordre alphabétique. Lorsque vous lirez une information dans la presse sur une des sociétés de votre liste, vous vous souviendrez certainement de son nom. Si vous ne vous en souvenez pas feuilletez vos fiches pour vérifier.

Voici un modèle de fiche que je confectionne, avec Ennis comme exemple:

Ma première information est le code valeur du titre, EBF dans ce cas, afin de pouvoir appeler le titre directement sur mon écran pour avoir la cotation. Ensuite je note le nom de la compagnie, Ennis Business Forms et le dernier cours que j'ai relevé. Dans ce cas, le cours d'Ennis était de 37-1/2 dollars le jour de l'annonce des résultats. J'inscris également le volume quotidien approximatif - environ 10.000 titres pour Ennis - parce que je ne veux pas recommander des actions ayant un marché trop étroit. Vous ne serez cependant pas exposés à ce type de problème pour un compte de particulier. Je reporte aussi les transactions d'initiés, sur lesquelles je reviendrai, mais qui, dans le cas d'Ennis, représentaient quatre vendeurs pour aucun acheteur. Ce qui ne constituait pas un élément favorable. Mais comme ce type de transactions émanant des responsables de la société varie, je conservais le titre sur ma liste.

Je tiens à jour les résultats trimestriels (écrivez au crayon pour pouvoir effacer) en conservant le chiffre du trimestre précédent, dans ce cas 63 contre 51. Entre parenthèses, vous trouvez 2,85 dollars, représentant la somme des bénéfices sur les quatre derniers trimestres. Puis vous trouvez +8 après le chiffre entre parenthèses, correspondant au pourcentage de hausse des ventes sur le dernier trimestre et que j'ai trouvé dans le « New York Times ». Vous trouvez ensuite +21, qui est l'indicateur équivalent du trimestre précédent, que j'avais inscrit trois mois plus tôt sur ma fiche. Ainsi, on note que la progression du chiffre d'affaires d'Ennis a décliné de 21% à 8%. Je note ensuite le ratio cours/bénéfices, ici de 13, une brève description de l'activité de la société et les bénéfices annuels pour les quatre ou cinq dernières années.

Enfin, j'inscris le mois de parution des derniers résultats trimestriels, dans ce cas, le mois de mai. Cela me permet de voir, lorsque je feuillette mes fiches, si elles sont à jour ou pas. Si l'on est déjà en juin et que mon dernier résultat trimestriel est de décembre, je me rends compte que j'ai raté le premier trimestre sur cette société. Je complète alors ma fiche à l'aide de publications financières. Inscrire la date du dernier résultat paru constitue une sécurité pour vos mises à jour. En conclusion, lors de la publication des résultats, Ennis a toujours sa place dans ma liste, même si elle n'est pas un titre que je recommanderais à l'achat dans le très court terme.

Le dernier titre que j'avais entouré ce jour là est Federated Group, qui se traite sur l'OTC. Le chiffre d'affaires était en forte hausse de 83%, aux environs de 74 millions de dollars, contre 40 millions de dollars précédemment. Pourtant, la progression du bénéfice par action de 32% n'était pas aussi impressionnante. Dans certains secteurs, une croissance des bénéfices moindre que celle des ventes peut indiquer la présence d'une forte concurrence, ou d'une guerre des prix et une réduction des marges bénéficiaires. Dans d'autres cas, il peut s'agir de coûts liés au lancement de nouveau produits. Dès lors, la hausse des ventes peut précéder une envolée des bénéfices. En l'absence de plus ample informations je ne raye pas ce titre, mais je reprendrai mes investigations plus tard.

Résumons ce que nous avons fait jusqu'à maintenant. Nous avons épluché les résultats parus à une certaine date, en recherchant les sociétés annonçant une croissance raisonnable à la fois du bénéfice par action et du chiffre d'affaires. La plupart des titres ont été éliminés. Quatre d'entre eux méritaient plus ample attention, c'est pourquoi je les ai entourés. Continental Healthcare a été rapidement éliminé, grâce à une soustraction qui a révélé que la croissance sur le trimestre précédent était négative, ce qui ne convient pas lorsqu'on cherche des valeurs de croissance à long terme. Les trois autres firmes sont encore entourées et méritent un examen plus approfondi.

Quand vous aurez l'habitude, il ne vous faudra que quelques minutes pour sélectionner les titres, à l'exception de la période allant de la deuxième à la quatrième semaine du trimestre. Un moment durant lequel la plupart des sociétés publient leurs résultats. L'examen sera alors un peu plus long. Mais avec l'expérience, même le plus fort des parutions, passer en revue les résultats ne devrait pas vous prendre plus de 15 minutes.

Ayez toujours une calculette auprès de vous, pour calculer rapidement les pourcentages de variation des bénéfices et des chiffres d'affaires et faire les soustractions donnant le bénéfice du trimestre précédent à partir des chiffres cumulés.

Nous avons donc toujours trois titres entourés ce jour-là, sans pour autant connaître leurs cours. Il suffit de consulter la presse pour trouver le cour de clôture précédent. Vous trouvez Cullinet et Ennis dans les colonnes du NYSE, alors que Federated Group est dans celles sur le NASDAQ, rassemblant les transactions sur l'OTC. Dans les cotations sur le NYSE et l'AMEX, vous disposez également des ratios cours/bénéfices, (qui peuvent cependant ne pas prendre en compte le dernier résultat trimestriel), que vous pouvez noter en marge des encadrés sur les sociétés.

Je note également la variation du cours, le jour de publication des résultats. La plupart des bénéfices trimestriels sont publiés, soit avant l'ouverture du marché, soit durant la séance. Il est rare qu'ils soient publiés après la clôture à 16H00. Ainsi, le mouvement du cours de la société le jour de la publication donne souvent la réaction du marché à ces chiffres. Le pire est quand l'action chute brutalement. Cela indique d'habitude une déception du marché. En d'autres termes, les résultats sont moins bons que prévu.

A en croire des études universitaires, si les résultats d'une société sont significativement en-deçà des anticipations des analyses, le titre fera moins bien que l'ensemble du marché sur le ou les deux trimestres suivants.

Par conséquent, si une action chute sensiblement - disons d'un point pour un titre qui se traite au dessus de 30 dollars, ou de 3/4 de point s'il est coté entre 15 et 30 dollars - je serai plutôt négatif sur le titre et l'éliminerai de ma liste. Le marché est votre meilleur allié: une baisse de cours lors de la parution des chiffres trimestriels - même si les résultats vous font bonne impression - est souvent un mauvais présage. Je préfère jouer la prudence plutôt que d'avoir à le regretter.

Aucun des cours des quatre actions que j'avais retenues ce jour-là n'a baissé. La plus forte variation n'était que de 3/8 de point. Je ne reporte pas les variations de cours sur mes fiches, sauf si le mouvement est important. Vous n'avez même pas besoin de noter les fortes baisses sauf si vous cherchez des titres à vendre à découvert. Pour ma part, je raye le titre immédiatement. D'autre part, si l'action bondit le jour de publication des résultats, disons d'un point et demi ou de deux, cela est très encourageant et signifie la plupart du temps que le marché a été agréablement surpris. Les recherches universitaires précédemment mentionnées ont abouti à la conclusion que les sociétés annonçant des résultats meilleurs que prévu ont tendance à battre le marché pendant les trois ou six mois qui suivent. Inscrivez alors un tel titre sur vos fiches.

Vous pouvez éliminer des titres dès que le cours baisse le jour de parution des résultats. Un ratio cours/bénéfices trop élevé constitue un autre critère d'élimination. Ce ratio (ou PER) se calcule en divisant le cours du titre (que vous avez trouvé dans votre journal) par le total des bénéfices publiés sur les quatre derniers trimestres. Vous ne disposerez pas directement de ce chiffre dans votre journal, à moins qu'il ne s'agisse du dernier trimestre de l'exercice fiscal, comme c'était le cas pour Cullinet. Cette société annonçait en effet un résultat annuel de 81 cents. En divisant son cours de 24-7/8 par 81 cents, le ratio cours/bénéfices ressort à 31. Cela me suffit pour me désintéresser de Cullinet et le rayer de la liste. Nous ne connaissons pas les quatre derniers bénéfices trimestriels de Ennis ou de Federated, il faudra donc poursuivre nos recherches. Nous avons jusqu'à présent extirpé tout ce qui nous intéressait du journal.

Il faut maintenant d'autres sources d'informations, si possible un bon service boursier fournissant des statistiques fiables sur les résultats et des graphiques. Il existe d'autres services, notamment Long-Term Values de

William O'Neil & Company (P.O. Box 24933, Los Angeles, CA 90024; tél. 213-820-2583); Standard & Poor's (25 Broadway, New York, NY 10004; tél. 212-208-8769); Mansfield (2973 Kennedy Blvd., Jersey City, NJ 07306; tél. 800-223-3530) ou des services plus complets sur les données financières comme Value Line, Inc. (711 Third Avenue, New York, NY 10017; tel. 800-633-2252).

Avec de bons graphiques ou un abonnement à un service d'analyses boursières, vous serez en mesure de calculer les bénéfices des sociétés sur les douze derniers mois. Prenons l'exemple d'Ennis. Dans le « New York Times », nous avions les résultats au 31 mai, soit un bénéfice au premier trimestre de 63 cents. Sur les graphiques de Harry Lankford dans « Quote New York », on peut retrouver les bénéfices sur les trois précédents trimestres. Ils s'élevaient à 67 cents, 66 cents et 89 cents. Sur les quatre derniers trimestres cela représente un total de 2,85 dollars. Une autre facon d'obtenir ce chiffre est de déduire le bénéfice du dernier trimestre de celui d'un an auparavant, ce qui dans ce cas représente 63 cents moins 51 cents, soit 12 cents. En d'autres termes, le bénéfice d'Ennis a augmenté de 12 cents sur un an. Ensuite, il vous suffit d'ajouter ces 12 cents au total des quatre trimestres précédents, qui sur les graphiques de Lankford est de 2,73 dollars. Le total vous redonne 2,85 dollars.

Si vous utilisez les graphiques de Value Line, Standard & Poor's, Mansfield ou de O'Neil, vous pouvez de même calculer les résultats sur les douze derniers mois avec le bénéfice du dernier trimestre. Vous pouvez également jeter un coup d'oeil à la performance des trimestres précédents et les comparer à l'année passée. Si vous observez que plusieurs résultats trimestriels étaient en baisse par rapport à ceux d'un an auparavant ou que la croissance s'est réduite, vous laisserez certainement de côté le titre. Nous recherchons en effet une croissance régulière et raisonnable.

Les ratios cours/bénéfices ou PER

Précédemment, dans le cas de Cullinet, je vous ai indiqué qu'il fallait éviter les ratios cours/bénéfices, ou PER, très élevés. Il faut maintenant aborder plus en détails les ratios cours/bénéfices. Il serait certainement utile de consulter des décennies d'études universitaires sur le sujet. Les données disponibles, qui remontent aux années 30, montrent clairement que les titres avec de faibles PER ont enregistré sur le long terme de meilleures performances que ceux avec des PER élevés. Dès lors, comment utiliser cette arme supplémentaire pour élaborer une stratégie de sélection de titres?

Ma méthode consiste à éviter les PER les plus élevés. Bien entendu, le seuil absolu variera considérablement en fonction des mouvements de hausses et de baisses du PER moyen du marché. Le PER du Dow Jones a atteint un record historique de 23 fois les bénéfices en 1961, tout proche du précédent record de 1929, avant le krach. Pourtant, les PER sont remontés sensiblement en 1968 et en 1972. Il n'était pas rare, à l'époque, de voir des actions se traiter 40 fois leurs bénéfices, voire davantage. Certains ont même grimpé à 80 ou 100 fois les bénéfices, une véritable absurdité.

En revanche, le PER du Dow Jones est tombé jusqu'à un peu plus de 6 aux plus bas des marchés baissiers de 1974 et de 1982. Il n'était alors pas facile de trouver une action avec un PER de 20 ou davantage. Quel que soit le haut de la fourchette, j'essaie d'éviter ces PER élevés. Dans le cas de Cullinet, à 31 fois les bénéfices, l'action peut encore progresser. Mais cela ne m'intéresse pas. Ce qui retient mon attention est ce PER particulièrement élevé, près de trois fois le PER moyen du marché à la mi-1985. Cela indique qu'un investissement sur ce titre est bien trop risqué.

Si les résultats futurs de Cullinet correspondent aux anticipations de Wall Street, ou sont meilleurs que prévus, l'action peut très bien se comporter. Mais si ces attentes sont déçues, cela peut provoquer un désastre. Lorsque les PER atteignent des niveaux fantastiques, il n'y a plus de marge d'erreur. Si le marché attend une croissance de 30%, mais que le résultat ne progresse que de 20-25%, le titre peut dégringoler. Si le bénéfice ne monte que de 10%, l'action peut chuter. Dans le pire des cas, une baisse du résultat peut aisément entraîner un plongeon de 70-80% d'une action avec un PER élevé. Les titres à forts PER peuvent donc, de temps en temps, faire de belles performances, mais si l'on prend en compte le risque qu'ils comportent, ce sont des titres empoisonnés.

Des recherches universitaires ont, par contre, prouvé que les titres avec des PER très faibles enregistrent les meilleures performances. Cependant, certaines réserves méthodologiques doivent être faites sur ces études. Notamment, les sociétés qui ont fait faillite ont souvent été exclues de l'échantillon, introduisant ainsi un léger biais favorable.

On distingue deux types de sociétés ayant des PER très bas de 3, 4 ou 5 en 1988. La première catégorie concerne les compagnies ayant des difficultés financières. Elles dégagent toujours des bénéfices, mais les investisseurs n'acceptent pas des PER élevés quand ils craignent la faillite. Acheter une action à 3 fois les bénéfices n'est pas vraiment une affaire si le bilan est mauvais et que la société risque de fermer d'ici un ou deux ans. Bien entendu, il n'est pas sûr que la société fasse faillite. Je vous suggère cependant, dans le cas où vous voulez acheter une action à faible PER, d'examiner attentivement le bilan et les finances de la société. Je laisse d'habitude de côté de tels titres, car ils ne conviennent pas à mon approche globale.

La deuxième catégorie de titres à PER très faibles regroupent les secteurs délaissés, vraisemblablement à la suite de mauvaises nouvelles sur l'activité concernée. Récemment, les titres de services publics ayant des centrales nucléaires en construction se sont traités à de très faibles PER, à cause du risque projeté. Parfois un PER faible est le résultat de la publication de résultats exceptionnels que les experts ne pensent pas voir se reproduire dans l'avenir, peut-être à cause de la nature cyclique des activités de la société ou à cause de la concurrence étrangère. Nombres d'études académiques montrent que ce sont ces valeurs à faible PER qui enregistrent les meilleures performances. Un groupe de valeurs de ce type, détenu pendant un an ou deux, a toutes les chances de surperformer le marché. En particulier si le portefeuille est recomposé à la fin de la première année pour éliminer les valeurs qui ont vu leur PER s'envoler et les remplacer par d'autres qui, quoique relativement robustes, ont vu les leurs baisser.

Dans la mesure où je préconise les valeurs à croissance stable et raisonnable, il est peu probable que cela corresponde à des titres à faible PER. En effet, le marché doit identifier d'une façon ou d'une autre une société qui a une croissance régulière et solide. Le PER devra donc être proche de la moyenne ou vers le haut de la fourchette. En fait, si je trouve une société en croissance mais qui a un PER très faible, cela éveille mes soupçons: je vérifierai donc les comptes, le niveau du carnet de commandes ou tout autre élément qui pourrait être négatif. On trouve souvent une explication à ce faible PER. J'évite la plupart du temps les titres à PER bas car ils ne me conviennent pas. Cependant, en faisant preuve de prudence, rien ne vous empêche d'investir dans des valeurs à faibles PER.

Je reste également à l'écart des titres à haut PER. La plupart des valeurs que je retiens ont des PER proches de celui de la moyenne du marché, ou un peu au-dessus. Pour une moyenne du marché de 10, des sociétés avec une croissance supérieure et de meilleure qualité que l'ensemble du marché peuvent avoir une valeur réelle correspondant à un PER supérieur de la moyenne. Prenons arbitrairement un PER de 14 à 15. Si je déniche des titres avec un PER de 11 ou 12 ce sera une affaire. Si le ratio cours/bénéfices monte à 16 ou 17, le titre sera moins intéressant. Cependant, si le rythme de croissance est suffisament soutenu et si la société est en avance sur la concurrence, l'action peut effectivement valoir ce prix. Je fais dans ce cas une estimation que je base sur mon expérience et mon instinct.

Pour vous faire une idée de ce qu'est un PER raisonnable, il vous faudra examiner les résultats de la société sur les dernières années. Revenons à la fiche de Lankford sur Ennis Business Forms. En 1980, le bénéfice était de 1,56 dollars. Par la suite il a progressé à 1,72 dollars, 1,80 dollars, 2,21 dollars et 2,73 dollars. Avec ma calculette, je trouve que la croissance sur les quatre ans a été de 15% par an.

Une croissance annuelle de 15%, ce n'est pas mal. De plus le résultat d'Ennis a augmenté chaque année, alors que le dernier trimestre affichait une croissance de 23%, au-dessus de la tendance sur les dernières années. Cela me plaisait bien. A un cours de 37-1/2 dollars, le PER d'Ennis ressortait à 13, un peu au-dessus du PER moyen du marché, entre 10 et 11. Cela me semblait raisonnable, compte tenu du rendement régulier dégagé sur Ennis. C'est la raison pour laquelle j'ai gardé le titre sur ma liste. Les deux réserves que j'émettais sur cette action étaient la croissance de seulement 8% du chiffre d'affaires sur le dernier trimestre et le fait que des « initiés » avaient vendu les mois précédents.

Sur les graphiques de Lankford, ou tout autre service boursier que vous utiliserez, vous trouverez une brève description de l'activité de la société. Dans le Cas d'Ennis, il s'agissait de la production de formulaires professionnels. Avec Value Line ou Standard & Poor's vous aurez plus de détails. Le secteur d'activité d'Ennis est intéressant car les sociétés ont toujours besoin de ce type de produits, même si la conjoncture est maussade. Les ventes peuvent un peu céder de terrain lors d'une récession, mais ce secteur n'est pas très cyclique. Il n'est pas non plus grevé par de lourds coûts fixes. Certes, la croissance n'est pas très spectaculaire, ce qui en fait peut se révéler un atout. Une croissance importante attire de nouveaux entrants dans un secteur et la concurrence finit alors par éroder les marges bénéficiaires et la croissance. Si Ennis, et le reste de ce secteur, peuvent maintenir un rythme de hausse annuel du résultat de 15%, c'est tout à fait honorable. D'autant que vous pouvez acheter le titre à un PER proche de celui de l'ensemble du marché. Si le ratio cours/bénéfices d'Ennis retombait de quelques points, l'action deviendrait alors très intéressante.

Venons-en maintenant à la dernière action que nous avions retenue dans le « New York Times », Federated Group. Cette affaire a dégagé un bénéfice de 1,16 dollars sur 12 mois à la fin février 1985. Le résultat était en hausse de 6 cents au premier trimestre 1986 (vous obtenez ce chiffre en enlevant les 19 cents d'un an auparavant au 25 cents annoncés pour le trimestre). Ajoutez ces 6 cents aux 1,16 dollars et vous trouvez 1,22 dollars de bénéfice sur les 12 derniers mois. Le jour de l'annonce de ce résultat, le titre Federated cotait 22-1/2 dollars, soit un PER de 18. Ce n'est pas vraiment bon marché pour un titre, qui perdait 7 cents par action il y a quelques années. Si les bénéfices avaient progressé depuis lors, les fluctuations erratiques du résultat net en 1980-81 m'inquiétaient.

J'ajouterai encore quelques remarques sur les bénéfices. Je cherche une régularité dans la tendance. Si le résultat progresse de 15% par an, c'est très bien. S'il augmente de 30% une année, de 5% la suivante, et de 40%, puis recule de 2% pour enfin remonter de 20% l'année suivante, la tendance à long terme peut être positive mais l'absence de régularité me paraît un facteur négatif. De plus, il faut noter que les résultats annoncés ne sont pas toujours un fidèle reflet de l'activité. Différentes mèthodes comptables peuvent « lisser » les résultats, dans le sens où la direction de la société le souhaite. Si vous vous fiez à ma technique, vous n'avez pas besoin d'éplucher les comptes pour voir s'ils surestiment ou sous-estiment l'activité de la société. Vous pourrez acheter dans certains cas des titres qui vous décevront, mais sur le long terme, vous sélectionnerez un certain nombre d'excellentes valeurs. Si vous en avez le temps, n'hésitez pas à poursuivre vos recherches. Mais cela pourrait devenir une activité à plein temps.

Les dettes d'une société peuvent être un autre facteur que vous serez amenés à considérer. Les annuaires de Standard & Poor's. Vous trouverez ces dettes dans le bilan ou dans une analyse financière. Si une compagnie a un énorme endettement, le bénéfice devra être minoré en fonction du risque potentiel. De telles sociétés ont d'importants coûts financiers, qui au demeurant sont des coûts fixes. Si l'activité de leur secteur ralentit, les coûts fixes élevés peuvent avoir un effet désastreux sur les résultats. Prenez garde de ne pas surpayer les actions d'une société fortement endettée. Vous pouvez même choisir d'éviter systématiquement de telles compagnies.

Le mouvement des cours

Nous avons examiné les résultats et les chiffres d'affaires, ainsi que les PER. Passons maintenant à l'étape suivante: l'évolution du cours de l'action que vous trouverez dans vos graphiques. Souvenez-vous du modèle des 4% sur l'indice Value Line, que nous avons abordé au chapitre 5. Cette approche, qui concernait l'ensemble du marché, a clairement prouvé que l'on peut aboutir à d'excellents résultats - bien au-dessus du rendement moyen du marché - en achetant à la hausse et en vendant à la baisse. La même règle s'applique aux actions individuelles. Après tout, le marché n'est rien d'autre qu'une somme de valeurs.

Je n'ai pas de règle préétablie pour les mouvements sur les cours. Il s'agit plus d'un art que d'une science. Lorsque j'observe un graphique, je ne prête pas particulièrement attention au type de formation graphique que la plupart des spécialistes recherchent, tels qu'une tête-épaule ou une formation en triangle. Je cherche par contre les valeurs faisant mieux que le marché. Il faut donc, en tout premier lieu, prendre en considération la dernière tendance du marche.

Supposons que le marché vienne de monter fortement. Je vais bien entendu éliminer les titres qui n'ont pas suivi la tendance. Les actions fluctuant à des cours proches des plus bas, ou s'inscrivant sur une évidente pente baissière sur les graphiques, doivent aussi être ignorées. Les valeurs qui ont marginalement progressé et qui ne sont pas parvenues à dépasser leurs précédents plus hauts de l'année, ne sont pas non plus très intéressantes. Après tout, si le marché est vigoureux, avec une progression de 15 à 20% sur les six ou huit derniers mois, ont doit faire preuve de prudence sur les titres qui ne se sont pas aussi bien comportés. Si le titre est vraiment bon, sa performance doit au moins égaler celle de l'ensemble du marché. Si ce n'est pas le cas, restons prudent.

Si le marché est fortement haussier, le meilleur mouvement de cours que vous pouvez observer consiste en une série de progressions sur les plus hauts cours, ainsi que sur les plus bas - dessinant une sorte d'escalier. Les meilleures occasions d'achats se présentent lors de replis passagers, de 5 à 10% par rapport aux précédents plus hauts. Vérifiez, cependant, que la correction n'entraîne pas le cours en deçà d'un précédent plus bas. Si le marché hésite pendant un certain temps, cela peut valoir la peine d'acheter un titre qui se distingue, émergeant d'une longue période de consolidation. Supposons, par exemple, qu'un titre se soit traité entre 20 et 25 dollars pendant environ un an, alors que le marché ne variait guère. Supposons maintenant que le cours passe la barre des 25 dollars. Il fait mieux que le marché, ce qui est un signe encourageant. C'est le genre d'action que j'aime acheter, particulièrement sur un léger repli.

Imaginons maintenant que le marché se soit effondré, comme ce fut le cas à la mi-1982, lorsque le Dow Jones tomba à 777, alors qu'il avait touché un plus haut bien au-dessus de 1.000 en 81. Lorsque les cours sont remontés à la mi-août en 1982, j'ai commencé à acheter. Des centaines de titres avaient enregistré des plus bas, mais ce n'est pas ce qui m'intéressait. Je cherchais les actions qui avaient fait mieux que le marché. Fin septembre 1981, le marché s'était stabilisé momentanément après une chute de 200 points l'été précédent. De nombreux titres avaient touché des plus bas, avant de se reprendre à l'automne. Lorsque le marché enregistrait à nouveau des plus bas au printemps et durant l'été 1982, de nombreux titres se traitaient à des niveaux supérieurs à leurs plus bas de septembre 1981. Cela me paraissaît un excellent signal de force relative sur ces titres. J'achetais massivement durant l'été 1982.

Dans certains cas, les titres s'étaient effrités durant l'été. Mais ils avaient moins baissé que le marché et était encore au-dessus de leurs plus bas précédents. Cela semblait indiquer que le plus gros des ventes étaient derrière nous et qu'un mouvement d'achats se faisait jour. En fait, bien des actions défensives, qui bénéficiaient de la désinflation émergeante, s'étaient très bien comportées à la fin 1981 et au début 1982, en dépit des plus bas affichés par la plupart des index. On trouvait, dans ce lot de titres, des magasins, de l'agro-alimentaire et des services publics. Durant les trois années après 1982, ces secteurs ont continué à tenir le haut du pavé, faisant mieux que le marché durant toute la période. Leur résistance avant les plus bas de 1982 s'est avérée un excellent indice de performance.

Reconnaître les secteurs qui peuvent bénéficier d'une tendance lourde peut vous permettre de dégager des rendements supérieurs à la moyenne. C'est ce qui arrivera si vous prenez la peine de lire la presse et de réfléchir. En d'autres termes, si une tendance majeure apparaît, comme un mouvement de désinflation ou d'inflation, une baisse des taux, un renforcement de la concurrence internationale, une baisse du dollar etc ... cela peut déboucher sur d'excellentes occasions d'investissement dans certains secteurs. A la fin des années 70, lorsque l'inflation s'est emballée, les aurifères, les autres métaux précieux, les pétrolières et les titres liés au bois se sont bien comportés. A l'inverse, les services publics, les compagnies aériennes et les constructeurs automobiles - consommateurs de pétrole - ont baissé.

Si vous identifiez une tendance lourde rapidement, cela peut être bénéfique. Certes, bien des observateurs remarquent cette nouvelle tendance trop tard, bien après qu'elle ait déjà été prise en compte par Wall Street. Dans ce chapitre, lorsque je passerai en revue des titres particuliers que j'ai selectionné par le passé, je vous montrerai comment - pour Dreyfus Corp - j'ai parié que la désinflation et le retour des petits porteurs sur les marchés financiers constituaient des tendances lourdes qui devaient bénéficier à cette société.

Que vous ayez raison ou non sur une tendance lourde, il faut rejeter les titres qui ne collent pas à cette tendance. Par exemple, si vous pensez que les cours du pétrole vont continuer de baisser, ce serait illogique d'acheter des pétrolières, même si les perspectives financières d'une compagnie pétrolière particulière paraissent favorables. Dans ce cas, il vaut mieux ignorer tout le secteur. En fait, si vous achetez un titre qui ne colle pas avec vos anticipations, vous serez nerveux et vous vendrez probablement lors de la moindre réaction à la baisse ou serez tenté de prendre votre profit à la moindre hausse. Cela va à l'encontre d'une bonne stratégie d'achat qui consiste à sélectionner les titres à fort potentiel et à laisser vos profits s'accumuler - tout en réduisant vos risques de perte.

N'achetez pas un titre pour vous contenter d'un gain de 5% ou de 10%. Cela n'en vaut pas la peine. Il faut vous cantonner aux secteurs qui vous inspirent. Il m'est arrivé de laisser complètement de côté des secteurs entiers. Heureusement, à la fin 1981 et au début 1982 j'ai commencé à croire à la désinflation. En gros, cela m'a permis d'éviter de nombreux titres liés aux ressources naturelles et de me tourner vers les titres de type plus défensif.

Pourtant, en août 1982 j'ai recommandé les aurifères: je pensais que le métal précieux allait progresser, spéculant sur un rebond du marché. C'est un jeux que je n'aime guère, mais je m'étais couvert en achetant des services publics. Ironie du sort, les aurifères ont été en vedette pendant les mois suivants, alors que les services publics étaient à la baisse. Quoi qu'il en soit, la combinaison a tout de même fait mieux que le marché. Quelques mois plus tard, je vendais les aurifères, sachant qu'elles ne résisteraient pas à la tendance longue.

Les transactions d'initiés

La dernière variable que je prend en compte est le niveau des transactions d'initiés. Les initiés aux Etats-Unis sont les directeurs ou les gros actionnaires des grandes sociétés. Je suis convaincu qu'il n'y a pas de fumée sans feu. Si les initiés vendent massivement, pour quelque raison que ce soit, cela me refroidit. Il est possible qu'un initié vende parce qu'il a besoin de liquidités pour payer les études de ses enfants. Mais si sept ou huit initiés font de même, cela n'est plus par hasard. A l'inverse, si de nombreux initiés achètent, cela constitue d'ordinaire un excellent signal.

De nombreux universitaires ont étudié les transactions d'initiés: tous ont abouti à la conclusion que les achats d'initiés surperforment le marché. Il y a quelques années, j'ai écrit un article dans Barron's (21 juin 1976) qui résumait certaines de ces recherches. Vous trouverez les résultats dans le tableau suivant, ainsi que les rendements que j'ai calculés moi-même. Les quatre études couvraient la période de 1958 à 1965. La première colonne, après les dates des études, donne le rendement annualisé du marché sur les périodes prises en compte. La suivante indique celle des titres qui ont fait l'objet d'importantes transactions d'initiés, suivant des critères définis par chacun des chercheurs. Ensuite, vous verrez la différence entre la performance des initiés et celle du marché. Enfin, dans la dernière colonne de droite, vous observerez que les titres ayant fait l'objet de transactions d'initiés ont fait entre 1,67 fois et 3,98 fois mieux que le marché.

PERFORMANCE DES SIGNAUX D'ACHATS D'INITIÉS (SUR LA BASE DE DIFFÉRENTES ÉTUDES)

RENDEMENTS ANNUELS

Etudes	Dates	Marché	Signaux d'achat d'initiés	Différence par rapport au marché	Gains des Initiés
Rogoff	1958	+ 29,7%	+ 49,6%	+ 19,9%	1,67 X
Glass	1961-65	+ 9,5%	+ 21,2%	+ 11,7%	2,23 X

Devere	1960-65	+ 6,1%	+ 24,3%	+ 18,2%	3,98 X
Jaffe	1962-65	+ 7,3%	+ 14,7%	+ 7,4%	2,01 X
Zweig	1974-76	+ 15,3%	+ 45,8%	+ 30,5%	2,99 X

Les résultats de mes propres recherches, couvrant une période de 22 mois entre 1974 et 1976, se trouvent en dernière ligne. Sur la période, le marché dans son ensemble a progressé à un rythme annualisé de 15,3%. Mais les titres qui ont fait l'objet de transactions d'initiés ont enregistré un rendement à peu près trois fois supérieur, gagnant 45,8% par an. J'entends par un signal d'achat lié aux transactions d'initiés, un cas où trois initiés, ou davantage, achètent un titre sur une période de trois mois, alors qu'aucun ne vend.

À l'inverse, je définirai un signal de vente lié aux transactions d'initiés par un cas ou trois initiés, ou davantage, vendent sur une période de trois mois et qu'aucun n'achète. Je préfère l'unanimité pour identifier un signal.

Dans mon étude sur la période 1974-1976, 104 titres ont donné un signal d'achat et je les ai arbitrairement conservés pendant six mois. Dans 62,5% des cas, les actions ont fait mieux que le marché. Le gain cumulé a été de 99.5%. Durant la même période, le Dow n'a progressé que de 24.3% et le ZUPI a avancé de 29.8%. A l'inverse, 275 actions ont donné des signaux de vente liés aux transactions d'initiés. Seulement 37,1% ont fait mieux que le marché. En d'autres termes, environ 5/8 des signaux d'achats liés aux transactions d'initiés ont battu le marché, alors que seulement 3/8 des signaux de vente ont fait de même. Ces 275 titres avec des signaux de ventes n'ont progressé que de 3,6% sur la période étudiée, au-dessous de l'ensemble du marché. Quelques recherches universitaires plus récentes ont confirmé les résultats de ces études.

La méthode peut devenir encore plus intéressante en combinant les transactions d'initiés et les ratio cours-bénéfices (PER), en particulier lorsque les initiés vendent beaucoup et que les PER sont élevés. Cela vous indique sans ambiguïté qu'il ne faut pas acheter. Dans un autre article dans Barron's (17 décembre 1973) j'ai abordé les transactions d'initiés. J'ai retenu une liste de titres.

L'année précédente, 266 initiés avaient vendu ces différentes actions, sans qu'aucun n'en achète. Encore plus étonnant, alors que les initiés vendaient ces titres, les institutionnels les achetaient. Ce qui a abouti à un PER de 32 sur ce groupe de titres. Cela sur la base des cours de fin novembre 1973, alors que le marché avait baissé pendant toute l'année. En d'autres termes, ces titres avaient des PER incroyablement élevés bien qu'ils se soient éffrités sur les mois précédents.

Toutes ces actions appartenaient à la cinquantaine de valeurs vedettes de la cote de l'époque. C'etait un groupe de valeurs de croissance dont les institutionnels étaient très friands. Assurément, à l'époque une théorie assez folle disait qu'ils s'agissait de titres « à une seule décision ». On les achetait, un point c'est tout. On supposait que la croissance était infinie. Cette théorie était aussi stupide que celle du professeur Irving Fisher en 1929. Il conseillait d'acheter les actions car les revenus des sociétés, en général, devaient progresser sans arrêt. Par conséquent, les cours devaient également monter sans interruption. Cette théorie est en partie à l'origine de la spéculation effrénée de la fin des années 20, qui a finalement conduit au krach. Certains n'en n'ont jamais tiré l'enseignement qui s'impose.

Ces titres « à une seule décision » et quelques autres avaient atteint des PER absurdes. Imaginez Flavors & Fragrances avec un PER de 55, Burroughs à 40 fois les bénéfices, Coca-Cola à 36 fois. Les PER de certains de ces titres ont même continué de monter au cours des années qui suivirent. Mais la plupart ne sont même pas parvenus à maintenir leur progression. Xerox et International Flavors se sont distingués en devenant des ex-valeurs de croissance. Lorsque les PER sont trop élevés, le risque devient insoutenable. Vous n'avez pas droit à l'erreur sur de tels titres.

L'année après mon article, en 1974, le marché s'est replié dans un des plus forts mouvements depuis des décennies. Cela a suffi à refroidir la spéculation sur les titres à forts PER. À nouveau, on notait de nombreux résultats de sociétés bien en-deçà des anticipations. Aujourd'hui encore, je me demande pourquoi les institutionnels étaient prêts à acheter des titres à 32 fois les bénéfices, alors que les initiés vendaient en masse.

Un an après mon article dans Barron's, le Dow avait chuté de 27%. Cependant, la liste de titres à PER élevés avait plongé de 41,5% en moyenne, soit 14,5 points de plus que le Dow Jones.

Bref, il est aussi important - voire plus important - de repérer les éléments négatifs que les positifs. Si vous parvenez à éliminer, disons, 10% des plus mauvais titres de la côte, en choisissant au hasard dans les 90% restant, vous battrez le marché. Une bonne défense vous permettra d'être offensif.

Pour continuer dans la métaphore sportive, imaginez une équipe de football avec une excellente défense et une attaque moyenne affrontant une équipe moyenne à l'avant comme à l'arrière. Il est probable que l'équipe avec une défense puissante mettra plus de buts. Tout simplement, elle fera plus tourner la balle, y compris vers l'avant. De plus, la défense, en empêchant l'équipe adverse de marquer des points, permettra aux attaquants de faire un jeu plus constructif que la simple contre-attaque. Il en va de même en Bourse. En évitant les titres perdants, ou en tout cas une bonne partie de ceux-ci, la performance s'améliore par rapport au marché.

Comme cette étude le montre, vous mettez environ 3 chances sur 5 de votre côté en suivant ce que font les initiés. Le problème est de trouver cette information sur les initiés. La loi oblige les initiés à rendre compte de leurs transactions aux autorités de Bourse compétentes et à la SEC. Vous pouvez obtenir ces informations rapidement. Vickers Stock Research (226 New York Avenue, Huntington, New York 11743; 516-423-7710) suit les transactions d'initiés. Des représentants de la société vont en Bourse recueillir l'information. Vickers publie une liste hebdomadaire des plus grosses transactions d'initiés.

En utilisant des filtres informatiques à la fois pour les facteurs positifs et les facteurs négatifs sur approximativement 3000 actions, mon Zweig Performance Rating Report, dont j'ai déjà parlé, utilise à peu près les mêmes critères que ceux que j'ai décrits dans ce chapitre. Grâce à l'ordinateur, je peux traiter un énorme stock de données, examiner les bénéfices et les chiffres d'affaires, la stabilité des revenus, les PER, la structure de la dette, le mouvement des cours, les transactions d'initiés, et quelques autres variables qui ne sont pas abordées dans ce livre. Même si je dispose de cet outil informatique, et bien qu'il soit très performant, je préfère selectionner les titres en parcourant la presse comme je vous l'ai présenté dans ce chapitre. C'est un peu laborieux, mais le jeu en vaut la chandelle.

CHAPITRE DOUZE

Ma propre sélection de titres: cela peut valoir la peine de vendre « trop tôt ».

Pour vous familiariser avec ma méthode de sélection de titres, des exemples vécus constituent probablement la meilleure méthode. Observons donc l'historique de cinq titres que j'ai recommandés ces dernières années dans ma lettre de marché. Ces exemples datent de l'édition précédente de ce livre, mais cela reflète toujours ma méthode de sélection de titres.

Durr-Fillauer Medical

Durr-Fillauer est un distributeur de produits médicaux et chirurgicaux destinés aux laboratoires et aux hôpitaux. L'affaire est basée à Montgomery en Alabama dans le sud-est des Etats-Unis. J'ai recommandé cette action pour la première fois le 19 mai 1980 à un cours ajusté - compte tenu de divisions du titre - de 7-1/2 dollars. J'aimais la stabilité de l'activité, l'excellent taux de croissance à long terme. Avant tout, le titre paraissait extrêmement bon marché à un PER de 8. Ce printemps là, je commençais à devenir de plus en plus haussier. A la fin mai 1980, j'étais investi à 100% sur les titres que je recommandais dans ma lettre de marché, ce qui ne m'était plus arrivé depuis des années.

A la mi-1981 je vendais mes Durr-Fillauer en deux vagues, encaissant un bénéfice de 115% sur la moitié de ma position en juillet 1981 et 95% sur l'autre moitié en septembre 1981. Le gain net ressortait donc à 105% pour un prix de 15-3/8 dollars. Le Dow avait gagné moins de 8% sur cette période. Ce n'est qu'un avant-goût de ce que je vais vous décrire plus en détail: la deuxième fois où j'ai acheté du Durr-Fillauer à la mi-1982.

Bien entendu, à cause du résultat de mes premiers achats, j'aimais bien le titre. Je le surveillais durant la baisse de 1981, alors qu'il perdait environ 40%, après que je sois sorti. A l'été 1982, j'étais prêt à racheter et comme Durr-Fillauer remplissait toujours mes critères de sélection en matière d'activité et de profits, je réexaminais les données du titre. Je décidais de le racheter le 12 juillet 1982 à un cours de 8-1/4, toujours ajusté pour tenir compte de divisions. Lors de la parution des résultats du dernier trimestre disponible - le premier trimestre, à la fin mars 1982 - le bénéfice avait progressé de 27% et le chiffre d'affaires de 36%. Les progressions paraissaient solides et bien au- dessus de la croissance enregistrée sur les 5 ans et 3 mois, lorsque les ventes et les bénéfices avaient augmenté de 17% par an. Les bénéfices avaient régulièrement augmenté depuis 1974.

Même à un prix aussi bas - le titre se traitait environ 20% en-dessous de son précédent plus haut - le PER était de 13. C'était sensiblement au-dessus du PER de 8 auquel je l'avais acheté deux ans auparavant. Mais cela me paraissait encore raisonnable étant donné la conjoncture. De plus, je savais que les résultas du deuxième trimestre (à la fin juin) allaient être disponibles quelques jours après et j'anticipais une progression honnête. En fait, lors de la parution, j'apprenais que le bénéfice avait fait un bond de 38% et les ventes de 41%. Le bénéfice cumulé sur les 12 derniers mois ressortait à 70 cents par action, pour un PER de 12 et un prix d'achat de 8,25 dollars. Je m'assurais également qu'il n'y avait pas eu de transactions d'initiés sur les six derniers mois.

J'avais donc trouvé une action avec une croissance solide et régulière, un PER raisonnable et sans transactions d'initiés. Comme je commençais a être positif sur le marché, la seule question qui se posait était le cours du titre. Durr-Fillauer avait touché un plus bas de 6 dollars lors du marché baissier de 1981, venant d'un plus haut de près de 10 (ces cours sont toujours ajustés pour tenir compte d'une division des titres en 1982).

Durant l'été 1981, le Dow Jones avait perdu environ 200 points, pour se stabiliser temporairement à 824 à la fin septembre. Après une petite reprise à l'automne, le marché replongeait durant le premier semestre 1982, touchant de nouveaux plus bas. Le Dow flirtait avec les 800 en juillet et tombait à 777 en août. Mais Durr-Fillauer, à 8-1/4 dollars, était plus de 30% au-dessus de son plus bas de l'automne 1981.

Un mois plus tard, le marché touchait son plus bas et Durr-Fillauer commençait à monter. Je le conservais durant la hausse de 1982-83. Il progressait jusqu'à plus de 20 dollars. Je n'arrêtais pas de relever mes ordres de ventes stop (une technique décrite dans le chapitre 13). J'aurais certainement dû encadrer le titre de plus près avec des ordres stop. Finalement en août 1983, le titre retombait à 15. Je l'avais vendu avant sur un ordre stop pour dégager un gain de 81,8%. Sur ces 13 mois, le Dow n'avait gagné que 44,7%, à peine un petit peu plus de la moitié de la progression de Durr-Fillauer.

Lorsque je vendais Durr-Fillauer, son PER était monté à 20. Il avait même dépassé ce niveau lors de ses plus hauts. Le titre était surévalué. Mais j'avais essayé de le garder un maximum car le mouvement général du marché était haussier. Mais, à l'été 1983 le marché commençait à hésiter et les titres à plus forts PER commençaient à se replier, ce qui me conduisit à vendre Durr-Fillauer.

CACI, Inc.

Le jour où je recommandais Durr-Fillauer en juillet 1982, je recommandais aussi CACI, Inc. CACI vend des logiciels de gestion et de production, et essentiellement destinés au gouvernement. Le titre était resté sur ma liste d'achats potentiels pendant des mois, après que j'eus noté que le bénéfice net de CACI avait augmenté de 135% au quatrième trimestre en 1981. Au dernier trimestre disponible avant mon achat, le premier trimestre 1982, le bénéfice était de 98 cents par action, contre 45 cents un an auparavant. Le chiffre d'affaires avait augmenté de 118%, contre un gain de 71% un an auparavant. Cette croissance, extrêmement rapide, était plus élevée que l'avance de 64% par an enregistrée sur les cinq dernières années. Encore une fois j'avais trouvé une action dont les résultats avaient progressé régulièrement - dans ce cas spectaculairement - et dont le dernier trimestre affichait une croissance encore supérieure. J'attendais de bons résultats dans les jours qui suivaient mon achat et ce fut le cas. Le bénéfice net au deuxième trimestre s'établissait à 1,67 dollars contre 95 cents un an auparavant, une hausse de 76%, alors que les ventes progressaient de 53%. Ces résultats étaient encore supérieurs aux performances enregistrées sur les cinq dernières années. Le bénéfice cumulé sur 12 mois était de 4,26 dollars.

Assez étonnamment, le cours de CACI n'était que de 41-7/8 dollars lorsque je l'achetais (avant une division du titre par trois l'année suivante). Le PER était modéré à 10 fois les bénéfices, malgré l'impressionnante croissance des résultats. Je ne trouvais aucune activité significative d'initiés. Une fois de plus, toute la question était le mouvement du cours. Dans ce cas-là, c'était splendide. Depuis son plus bas de 1981, CACI avait presque triplé son cours, alors que le PER restait modeste. Le marché baissait et CACI avançait. Le seul problème était d'avoir le courage d'acheter un titre dont le cours avait déjà triplé en un an. De nombreux investisseurs préfèrent rester à l'écart de tels titres. Moi je suis prêt à acheter s'il y a une croissance des résultats et si le PER est raisonnable. Le choix s'est avéré judicieux.

Le 30 septembre, CACI avait bondi a 61-1/4 dollars. Je décidais alors de prendre une partie de mes bénéfices et vendais la moitié de mes titres avec un gain de 46,3%. Sur la même période, le Dow n'avait avancé que de 8,6%. Rétrospectivement, je pense que vendre a été une erreur. Mais à ce moment-là je devais vendre car j'avais besoin de liquidités. Je voulais aussi vendre, pour que le solde de ma position ne me brûle pas les doigts. J'avais bien l'intention de laisser mes profits s'accumuler sur la moitié restante.
Le titre a ensuite été divisé par trois, ramenant mon prix d'achat initial à 13,96 dollars. Le nouveau titre s'est envolé et le 15 décembre 1982, je revendais à 42 dollars, soit l'équivalent de 126 dollars avant la division. Mon bénéfice était de 200,9% contre une progression de seulement 20,3% sur le Dow.

A nouveau, avec le recul, je me dis que j'ai vendu trop tôt. Mais le PER était monté à 24 et je n'étais pas certain du marché à court terme. (En fait, il y a eu une légère baisse avant la reprise de janvier suivant.) Le titre que j'avais vendu 42 dollars atteignait 78 dollars à la mi-1983. Mais, compte tenu d'une deuxième division par trois, ce plus haut n'était que de 26 dollars. Les résultats ont rapidement été en baisse par la suite et après la deuxième division, le nouveau CACI a plongé jusqu'à 2 dollars en 1984. Soit l'équivalent de 6 dollars sur le titre que j'avais vendu « trop tôt » à 42 dollars. J'aimerais faire des « erreurs » de ce type tous les jours.

Le mouvement de baisse s'est interrompu le jeudi 12 août 1982 à 777 sur le Dow Jones. Le vendredi 13 août, le Dow Jones gagnait près de 11 points dans un marché calme. Mais l'avance n'était pas impressionnante. Ce soir-là, la Réserve Fédérale avait baissé son taux d'escompte pour la troisième fois en près de cinq semaines, un signal haussier, comme nous l'avons déjà vu. Pourtant, le marché n'avait progressé que pendant une séance ou deux et avait replongé par la suite. Le lundi 16 août, le Dow Jones gagnait environ 11 points dans la matinée. Puis il se repliait légèrement sur ses plus hauts pour terminer en hausse de 4 points. La performance du marché était loin d'être impressionnante. Il semblait que pour la troisième fois, le marché ne parvenait pas à réagir plus de quelques heures après une baisse du taux d'escompte.

Pourtant, bien des éléments auraient justifié un marché haussier. Le modèle monétaire que nous avons abordé dans un précédent chapitre était à son plus haut. Les indicateurs de sentiment étaient excellents car le pessimisme était extrême. Il manquait juste le mouvement des cours.

Tout allait changer. Le mardi 17, Henry Kaufman, l'économiste en chef de Salomon Brothers annonçait qu'il anticipait désormais une baisse des taux d'intérêts. Le fait que Kaufman s'était trompé pendant des mois en anticipant une hausse des taux n'embarrassait personne. Wall Street prenait pour argent comptant sa dermière prévision. Les taux avaient déjà baissé de près de 5 points de base en quelques semaines, mais les investisseurs n'étaient toujours pas convaincus de leur baisse. Le changement d'attitude de Kaufman a agi comme un catalyseur, permettant à Wall Street de se faire une nouvelle opinion sur les taux. Les gens avaient enfin le courage d'acheter des titres.

Ce jour-là, le marché affichait une de ses plus belles envolées, avec une hausse de 38 points sur le Dow Jones et un ratio record d'avancées/déclins de 42 contre un. Le mouvement de ce jour-là était suffisant pour me convaincre que le dernier élément manquant - les mouvements des cours - était devenu positif. Le soir même, sur ma ligne d'audiotel rattachée à ma lettre de marché, je recommandais l'achat, y compris sur les aurifères et les services que j'ai évoqués précédemment. Je conseillais également une valeur de croissance, Emulex Corp. Le lendemain, le cours moyen était de 15 dollars (ajusté à 7,50 à la suite d'une division par deux au début 1983).

Emulex conçoit et produit des périphériques pour mini et micro ordinateurs. Au deuxième trimestre, elle avait annoncé un bénéfice en hausse de 50% sur le trimestre et des ventes en hausse de 95%. Au trimestre précédent, le bénéfice avait aussi progressé de 50%. Emulex avait été introduite en Bourse à peu près un an auparavant et son historique financier n'avait que deux ans. Pourtant, sur cette période, les résultats de la société avaient augmenté de 48% par an. L'historique n'était pas très ancien, mais c'est souvent le cas avec des sociétés de haute technologie.

Celles-ci sont plus risquées que la plupart des autres compagnies car, la concurrence évolue très vite et les sociétés en croissance aujourd'hui peuvent faire faillite demain. Mais, quand tout le monde se précipite sur le marché - et j'ai rarement vu de meilleures conditions qu'en août 1982 - il vaut mieux être un peu plus agressif dans ces achats. Le fait qu'Emulex n'avait qu'une brève histoire financière n'était qu'un élément mineur.

Quand je l'ai recommandé dans le Zweig Forecast, les résultats sur les 12 derniers mois étaient de 96 cents (avant division par deux des titres deux ans plus tard - ce qui faisait ressortir mon prix d'achat à 3,75 dollars). Au cours initial de 15 dollars par titre, Emulex avait un PER de 16, au-dessus de la moyenne du marché. Mais, pour une société avec un taux de croissance d'environ 50% dans une conjoncture très haussière, il semblait que les résultats et le PER devaient continuer de progresser. De même que dans les autres cas, je n'avais pas observé de transactions d'initiés.

En ce qui concerne le mouvement des cours, Emulex avait touché un plus bas de 8-1/2 dollars à l'automne 1981. Il avait un peu remonté à la fin de l'année. Puis il était revenu à 8-1/2 au printemps 1982, se stabilisant au plus bas de l'année précédente. Durant l'été, lorsque le Dow Jones et d'autres indices affichaient de nouveaux plus bas, Emulex progressait. Il avait presque doublé par rapport à son plus bas lorsque j'achetais, alors que le marché était à peine quelques pour cent au-dessus de ses plus bas. La configuration des cours d'Emulex était vraiment excellente.

A la mi-novembre, trois mois plus tard, Emulex avait plus que doublé. Je vendais la moitié de ma position à 33-5/8 dollars, encaissant un bénéfice de 124,2%, alors que le Dow n'avait gagné que 23,1 %. Encore une fois, ma stratégie a consisté à vendre une partie de mes actions lorsque je ne craignais pas de garder le reste.

Si vous conservez une trop grande partie de votre position, vous risquez de vous inquiéter et de finir par vendre trop tôt. En prenant une partie de mes profits, je me sens plus à l'aise pour garder le solde des titres. Souvenez-vous qu'à l'époque le marché était très volatil. Des actions comme Emulex affichaient de grosses variations et je ne voulais pas me retrouver contraint de vendre sur un léger repli. Il me fallait un peu de courage pour conserver une partie de ma position. En m'allégeant partiellement, je pouvais conserver un certain solde. Même dans ce cas, le PER d'Emulex avait déjà plus que doublé à 31, ce qui augmentait le risque sur le titre. Quoi qu'il en soit, dans des marchés haussiers, lorsqu'un titre comme celui-là a le vent en poupe, il peut atteindre des cours extraordinairement surévalués. Je ne risquerais pas la totalité de ma position sur un tel titre. Mais précédemment, je détenais le double de titres. En vendant la moitié, j'avais plus que récupéré l'investissement initial. J'étais donc prêt à conserver un titre aussi « chaud » , même surévalué. Je me suis protégé un peu plus avec des ordres de ventes stop, que j'aborderai dans le chapitre suivant.

Au début de 1983, Emulex divise ses titres par deux, mon prix d'achat ajusté tombe donc à 7-1/2 dollars. Il n'a pas fallu bien longtemps au nouveau titre pour retrouver le cours de l'ancien, au-dessus de 30 dollars. Le 4 avril 1983, je décidais de vendre à 33-1/4. Cette vente dégageait un gain de 343,3% en huit mois, période durant laquelle le Dow Jones n'a gagné que 35,9%. Au moment de la vente, le PER d'Emulex avait atteint le niveau incroyable de 43. Même dans un marché en ébullition, c'était trop à mes yeux.

Une fois de plus j'avais vendu « trop tôt ». Trois mois après mes ventes, Emulex grimpait à son plus haut historique de 27-3/4 dollars, soit 55-1/2 dollars sur le titre avant division que j'avais vendu a 33-1/4. Mais, au printemps 1984, Emulex était repassé en dessous de ce prix de vente. Au second semestre de 1984, l'action s'effondrait, passant au-dessous de 7 dollars avant une vive hausse au début de 1985. Par la suite en 1985, Emulex tombait encore plus bas à 5-3/4, en baisse de 65% sur mon prix de vente deux ans auparavant. Ainsi, comme pour CACI, j'avais eu raison de laisser à d'autres investisseurs les quelques points de hausse qui restaient. A moins d'avoir revendu très vite, l'investisseur qui rachetait mes titres risquait une perte.

Dreyfus

J'ai évoqué quatre opérations portant sur trois titres, qui m'ont toutes permis de gagner beaucoup d'argent. Mais je n'ai pas toujours raison. Le 21 juillet 1983, je recommandais Dreyfus Corp, une grosse société financière qui gère des milliards de dollars de fonds mutuels. Sur les huit années précédentes, Dreyfus avait annoncé des résultats en hausse. Sur le dernier trimestre disponible, à la fin mars 1983, Dreyfus avait un bénéfice par action de 89 cents contre 65 cents précédemment, un gain de 37%. Le chiffre d'affaires avait aussi considérablement augmenté. Le bénéfice cumulé sur les 12 derniers mois était de 6,98 dollars. Le cours était de 68-1/4 dollars, donc le PER de 10 était raisonnable, en ligne avec la moyenne du marché. Pourtant, Dreyfus affichait une croissance à long terme remarquable.

J'ai fait deux erreurs en sélectionnant Dreyfus à l'époque, d'autant que le marché n'était guère porteur. Premièrement, Dreyfus avait été l'objet de trois transactions d'initiés. Ce n'était pas très important, mais celà aurait dû m'alerter. Ma deuxième erreur n'avait rien à voir avec Dreyfus. La tendance devenait heurtée et sur les quelques mois qui suivirent, les valeurs de premier rang ne bougèrent presque pas, tandis que les valeurs de second rang cédaient du terrain. Le troisième problème: quelque jours après ma recommandation à l'achat, Dreyfus annonçait un résultat au deuxième trimestre de 70 cents contre 75 cents un an auparavant. Bien entendu, je n'avais pas anticipé cette baisse, pas plus que Wall Street. Le titre à immédiatement perdu plusieurs points. J'ai vendu sur un ordre stop à 61-1/2 dollars, encaissant une modeste perte de 9,9%. Le Dow avait perdu 2,4% dans le même temps.

Malgré ce mauvais trimestre et des déceptions persistantes sur les trois trimestres suivants, j'aimais toujours Dreyfus. J'avais le sentiment que la désinflation entamée en 1981 et bien assise en 1984, ferait des actifs financiers un placement attirant à long terme et supérieur à l'immobilier, l'or, le pétrole ou les collections d'art qui avaient dominé la fin des années 70, lorsque l'inflation faisait rage. Dreyfus avait des actifs représentant des milliards de dollars qui auraient dû s'apprécier. De plus, je pensais que le public allait davantage se tourner vers les fonds mutuels et investir en cette période de désinflation.

Au trimestre de la fin septembre 1984, le bénéfice de Dreyfus repartait de l'avant à 85 cents contre 70 cents un an auparavant, soit une progression de 21% et la première hausse sur cinq trimestres. A l'automne 1984, les taux d'intérêt commençaient à baisser. Je pensais que cela allait aider Dreyfus. De plus, une nouvelle loi sur les retraites venait de créer les comptes individuels de retraite, des plans d'épargne, un nouveau créneau sur lequel Dreyfus était présent. Je pensais que cela devait contribuer à améliorer les résultats de la société à long terme.

Encouragé par les résultats du troisième trimestre 1984 et par la physionomie générale du marché, le 23 novembre 1984, je recommandais une nouvelle fois Dreyfus à l'achat à 37-3/8 dollars. Le titre avait fait l'objet d'une division à la fin 1983 après ma première transaction, de telle sorte que le nouveau cours d'achat était supérieur à celui de 1983, lorsque j'avais perdu plus de 9%. J'avais donc fait une erreur sur Dreyfus, mais je le rachetais tout de même à un prix légèrement supérieur. A l'inverse de l'année précédente, le marché était bien plus positif et Dreyfus n'avait pas connu de transactions d'initiés significatives. De plus, je pensais que les trimestres à venir seraient favorables, après les résultats plus ou moins mauvais de la fin 1983 et du début 1984.

Lors de mon achat en novembre 1984 - la Fed venait juste de baisser son taux d'escompte - Dreyfus affichait un bénéfice de 3,15 dollars sur les 12 derniers mois. Le PER était encore raisonnable à 12, d'autant que les résultats avaient baissé de 7% en 1983, chutant pour la première fois depuis neuf ans. Une brève pause dans la croissance n'est pas très grave si la progression des bénéfices semble reprendre.

Les mouvements sur le cours n'avaient rien d'inquiétant puisque Dreyfus était à son plus haut de l'année, faisant bien mieux que le marché. A la mi-1985, le titre progressait aux environs de 68 dollars, 82% au-dessus de mon prix d'achat. J'avais relevé mes ordres stop de ventes plusieurs fois de telle sorte que même si le titre se repliait, j'avais déjà un bon bénéfice garanti. Je vendais en janvier 1986 à 85 dollars. J'avais relevé mon dernier stop à 67-1/2 dollars et mon bénéfice ressortait a 127%.

Midlantic Banks

Le dernier exemple porte sur l'achat d'un titre qui paraissait extrêmement bon marché. Durant des années, les bancaires se traitaient à de très bas PER: quelques-unes des grandes banques internationales avaient des prêts trop risqués sur certains pays. Les banques régionales de taille plus modeste étaient peu exposées à ces « risques pays », mais elles souffraient des mêmes difficultés que les plus grandes banques. De plus, certaines des banques moyennes, surtout dans le sud-ouest, connaissaient leurs propres problèmes à la suite de prêts à l'industrie pétrolière en difficulté. Mais dans d'autres régions, comme dans l'est et le sud-est, de nombreuses banques régionales avaient d'excellents résultats, de faibles risques, peu de prêts douteux, et de faibles PER. Parmi celles-ci, on trouvait Midlantic Banks, que je recommandais à l'achat dans ma lettre de marché le 10 août 1984, à 24-1/4 dollars.

Sur une base totalement diluée (prenant en compte la conversion de warrants, d'obligations convertibles et d'options existantes), Midlantic Banks avait annoncé pour le second trimestre 1984 un bénéfice de 99 cents, contre 84 cents un an auparavant, soit un gain de 19%. Le concept de chiffre d'affaires n'existe par pour les banques. Sur les quatre précédents trimestres, Midlantic avait enregistré un bénéfice cumulé de 3,72 dollars. Son PER s'établissait donc à 6-1/2. En outre, Midlantic avait annoncé une progression régulière de ses résultats depuis 1975, lorsque son bénéfice net ressortait à 76 cents par action. Ainsi, sur les 8,5 années précédentes, les résultats de Midlantic avaient augmenté de 20% par an. Si Midlantic avait été une société de haute technologie, son PER aurait été trois à quatre fois plus élevé, compte-tenu de son taux de croissance à long terme. Comme il s'agissait d'une banque, la majorité des investisseurs ignorait le titre.

Depuis près de 25 ans, j'ai vu à peu près n'importe quel secteur occuper le devant de la scène. A la fin des années 50 et au début des années 60, les sociétés dans les métaux, dans l'aluminium, les chimiques et les services publics étaient à la mode. Imagineriez-vous ces titres s'échangeant à 20 ou 30 fois les bénéfices aujourd'hui? C'est pourtant les PER auxquels ils se traitaient à l'époque. J'ai vu les titres de la construction, les casinos, les aurifères, les restaurants et l'aérospatiale s'envoler. La bulle spéculative a toujours crevé, ramenant ces titres à des cours plus décents.

Dans la plupart des cas, avant d'être très prisés, ces titres étaient délaissés. En d'autres termes, les actions ignorées aujourd'hui peuvent devenir les vedettes de demain, même si cela paraît impensable. Tout cela pour vous dire qu'il m'importait peu que Midlantic soit dans tel ou tel secteur. L'important était qu'elle ait un taux de croissance des bénéfices de 20% par an, une croissance régulière avec des risques modérés. Lorsque je peux acheter un titre comme celui-là, à 6,5 fois les bénéfices dans un marché relativement porteur, cela me paraît une affaire.

Lorsque je recommandais Midlantic, une seule transaction d'initié avait été déclarée sur les trois mois précédents, sans aucune vente. De ce côté-là, aucun élément négatif. Quant aux mouvements du cours, Midlantic avait affiché un nouveau plus haut historique de plus de 24 dollars au début de 1984, puis s'était replié à 21 dollars, avant de se reprendre. Lorsque le marché repartit de l'avant durant l'été, Midlantic rebondit vers son plus haut, alors que le marché était encore bien en-deçà de son plus haut. Le titre se comportait bien, tant en termes relatifs qu'absolus.

Peu après ma recommandation, le titre affichait un nouveau record à plus de 26 dollars. Il consolida par la suite durant quelques mois pour passer la barre des 29 dollars à la fin de l'année 1984.

Midlantic continua de progresser par la suite et atteignit 39,5 dollars à la mi-1985, soit un gain de 63%, alors que le Dow n'avait avancé que de 7% sur la même période. Entre temps, j'avais relevé mes ordres de ventes stop pour m'assurer un bénéfice confortable au cas où le titre se serait replié. J'ai vendu Midlantic en décembre 1986 à 41-1/4 dollars en dégageant un bénéfice de 70%.

Jouer avec les ordres stop constitue une partie intégrante de ma stratégie - vous trouverez les détails de cette technique permettant de limiter les risques dans le chapitre suivant.

CHAPITRE TREIZE

Les ordres stop: risques minimes et bénéfices maximums.

Comme j'ai déjà eu l'occasion de l'évoquer, je suis fier de mes résultats en Bourse. Depuis qu'existe le classement des conseillers en investissements du Hulbert Financial Digest au milieu des années 80, je n'ai pas eu une seule année de résultats négatifs - seulement trois autres conseillers sur environ 70 peuvent en dire autant. J'ai pourtant eu ma part d'erreurs. Il est clair que j'en ferai encore.

Imaginons que je me trompe totalement sur la tendance du marché. Ou du moins, disons que sur une douzaine de titres que je recommande, un certain nombre chute. Que faire? La réponse est simple: il suffit d'utiliser des ordres stop.

Qu'est-ce qu'un ordre stop?

Un ordre stop peut être placé directement auprès d'un professionnel de la Bourse de New York, le New York Stock Exchange. Cela veut dire que ce spécialiste vendra votre titre au prix du marché au moment où l'action touchera le stop. Sur le marche hors-cote, où il n'y a pas de spécialiste, vous ne pouvez pas avoir recours aux ordres stop. Il en va de même sur l'AMEX, American Stock Exchange. Pour les titres du hors-cote et de l'AMEX je vous conseille donc de vous faire un ordre stop « mental ».

Cela veut dire que vous-même ou votre courtier devra suivre le titre en question.

Sur la Bourse de New York, au NYSE, l'ordre stop se déclenche automatiquement lorsque le titre touche le stop. Vous n'avez pas la possibilité de changer d'avis à ce moment-là, d'annuler le stop. Certains investisseurs ne souhaitent pas que le spécialiste voit leurs ordres stop, car ils pensent que le professionnel va laisser chuter le titre jusqu'au stop pour vendre. Ce n'est pas ce que j'ai observé sur le marché. Je n'en veux pas au spécialiste lorsqu'un de mes titres touche un stop, même si le cours rebondit. Si vous êtes assez discipliné pour utiliser des stop « mentaux », faites-le. Mais dans la plupart des cas, au moins sur le NYSE, il est beaucoup plus pratique de donner les ordres stop à votre courtier. Quelle que soit votre stratégie, ne changez pas d'avis si le titre baisse. Car dans le cas contraire, toute la philosophie des ordres stop est fichue par terre.

J'ai déjà évoqué Jesse Livermore, qui passe pour le meilleur spéculateur. Selon ses propres termes, il y a 60 ans: « Je ne m'inquiète jamais d'avoir accusé une perte. Je l'oublie en très peu de temps. Mais c'est persister dans l'erreur - pas accuser une perte - qui fait mal au portefeuille et à l'âme. La pire de toutes les erreurs est d'essayer de faire une moyenne en baisse sur des pertes. Il faut toujours vendre quand vous accusez une perte et conserver ce qui enregistre un bénéfice » .

Le but des ordres stop est de respecter les conseils de Jesse Livermore - laissez vos profits grossir mais stoppez vos pertes. Si vous achetez une action à 20, cela ne sera pas si terrible si vous avez un ordre stop à 17 pour une perte limitée à 15%. Vous conserverez toujours la majeure partie de votre capital. Une perte de 20% est à peu près le maximum que je suis prêt à accepter, parce qu'il faudra un rebond de 25% pour compenser la perte. Si un titre baisse de 20 à 16, il perd 20%. S'il remonte de 16 à 20, c'est une hausse de 25%. Ce n'est pas si rare.

Cependant, si un titre s'effondre de 50%, disons de 20 à 10, il faudra que le cours double pour retrouver le cours initial. Si vous vous laissez totalement dépasser et qu'un de vos titres chute de 90%, de 20 à 2, il vous faudra une multiplication par 10 avant de retrouver vos fonds. Une telle progression est rare. Votre première perte est la meilleure perte!

D'ordinaire, je place mes stops à 10 ou 20% en dessous de mon cours d'achat. Cela dépend de mon analyse du titre et de la perception que j'en ai. D'habitude, je laisse un peu plus de marge sur les titres volatils, comme les titres de haute technologie, et un peu moins pour les titres plus défensifs, comme les services publics. Une marge de 10% est insuffisante pour une action très volatile. Un recul de 30 dollars à 27 ne représente pas grand-chose sur un titre de haute technologie. C'est une correction tout à fait normale et d'habitude le titre rebondit. Un titre moins spéculatif, comme les services, ne se comporte généralement pas ainsi.

La plupart du temps, j'essaie de placer mon ordre de vente stop juste en dessous d'un précédent plus bas. Sinon je cherche le point de retournement sur un graphique et place mon stop juste en dessous: si la tendance à la hausse s'interrompt cela pourrait entraîner une correction à la baisse. On a coutume de dire que les stops relèvent plus d'un art que d'une science. Quelquefois il m'arrive de vendre sur un stop avant la fin d'une correction tout en rêvant d'avoir laissé un peu plus de marge. Mais il m'arrive également de vendre alors que le titre commence juste de baisser et, après avoir accusé une perte raisonnable, de voir ce titre s'effondrer.

Prenons l'exemple de MCI, qui montre comment la malchance peut jouer à votre encontre sur les ordres stop. J'avais recommandé MCI à la fin juillet 1982, environ trois semaines avant le début de la reprise. J'avais conseillé l'achat à 42-7/8 dollars et j'avais fixé un stop assez serré à 39-7/8. J'aurais dû me laisser un peu plus de marge. MCI se replia pendant quelques semaines, touchant un plus bas de 9 dollars, après deux divisions par deux du titre. Le nouveau cours correspondait à 36 dollars avant division des titres. En d'autres termes, j'avais vendu MCI sur un ordre stop au bout de 2 semaines à la suite d'une baisse de 3 points. L'action perdit encore 4 points. Puis elle se retourna pour rebondir à plus de 28 dollars, ce qui correspondait à plus de 112 avant division, sur un titre que j'avais recommandé à 42-7/8. Que s'était-il passé? La recommandation arrivait à un moment opportun puisqu'elle intervenait quelques semaines avant le plus bas d'août 1982. Mon choix sur MCI était excellent. Le titre a presque triplé sur les quelques mois qui suivirent. Mais je me suis trouvé confronté à la mauvaise combinaison d'un ordre stop trop serré et d'un marché se repliant passagèrement. Si j'avais placé le stop 17% en-dessous du prix d'achat, j'aurais engrangé un gain important. Mais à l'époque, je ne pensais pas pouvoir laisser tant de marge sur le titre, car je n'étais pas certain de l'orientation du marché.

Je pourrais aisément vous citer un certain nombre d'autres MCI, parmi les centaines de recommandations que j'ai faites. Quoi qu'il en soit, dans la plupart des cas les ordres stop ont largement protégé les abonnés de ma lettre. Par exemple, lorsque la hausse s'est emballée à la mi-1982, j'ai conseillé l'aurifère ASA à 32-3/4 dollars. Deux mois plus tard, je recommandais ASA à la vente à 51-1/2, empochant un solide bénéfice de 57,3%. A l'approche du plus haut du marché, en juillet 1983, je recommandais à nouveau ASA (ce qui n'était pas très sage avec la désinflation). A l'époque, le titre était à 70-5/8 dollars. Le stop était à 64-3/4. En septembre 1983, moins de deux mois après ma recommandation: ASA touchait le stop et je sortais avec une perte de 8,3%. En novembre, ASA avait plongé à 50 dollars. Par la suite, après une reprise, il continua de s'effriter touchant plusieurs fois 44-45 dollars en 1984 et 1985. Finalement, à la mi-1985, ASA s'est effondré à 35. Il est bien clair que le stop à 64-3/4 a évité de grosses pertes.

En septembre 1983, je recommandais une société électronique, Sanders Associates, à 55-7/8 dollars. Sanders progressait rapidement au-delà de 60 dollars. Je remontais donc mon stop à 53-1/2 (j'évoquerai par la suite les modifications des stops). Malheureusement Sanders se retourna rapidement, déclenchant mon ordre stop. J'accusais une perte de 4,3%. En mars 1984, Sanders était tombé à 35 dollars, soit près de 35% en deçà de mon stop. Même sur un marché porteur comme en 1984, Sanders n'est pas revenu au niveau de mon stop. II a en effet baissé jusqu'à 31 dollars au début 1985. Une fois de plus, le stop a été efficace.

Je recommandais l'achat d'une valeur du hors-cote St. Jude Medical à 17 5/8 dollars en novembre 1983. Je plaçais mon stop à 14-7/8. St. Jude est parvenu à progresser un peu au-dessus de 19 puis s'est effondré, déclenchant mon stop en février 1984, avec une perte de 15,6%. Au début de 1985, le titre était passé en deçà de 7-1/2, en baisse de 50% sur mon stop. Si je l'avais gardé tout ce temps, il aurait fallu que le cours double pour que je retrouve ma mise initiale.

Gardez à l'esprit que si un titre se met à baisser - ce qui est à peu près le pire qui puisse arriver après un achat - je suis protégé par un stop et n'accuse qu'une perte limitée. Mais, je conserve la plus grande partie de mon investissement. Ce qui me donne une chance de trouver un meilleur titre. Voila ce qu'il faut faire. Une petite perte vous laisse une chance de faire un bénéfice ailleurs. Cela peut vous permettre de transformer un négatif en positif, au lieu de rester à ne rien faire en espérant que votre titre se reprenne.

Après avoir accusé des pertes modérées sur des stops avec ASA, Sanders et St. Jude, je conservais tout de même la majorité de mon capital pour me redéployer sur des occasions plus prometteuses. Au demeurant, le désagrément était de bon augure, dans la mesure où les trois titres ont plongé par la suite. Même dans le cas de MCI, qui a fortement rebondi peu après mon stop, j'avais au moins encore des fonds disponibles pour d'autres opportunités. J'avais acheté MCI le 21 juillet 1982. Je n'ai pas acquis d'autre titre jusqu'au 18 août, le lendemain du jour où le marché est reparti de l'avant. J'achetais alors 13 actions différentes, le plus que j'ai jamais acheté en une séance. Cinq jours plus tard, alors que le marché continuait de progresser, je recommandais six nouveaux titres. Trois jours plus tard j'en ajoutais trois autres à ma liste. Une partie des fonds affectés à ces nouveaux achats provenait de la vente de MCI, ainsi que d'autres actions qui avaient fait l'objet de ventes stop en juillet.

L'un de mes achats du 18 août portait sur une société vendant des ordinateurs, Emulex, cotée sur le hors-cote. Je la payais 15 dollars et vendais la dermière action en avril 1983 à un prix équivalent à 66-1/2 - il y avait eu une division des titres par deux, de telle sorte que le cours était de 33-1/4 - encaissant un énorme profit de 343,3%. Je ne sais pas ce que j'aurais fait si mon stop n'avait pas été exécuté sur MCI le 18 août. Il est vraisemblable que je n'aurais pas acheté au moins un des titres que j'avais sélectionné. Comme Emulex, au même titre que MCI, était une action volatile et de haute technologie sur le hors-cote, dans une certaine mesure c'était une bonne substitution. La plupart des titres que je recommandais ce jour-là ne constituait pas d'aussi bonnes valeurs de substitution. Assurément, Emulex était la seule ayant une telle caractéristique.

Je n'aurais certainement jamais acheté Emulex si je n'avais pas vendu MCI. Pour me résumer, je ne reviens jamais en arrière lorsque j'ai vendu sur un stop, même si le titre se reprend et fait des étincelles. Au lieu de cela, je me concentre sur ce que je vais faire avec mes fonds. Je vous accorde qu'il n'est pas toujours évident de trouver un Emulex, mais cela ne vaut pas la peine de regretter le poisson que vous venez de perdre. Il vaut mieux essayer d'en attraper un autre.

Engranger vos profits

Comme nous venons de le voir, la première fonction d'un stop est de vous protéger contre une perte. Si un titre baisse fortement alors que vous venez de l'acheter, le stop limite votre perte et vous laisse des fonds disponibles. La seconde fonction du stop est de vous permettre d'engranger des profits lorsque le titre monte. Le but de l'opération est de laisser vos profits s'accumuler lorsque le titre progresse. S'il continue de monter, vous relevez votre stop. A un certain point, le marché va se retourner et vous sortirez sur votre stop, souvent avec un bénéfice conséquent.

Prenons un exemple théorique. Vous achetez XYZ à 20 dollars pièce, fixant votre stop à 17 dollars, 15% en-dessous de votre prix d'achat. Votre titre se met à monter. Il n'y a pas de seuil auquel vous devez relever votre stop; c'est un art. Si je suis encore très positif sur le marché, j'attendrai un peu avant de le relever. Si le marché commence à se détériorer, je le relèverai plus rapidement. Il peut arriver que le titre progresse peu, mais que je relève tout de même mon stop, faute de confiance dans le marché. Je peux aussi être tout simplement prudent sur le titre, à cause d'un élément négatif quelconque. Je ne vends pas forcément, mais pour renforcer ma protection, je resserre le stop.

Vous devrez également prendre en considération les mouvements du titre. Comme nous l'avons vu au chapitre 11, je préfère les actions en hausse. Supposons que XYZ progresse après un achat à 20 dollars. Précédemment le titre s'était occasionnellement replié de 21 à 20 dollars, mais venait d'un cours de 15. Imaginons que le titre ne soit pas descendu au-dessous de 19-1/2 après que nous l'ayons acheté. Disons qu'ensuite il remonte à 24 dollars, soit un gain théorique de 20%. Il faut alors penser à relever le stop. On peut logiquement placer le nouveau stop aux environs de 19 1/2, le plus bas lors de la précédente baisse. Si tout se passe bien, il ne devrait encore une fois pas enfoncere ce niveau. On peut donc donner un ordre stop à 19-3/8, une fraction en-dessous du plus bas.

Une autre façon d'établir le stop consiste à construire une ligne de tendance passant par les récents plus bas du titre. Supposons que cette tendance lourde fasse ressortir un cours de 20 dollars environ. Vous placerez le stop un peu en dessous de 20 à 19-7/8 ou 19-3/4.

Si le titre est très volatil, il se peut qu'il n'y ait pas de niveau logique où placer le stop. Supposons que XYZ bondisse soudainement à 30 dollars, alors qu'il n'avait pas dépassé 25 précédemment. A ce nouveau plus haut, il n'y a pas de données historiques à analyser. Il n'y a pas de plancher sous lequel placer le stop et la pente de la tendance à la hausse récente est trop forte pour être fiable. Nous entrons alors dans le flou artistique. D'habitude je place mon stop au-dessus de mon cours d'achat afin de m'assurer un bénéfice. Cependant à 30 dollars, XYZ afficherait déjà un bénéfice de 50%, un gain bien trop important pour prendre le risque de tout reperdre.

Je tente également d'estimer quelle peut être une perte « raisonnable » , sans que cela remette en cause les données techniques sur le titre. Si j'estime qu'un repli de 25% est raisonnable pour un titre volatil, cela signifie une baisse de 7-1/2 points vers les 22-1/2 dollars. Dès lors, je mettrai mon ordre stop à 22-1/4. Ce qui m'assure un gain d'au moins 12-1/2% sur mon cours d'achat et me laisse suffisamment de marge pour voir venir un mouvement relativement normal. Bien entendu, je ne me donne pas toujours 25% sauf si je suis très haussier sur l'action et sur le marché.

Supposons que nous relevons le stop à 22-1/4 et que le titre, venant de 30 dollars, se replie vers les 27. Puis il repart de l'avant et atteint les 32. A ce niveau une éventuelle baisse de 32 à 22-1/4 est bien trop importante. Il faut relever le stop à nouveau. Au moins dans ce cas-là nous avons un repère. La zone des 27 dollars, qui marque le point le plus bas de la précédente baisse. Afin de laisser un peu de marge de manoeuvre, disons que nous relevons notre stop à 26-1/2. C'est encore environ 17% en deçà du cours du moment de 32 et 32,5% au-dessus de notre cours d'achat, permettant de dégager un confortable gain.

Supposons maintenant que XYZ perde du terrain pour finalement déclencher notre stop. Nous sortons, mais nous avons encaissé un bénéfice de 32,5% et nous n'avons pas beaucoup perdu sur le plus haut. De plus nous nous sommes protégés, en premier lieu avec un stop à 17 dollars, 15% de mieux que le cours d'achat. Deuxièmement, nous avons relevé ce stop protecteur jusqu'à 19-3/4 un peu en dessous de l'achat, lorsque XYZ commençait à progresser. Troisièmement, alors que le titre continuait de monter, nous avons relevé une nouvelle fois à 22-1/4, cette fois-ci avec un bénéfice potentiel de plus de 12%. Quatrièmement, comme l'action montait encore, nous avons relevé le stop à 26-1/2, pour un bénéfice final de 32,5%. Cela aurait été sympathique que notre action théorique continue d'avancer. Si cela avait été le cas, il suffisait de continuer le même processus.

Je vous suggère de relever les stops jusqu'au niveau qui vous paraîtra convenable. Vous êtes le seul à pouvoir décider. Si votre ordre stop de protection est 25% en dessous du cours, vous pouvez estimer cette marge beaucoup trop importante pour vous sentir à l'aise. Ce n'est pas très plaisant d'observer une baisse de 25% avant de pouvoir vendre. Mais d'un autre côté, si vous relevez le stop à 5 ou 6% en dessous du cours du moment, vous risquez de sortir sur un mouvement de faible amplitude.

Le problème est d'estimer ce qu'est un mouvement normal sur le titre, par opposition à une chute due à une mauvaise nouvelle sur la société ou une révision en baisse des anticipations de bénéfice - ou bien encore pire, une détérioration du marché.

Voici quelques exemples réels. Je recommandais USAir dans ma lettre le 24 août 1982. Le marché était au début d'une phase haussière et USAir venait juste de passer au-dessus d'un plus haut de 17-3/4 dollars. J'achetais a 18-1/2. Je plaçais un stop de protection à 15-3/4. Le précédent plus bas était d'environ 14-1/4, qui aurait pu constituer mon niveau naturel de stop. Cependant, ce cours de 14-1/4, aurait représenté une perte potentielle de 23%, ce qui me paraissait trop important. Je coupais donc la poire en deux et optais pour 15-3/4. Ce niveau était cependant près d'un demi-point en dessous du plus haut du printemps 1982, qui, je pensais, devait constituer un seuil de soutien suffisant.

USAir a bondi à 21 dollars puis s'est replié aux environs de 17-3/4. Lors du premier mouvement de hausse, j'avais relevé mon stop d'un point à 16-3/4, environ un point en-dessous du précédent plus haut de 17-3/4. Cette zone des 17-3/4 s'est avérée être un niveau de soutien début octobre, après quoi USAir et le marché ont repris leur pente ascendante.

Comme le titre progressait encore, je relevais mon stop à 17-3/4. Puis, alors que l'action touchait 25 dollars en octobre, je le relevais encore à 19-3/4. Ce qui me dégageait un gain potentiel de 7%, 1-1/4 points au-dessus de mon cours d'achat. Je pensais qu'à 19-3/4, j'avais plus de cinq points, ou près de 20%, de marge de manoeuvre à la baisse. De plus, c'était 1-1/4 points en dessous du précédent plus haut, ce qui me paraissait également raisonnable. En fait, j'aurais dû placer le stop un peu plus haut vers 20-1/2, ce que je faisais peu de temps après, lorsque le titre gagnait encore un point.

Alors qu'USAir continuait de monter pour atteindre les 28 dollars, je relevais mon stop à 22-1/4 dans un premier temps puis à 23-1/4 en novembre. Je venais à peine de relever qu'USAir passait au-dessus des 30 dollars, m'amenant à relever mon stop à 25-1/4. Le titre progressait si rapidement qu'il était difficile de trouver un niveau raisonnable pour le stop suivant. Mais je ne voulais pas perdre plus de 20 ou 25%. Je conservais donc mon stop à 25-1/4 pendant deux mois, alors que le titre touchait 36 dollars. J'aurais pu encore relever mon stop. Mais je décidais de ne pas le faire, car je craignais qu'un mouvement passager ne me fasse sortir. Une réaction à la baisse eut été normale, dans la mesure où le titre venait de doubler en quelques mois. Evidemment, USAir avait tout reperdu en janvier, chutant de

10 points sur son plus haut, à 26 dollars. Mon stop étant à 25-1/4, j'avais eu de la chance. Puis USAir est reparti de l'avant pour retrouver un niveau de 36 dollars. A ce moment-là, je me suis dit qu'il ne devrait pas retomber en dessous des 26 dollars, dans la mesure où la correction avait déjà été réalisée.

En janvier, je remontais donc mon stop à 26-1/4, puis à 27-3/4 en février. La correction suivante ramenait le titre à 29-1/2, une fois de plus juste au-dessus de mon stop. Je ne revenais pas sur mon stop jusqu'en mai 1983, lorsque USAir passait la barre des 36 dollars. Comme il progressait jusqu'à environ 40 dollars, je relevais une nouvelle fois à 29-5/8 en mai et à 30-3/4 en juin.

Globalement, j'avais rehaussé mes stops 11 fois à partir de 15-3/4. J'aurais dû encore relever. Mais, vers les 34 dollars, la tendance à la hausse commença à s'essouffler. Puis en dessous de 33 le titre chuta jusqu'à un nouveau plus bas. Avec le recul, je me demande si je n'aurais pas dû relever mon stop à 32-3/4 par exemple, mais je préférais rester à 30-3/4 parce que le titre était très volatil. Finalement le 16 août 1983, mon stop a été exécuté à 30-3/4, me permettant d'empocher un gain de 66,2% en moins d'un an.

Le titre chuta rapidement vers les 26 dollars. Il rebondit au quatrième trimestre de 1983 pour retrouver un cours de 35 au début 1984. Mais par la suite, il est revenu à 22 dollars à la mi-1984. Soit près de 29% en dessous de ma vente. Ce qui était suffisant pour me faire savourer mon dégagement un an plus tôt.

Prenons un autre exemple. En août 1984, le marché a commencé à s'emballer, m'amenant à recommander, entre autres, une valeur du hors-cote dénommée First Data Resources, une société d'informatique. Le prix d'achat était de 15 dollars et l'ordre stop de protection initial fixé à 13-1/4. First Data Resources vérifiait mon critère de bon comportement, car à ce moment-là il venait de toucher un plus haut. A 13-1/4 mon stop était seulement 11,7% en-dessous de mon prix d'achat, un peu serré. Mais, le marché ne partait pas en flèche et je ne voulais pas accuser une grosse perte si le titre se retournait. Le stop à 13-1/4 était une fraction en deçà du plus bas de juin.

First Data Resources a immédiatement progressé à 16 dollars et je relevais mon stop à 14. Il s'était traité entre 14 et 14-1/2 durant quelques semaines en juillet, sans passer en dessous de 14. Je pensais donc que si le titre et le marché restaient positifs, il n'y avait pas de raison de repasser en dessous de 14. En septembre, First Data Resources grimpait à 17-1/2. Mon stop passait à 15-1/2, une fois de plus un peu serré. Cependant cela m'assurait un bénéfice d'un demi point ou de 3%. La Bourse avait cessé de monter. Tout au plus étais-je neutre sur la tendance. Ce qui expliquait mon stop serré. Je choisissais aussi ce niveau de 15-1/2 car il était juste en dessous du plus bas d'un couloir dans lequel le titre était resté en août, après l'envolée initiale.

Finalement, durant les dernières semaines de 1984, le titre repartit de l'avant, touchant un nouveau plus haut de 18 avant de progresser à 19-3/4 au début janvier. Je relevais donc rapidement mon stop à 16-3/4, en gros au bas de la fourchette de transactions depuis septembre. Une fois de plus, il semblait n'y avoir aucune bonne raison pour que le titre retombe en dessous de ce seuil, s'il était vraiment dans une tendance haussière. Le titre a failli déclencher mon stop, mais j'ai eu de la chance. Le titre est tombé à 17, à peine un quart de point au-dessus de mon stop. Mais le marché rebondissait dans la deuxième semaine de janvier et l'action suivait le mouvement.

En février, elle était à plus de 24 dollars, mon stop était à 18 puis à 19, soit un peu en dessous du plus haut de janvier. Je pensais que FDRI n'enfoncerait pas ce niveau à moins que quelque chose de sérieux ne soit dans l'air. Le titre se replia un peu en-deçà de 22-1/2 à la fin mars et au début avril, toujours bien au dessus de mon stop de 19. Même si le stop avait été déclenché, je gagnais 4 dollars ou 26,7%.

A la mi-avril la société reprenait sa progression, faisant un nouveau plus haut de 25, ce qui me poussa à relever mon stop à 21-3/4. Un niveau environ un demi point en-dessous du plus bas de mars et d'avril. A peine avais-je modifié mon stop que le titre passait au dessus de 27. Une fois de plus j'avais le plaisir de relever mon stop à 22-3/4. Je ne voulais pas abandonner plus de 20% s'il rebaissait sur son niveau de 27 dollars, ce qui aurait été le cas avec le stop précédent à 21-3/4. De plus, la ligne de tendance passant par les plus récents plus bas de 17 et de 22-1/2, passait un peu au-dessus de mon stop de 22-3/4.

First Data fut, par la suite, acquis par American Express à 38,25 dollars par action. Je conseillais alors à mes lecteurs de présenter leurs titres à l'offre pour empocher un bénéfice sur le long terme de 155%. Cette offre publique d'achat fait de mon dernier stop un cas d'école.

Je me souviens encore de nombreux cas ou des stop de protection ou des relèvements de stops m'ont permis d'éviter le désastre. Cela n'est pas agréable de sortir sur un stop à l'approche d'un plus bas après un mouvement mineur. Il faut de toute façon prendre une décision à un moment ou un autre. Il m'est aussi arrivé d'être à deux doigts de la vente stop comme ce fut le cas sur FDRI lorsqu'il reculait à 17 dollars sur une petite réaction à la baisse alors que mon stop était à 16-3/4. Quoi qu'il en soit, je continuerai à utiliser les stops. Sur le long terme cela me permet de ramener mes pertes à de raisonnables proportions alors que mes profits s'accumulent. C'est le plus important dans la gestion de fonds.

CHAPITRE QUATORZE

La vente à découvert n'est pas anti-américaine.

Un livre sur l'art de gagner de l'argent en Bourse ne serait pas complet sans un chapitre sur les ventes à découvert, un sujet que bien des opérateurs ne comprennent pas. Le principe de la vente à découvert est simple - vous pariez sur la baisse d'un titre précis. Dès lors, vous vendez en espérant racheter plus tard à un prix inférieur. Après tout il s'agit d'une transaction tout à fait ordinaire, dans la mesure où vous cherchez à acheter à bas prix pour revendre plus cher. La seule différence dans ce cas-là: vous vendez d'abord.

Techniquement lorsque vous vendez à découvert, vous empruntez les titres auprès d'un intermédiaire et vous les vendez sur le marché. Vous les devez au courtier. Vous déposez auprès de celui-ci un certain montant en liquide en nantissement. Puisqu'il sait que vous avez assez de liquidités pour racheter les titres si cela est nécessaire, vous n'êtes pas limité par la durée. Ne soyez pas dérouté par ce vieil adage « celui qui vend ce qui ne lui appartient pas doit le racheter ou aller en prison ». Tôt ou tard, une vente à découvert est toujours couverte ou rachetée.

Il y a au moins deux bonnes raisons de vendre à découvert. Si vous pensez que le marché est baissier ou qu'un titre en particulier est orienté à la baisse, vous pouvez dégager des profits en vendant à découvert. Vous pouvez aussi opter pour la vente à découvert pour vous couvrir. Supposons que vous ayez un portefeuille de 100.000 dollars. Vous pensez que le marché va s'effriter mais vous ne voulez pas toucher à vos positions à long terme, disons pour des raisons fiscales. Vous pouvez vendre à découvert d'autres titres pour vous couvrir. Par exemple, vous détenez des General Motors et vous espérez des gains à long terme. A court terme, vous pouvez vendre à découvert des Ford pour vous protéger. Pour spéculer comme pour se couvrir, la vente à découvert peut être très utile.

Personnellement, j'aime bien vendre à découvert et je me sens très à l'aise en le faisant. Mais la vente à découvert a mauvaise réputation. L'investisseur moyen se sent mal à l'aise. Je ne sais pas pourquoi, mais c'est comme ça.

La première erreur est de croire que la vente à découvert est anti-américaine. Les gens la perçoivent comme un pari contre la nation et c'est faux. Si vous vendez à découvert General Motors ou ATT, vous n'êtes pas en train de parier contre les Etats-Unis. Tout ce que vous faites est d'affirmer que ces titres vous paraissent sur-évalués. Si l'action vaut 50 dollars mais se vend 70 ou 80 dollars, il y a de bonnes chances pour qu'elle se replie vers 50 ou même 40, surtout si le marché est baissier. Il n'y a rien d'immoral.

Il peut vous arriver de vendre à découvert parce que vous pensez que la société va faire faillite. Cela n'a rien d'anti-américain non plus. Il y a des milliers de banqueroutes chaque année aux Etats-Unis. Ce n'est pas votre vente à découvert qui va faire plonger la compagnie. Une fois de plus, tout ce que vous faites est de parier sur les difficultés financières d'une société. Même si elle ne fait pas faillite, elle risque d'avoir des résultats médiocres et le titre peut baisser. Cela n'est pas fondamentalement différent que de spéculer à la hausse lorsque vous anticipez une croissance des bénéfices.

De même, la vente à découvert est une pratique courante dans le monde des affaires en dehors de la Bourse. Elle s'appelle autrement. Par exemple, si vous allez voir un garagiste pour acheter une Chevrolet, mais que vous la vouliez avec des options et que le revendeur vous dit: « Je n'ai pas ce modèle en stock, je vais vous la commander ». Bien entendu vous lui dites: « Très bien, c'est parfait. » Il vous répond alors: « J'aurai la voiture dans un mois. Payez-moi un acompte. Je vous commande la voiture et vous la livre ». Vous êtes tombés d'accord. En fait, le vendeur vous a vendu une voiture à découvert. Il vous a vendu quelque chose avant de l'avoir acheté à l'usine.

Deuxième faux argument sur la vente à découvert: penser que vos bénéfices sont limités et vos pertes illimitées. Cela n'a pas de sens. On croit, à tort, que si l'on vend à découvert un titre qui vaut 50 dollars, le plus que l'on peut gagner est 50 dollars, soit 100% sur l'investissement de base, si la société fait faillite. A l'inverse, les gens croient que s'ils se sont trompés, il n'y a pas de limite à leurs pertes. Le titre pourrait par exemple monter à 1.000 dollars, vous perdriez 20 fois la mise. Un tel raisonnement est pour le moins erroné.

D'abord pour vendre à découvert, vous déposez une garantie chez votre courtier. Elle peut prendre la forme de bons du Trésor, si vous voulez continuer à toucher un intérêt. Le dépôt minimum est de 50% du montant de la transaction. Dès lors, si vous vendez à découvert 100 actions à 50 dollars, cela fait 5.000 dollars, vous devrez au moins mettre en garantie 2.500 dollars.

Pour simplifier, disons que vous déposez la totalité en garantie. Vous placez 5.000 dollars en bons du Trésor auprès de votre courtier. Si le titre monte, il vous demandera davantage de fonds en dépôt. A un cours de 80 dollars, vous perdez 3.000 dollars. Votre portefeuille a baissé à 2.000 dollars. Le courtier vous aura déjà demandé des fonds précédemment. Si vous ne lui avez rien versé, il aura couvert la vente en achetant les titres et votre transaction aura été équilibrée.

Pour perdre un montant infini il faudrait avancer sans cesse de l'argent, ce qui revient à creuser votre perte. Souvenez-vous de cette règle d'or: « la tendance est votre alliée, n'allez pas à contre-courant ». En cas de perte conséquente, sortez. Personne ne vous oblige à rester sur le marché en perdant plus d'argent.

Le plus réjouissant de la vente à découvert, c'est que votre bénéfice potentiel n'est pas limité à 100%. Il est virtuellement illimité. Par exemple, si vous avez vendu à découvert 100 actions à 50 dollars et que le titre tombe à 25 dollars, vous empochez un bénéfice de 2.500 dollars. Si vous aviez 5.000 dollars au départ, ils sont devenus 7.500 dollars. A ce moment-là, le titre se traitant à 25, soit 2.500 dollars pour 100 pièces, il vous suffit d'immobiliser 2.500 dollars pour être totalement couvert.

Vous pouvez continuer de vendre à découvert 200 titres de plus (sans avoir recours aux transactions ou aux prêts à la marge, que nous aborderons plus tard). Vous avez alors 300 titres à découvert, ce qui requiert 7.500 dollars de couverture. Dès lors, votre profit potentiel est de 10.000 dollars sur un investissement de 5.000 dollars, c'est-à-dire du 200%.

Vous n'êtes pas obligé de vous arrêter là. Imaginons que le titre tombe de 25 à 10 dollars. Vous avez maintenant 300 titres à 10 dollars. Le total dont vous avez besoin en garantie est de 3.000 dollars et vous en avez 7.500 disponibles. Sur la baisse de 25 à 10, vous avez fait 15 points, soit 1.500 dollars par centaine de titres, ce qui revient à 4.500 de bénéfice à ajouter à votre capital de 7.500 dollars. Cela vous donne un capital de 12.000 dollars lorsque le titre est à 10 dollars. Vous êtes à découvert sur seulement 300 titres. Vous pourriez encore vendre à découvert sur 900 actions à 10 dollars sans avoir à mettre un sou de plus ou contracter un prêt à la marge.

Supposons que vous l'ayez fait. A 10 dollars par titre, vous êtes à découvert sur 1.200 titres. Il faut suivre la tendance et vendre davantage à découvert si le titre continue de baisser. Supposons maintenant que la société fasse faillite. Le titre tombe de 10 dollars à zéro. Vous avez gagné 12.000 dollars sur cette baisse et vous aviez 12.000 dollars sur votre compte quand le titre était à 10 dollars. Votre capital est donc de 24.000 dollars lorsque le titre est à zéro. Comme vous avez débuté avec 5.000, vous avez multiplié votre mise par près de 5 fois. Vous auriez pu aller plus loin et vendre plus à découvert quand le titre était à 5 dollars. Le profit à la baisse est virtuellement illimité.

En fait, si le titre baisse et que vous ne continuez pas à vendre à découvert, vous disposez de liquidités supplémentaires. Si une action qui valait 50 dollars chute à 25, vous avez 7.500 dollars sur votre compte. Comme vous n'avez besoin que de 2.500 pour vous couvrir, vous pouvez reprendre les 5.000 restant et les placer ailleurs.

A l'inverse, pour jouer à la hausse, vous achetez des titres et l'action passe de 50 à 100 dollars, vous ne pouvez pas retirer de l'argent. A la hausse, vos bénéfices s'accumulent. Lorsque vous vendez à découvert, pour être investi à 100% vous devez vendre de plus en plus à découvert lorsque le cours baisse.

De nombreux investisseurs pensent qu'il est dangereux de continuer à vendre à découvert pendant la chute du titre. Il n'en est rien, si vous savez ce que vous faites. Si la société fait faillite, le niveau de la vente à découvert n'a aucune importance. Vous gagnerez autant en vendant à cinq dollars qu'à 25. Un titre qui a déjà baissé de 100 dollars à 10 dollars est toujours une bonne opportunité de vente à découvert s'il continue de chuter. S'il arrive à deux dollars, vous faites un bénéfice de 80% en vendant à 10. Si vous l'aviez vendu à 100 dollars, vous auriez gagné 98%. La différence n'est pas si significative.

Voilà une des raisons pour laquelle je considère la vente à découvert comme raisonnable. Si vous voulez laisser vos profits s'accumuler, vous pouvez faire bien plus de 100% de bénéfice. Votre perte n'est pas illimitée, mais elle peut le devenir si vous êtes assez fou pour continuer a mettre de l'argent dans une cause perdue.

Une troisième critique de la vente à découvert est plus fondée. Après le krach de 1929, le gouvernement devait faire porter le chapeau a quelqu'un. Les vendeurs à découvert n'étaient pas responsables de l'effondrement des cours, mais ils constituaient une cible parfaite. Leur faire porter le chapeau a permis au gouvernement de rendre plus difficile la vente à découvert. Il a ainsi imposé une restriction sur la vente à découvert. Si vous vendez à découvert, vous devez vendre à un cours supérieur au précédent cours côté, ce qui s'appelle vendre sur un up-tick. Cela rend la vente à découvert un peu plus difficile, mais pas impossible.

Un des autres avantages de la vente à découvert est que peu de gens la pratiquent. Vous avez donc un champ relativement ouvert, alors que lorsque vous achetez dans un marché en hausse, tout le monde fait de même.

Je me suis aussi rendu compte que les analyses négatives sur les titres sont d'habitude de meilleure qualité que les analyses positives. Une étude sur plusieurs années a prouvé que les recommandations à l'achat des courtiers n'étaient pas vraiment meilleures que l'achat au hasard. En d'autres termes, si vous suivez les recommandations à l'achat, vous aurez d'aussi bons résultats qu'en choisissant au hasard un titre sur une page de quotidien boursier. Les recommandations à la vente sont différentes. Les trois quarts environ font pire que le marché. Les titres recommandés ont donc davantage baissé que le marché dans son ensemble. Les recommandations à la vente étant rares, elles ont tendance à être plus fiables.

D'expérience, je peux vous dire qu'il est plus facile de dénicher des informations négatives. Si une société a maquillé sa comptabilité, tout en restant dans la légalité, et a surévalué ses résultats, cela ressortira un jour ou l'autre. Si une maison a un problème fondamental, comme par exemple du sur-stockage face à des commandes en baisse, cela aussi apparaîtra au grand jour. Comme cela a déjà eu des effets sur les finances de la société, le titre va probablement reculer. Lorsque vous jouez à la hausse, vous pouvez très bien avoir des anticipations erronées.

Prenons un exemple: XYZ vient de sortir un superbe nouveau produit et les analystes prévoient une croissance annuelle de 20% du bénéfice et du chiffre d'affaires pour les cinq prochaines années. La plupart du temps, un concurrent apparaît ou la croissance ralentit. Si bien que les résultats ne grimpent pas comme vous l'aviez anticipé. Il y a plus de chance qu'un élément joue à l'encontre d'un titre qu'à son avantage, ce qui rend plus dure la spéculation à la hausse et avantage la vente à découvert. Une fois que la mauvaise nouvelle a été annoncée, elle est là et c'est fini. Au bout d'un certain temps, le titre en subira les conséquences. C'est pourquoi je crois qu'il est plus facile de jouer à la baisse que de parier à la hausse. Bien entendu si vous vendez à découvert au mauvais moment, cela peut être fatal. Il ne faut pas vendre à découvert dans un marché haussier, sauf pour se couvrir.

Cependant, je ne recommande pas à l'investisseur moyen de s'essayer à la vente à découvert. Je considère qu'il s'agit plutôt d'une technique supplémentaire, à la disposition de l'investisseur averti. Si j'ai l'occasion d'écrire un autre livre, j'aborderai peut-être la vente à découvert un peu plus dans le détail.

CHAPITRE QUINZE

Investir: questions et réponses.

Pourquoi les gens qui ont des certificats de dépôts, des bons du Trésor ou des SICAV monétaires voudraient-ils acheter des actions?

Le marché était baissier à long terme de 1966 à 1982. L'indice Dow Jones est passé de 1.000 à près de 800 environ en 16 ans, alors que le taux d'inflation a à peu près triplé. Si l'on tient compte de l'inflation, le DJ est tombé de 1.000 à 250 environ! Comme les cours « réels », ou après correction de l'inflation, baissaient, les gens se désintéressaient de la Bourse et vendaient - à juste titre, je dois dire. Toute une génération d'investisseurs avait très peu placé d'argent en Bourse, d'autres instruments financiers étant plus intéressants. Aujourd'hui, cependant, les conditions ont changé.

Les gens devraient envisager un investissement en actions parce que c'est le type d'investissement qui offre la meilleure rentabilité à long terme. A l'heure où j'écris ces lignes, les rendements des certificats de dépôt et des bons du Trésor sont à des plus-bas relatifs historiques, ce qui rend un investissement dans ces instruments assez peu appétissants. Cela rend également les actions plus attirantes. Par conséquent, l'argent est entré à flot sur les actions au cours de ces dernières années. Mais quand vous achetez des actions parce que les rendements des autres types d'investissement sont bas, vous devez savoir qu'un jour où l'autre les taux d'intérêt vont remonter et qu'alors le marché boursier deviendra très risqué et commencera à tomber.

Cependant, cela ne me gêne pas de voir les gens placer de l'argent en Bourse quand les taux d'intérêt sont bas. Il est évident que des ajustements seront nécessaires quand les taux d'intérêt recommenceront à monter. C'est là que les indicateurs que je décris dans ce livre entrent en jeu. Quand ces indicateurs indiquent une croissance du risque, vous devriez effectuer des dégagements sur votre poste actions jusqu'à ce que les conditions s'améliorent.

Les investisseurs particuliers bien informés ont-ils un avantage sur les grands investisseurs institutionnels?

Oui. Je pense qu'un particulier, s'il est bien informé, peut faire mieux qu'un institutionnel, car il dispose d'une extrême souplesse. Si vous gérez, disons 50.000 dollars, votre investissement ne va pas avoir un impact particulier sur le marché. Un investisseur institutionnel à la tête de plusieurs milliards de dollars est comme un porte-avion. Il lui est difficile de changer de cap: il n'a pas de marge de manoeuvre. Il ne peut pas acheter une participation minoritaire dans une petite société parce qu'il finirait par acheter la société. Le petit porteur peut dénicher une société du hors-cote se traitant 10 dollars, avec un volume d'échanges de 5.000 titres par jour. Et qu'il achète 2.000 actions ou seulement 200, son opération ne sera pas significative sur le marché.

Les actions ordinaires sont-elles encore une bonne garantie contre l'inflation?

Je ne suis pas certain qu'elles l'aient jamais été. Des études ont montré que les actions se comportent mieux lorsque les prix sont stables. Elles font la pire performance en situation déflationniste, comme dans les cas extrêmes des années 20 et 30. Elles sont médiocres durant des périodes inflationnistes marquées par des taux d'inflation de 8 ou 9%.
L'investisseur doit prendre en compte le rendement « réel » d'un titre. Si l'inflation est de 10% et que le titre ne bouge pas, vous avez perdu 10% sur votre cours d'achat en un an. En d'autres termes, votre dollar ne vaudra plus que 91 cents (100 est 10% supérieur à 91).

Bien entendu, certains titres vont faire de belles performances en période d'inflation. Ce sont les titres de l'industrie minière, comme l'or, l'argent, le cuivre ainsi que les pétrolières et les valeurs du bois. Les cours de ces matières premières augmentent habituellement plus vite que leurs coûts d'extraction: les marges bénéficiaires augmentent et les cours de ces actions grimpent.

La plupart des autres secteurs pâtissent de l'inflation. Les producteurs d'énergie, par exemple, doivent faire face à des coûts de combustibles accrus et ne sont pas en mesure de relever leurs prix proportionnellement. Les compagnies aériennes ont le même type de problème avec leurs coûts. Les sociétés très dépendantes des matières premières et du facteur travail voient leurs marges bénéficiaires fondre. Le résultat global est une faiblesse générale sur le marché en période d'inflation.

Une des erreurs habituelles en matière de performance des titres consiste à comparer la valeur d'un titre aujourd'hui à celle d'il y a 50 ans pour montrer que la hausse du cours a surpassé l'érosion de l'inflation. C'est une erreur de logique dans la mesure où, sur ces 50 ans, il y eu des phases de hausses des cours durant des périodes de stabilité des prix et des baisses de cours en période de forte inflation. Plus globalement, l'idée que les actions constituent une solide protection contre l'inflation est un mythe.

Combien me faut-il pour commencer à investir en Bourse?

Si vous traitez en direct des titres avec moins de 5.000 dollars, les commissions du courtier seront relativement élevées. D'autre part, votre investissement sera peu diversifié car vous ne pourrez pas acheter beaucoup de titres. Vous serez donc mieux lotis avec des SICAV.

De quelles informations ai-je besoin pour être efficace en Bourse?

En premier lieu, vous aurez besoin d'un bon quotidien. Les rubriques financières du New York Times (d'où je tire un grand nombre d'informations), du Wall Street Journal et d'lnvestor's Daily constituent de très bonnes sources. Dans la mesure où la plupart des autres quotidiens américains n'ont pas de véritables pages financières, l'un de ces trois quotidiens est nécessaire.

Pour accéder à des données un peu plus générales, vous choisirez Barron's.

Si vous cherchez des conseils en investissement plus spécifiques, il y a une myriade de sources. Je ne vous recommanderai donc pas une publication en particulier. Vous pouvez consulter de temps en temps les publications de Standard and Poor's, de Moody's ou de Value Line. Il y aussi les lettres de marché, dont la mienne le Zweig Forecast. Vous pouvez également lire quelques analyses provenant des sociétés de courtage, mais à vos risques et périls car ces publications peuvent être aussi bien intéressantes que médiocres. Pour ma part, j'essaie de limiter mes lectures, sinon je suis vite dépassé. Cependant, je consacre beaucoup de temps aux statistiques et à d'autres informations émanant du gouvernement ou d'autres sources dont l'investisseur moyen n'a pas besoin.

Comment faire pour constituer un portefeuille de 20.000 dollars?

En premier lieu, il faut diversifier votre investissement. Lorsque je dis diversifier, je n'entends pas seulement investir sur plusieurs titres mais également dans différents secteurs. Le vieil adage selon lequel il ne faut pas mettre tous ses oeufs dans le même panier s'applique aussi à la Bourse. Sinon, c'est trop risqué. La pire chose est de gagner une bataille mais de perdre la guerre. La bataille étant la tendance à court terme.

Imaginez que vous soyez haussier: le marché monte effectivement - mais vous avez placé tout votre argent sur un seul titre, qui baisse. C'est exactement ce que vous voulez éviter en vous diversifiant. Cependant, il ne faut pas non plus tenter d'acheter trop de titres. L'investisseur moyen devrait se cantonner à cinq/huit titres. Avec un portefeuille de cinq actions, vous aurez des lignes d'environ 4.000 dollars par titre.

Vos indicateurs sont-ils adaptés aux SICAV?

Bien entendu. Vous pouvez utiliser le modèle présenté au chapitre 6, et investir en SICAV actions sur les signaux d'achats et vous rabattre sur les SICAV monétaires lors de l'apparition de signaux de ventes. Vous pouvez également être investis à 100% lorsque le modèle est très bon, disons à huit points ou au-dessus. Vous pouvez n'être investis qu'à 50% lorsque le modèle est neutre, et être totalement en SICAV monétaires lorsque le modèle est, disons, à deux points ou en-dessous. Vous pouvez aussi vous servir du modèle présenté au chapitre 5, le modèle des 4%, qui suit les mouvements du marché, ou vous appuyer sur le modèle monétaire abordé au chapitre 4.

Quel est le rendement raisonnable que l'on est en droit d'attendre d'un investissement en actions?

Des études, sur les six dernières années ont révélé que vous pouviez gagner de 9 à 10% par an, en réinvestissant vos dividendes. Environ la moitié du rendement provient des dividendes; le reste, de l'appréciation du capital. Cela sans tenir compte de l'inflation. Si vous déduisez environ 3% d'inflation, le rendement réel ressort à 6 ou 7%. Bien entendu, ces calculs couvrent également des périodes où les rendements sont négatifs.

Si vous jouez en Bourse, vous êtes à la merci du mouvement général du marché. Vous n'allez pas gagner 20 ou 30% si le marché est plat ou en baisse.

Je préfère me limiter aux valeurs de premier rang, les « blue chips ». Est-ce possible?

Le problème: les valeurs de premier rang, les « blue chips », sont souvent des sociétés proches de leur optimum, n'ayant pas nécessairement de grosses perspectives de croissance. Elles se vendent parfois avec une prime liée au faible risque, ce qui fait baisser le rendement à long terme. De plus, une société considérée comme une valeur de premier rang aujourd'hui ne l'était peut-être pas hier. Il n'y a pas si longtemps U.S. Steel était une des plus grosses valeurs. Mais sur la dernière décennie, elle est plutôt devenue une société de second rang, qui, c'est là l'ironie du sort, paraît un meilleur investissement parce qu'elle est délaissée et vraisemblablement sous-évaluée.

C'est assez rare pour les valeurs de premier rang, mais elles aussi peuvent faire faillite. Je me souviens du cas d'une famille de la Nouvelle Angleterre du XIXème siècle. Lorsque l'un des membres fortunés de cette famille mourut, il légua sa fortune à un fonds, qui plaça l'argent sur la première des valeurs de premier rang, New Haven Railroad. C'était l'équivalent d'IBM aujourd'hui. Au fil des années, les chemins de fer fléchissaient. Les héritiers tentèrent de liquider le fonds mais n'y parvinrent pas. Finalement, la société fit faillite et la famille perdit toute sa fortune.

En général, les valeurs de premier rang offrent, en dépit du contre- exemple précédent, davantage de sécurité. Mais elles s'accompagnent de rendements plus bas que les autres titres. D'habitude le rendement est proportionnel au risque.

Faut-il acheter un titre car il sert de bons dividendes?

Je n'achèterai pas un titre simplement parce qu'il paye de bons dividendes. Mais si d'autres éléments sont également favorables, un rendement élevé est un point positif. Il faut se méfier des actions avec des dividendes exceptionnellement élevés. Peut-être que la société a des problèmes. Mieux vaut les éviter et acheter des valeurs de premier rang avec des dividendes corrects, mais moins élevés.

Si vous aviez acheté huit ou dix titres du Dow Jones avec les plus gros dividendes, en ajustant votre portefeuille chaque année afin d'être toujours plaçés sur les titres versant les plus gros dividendes, que se soit sur les 20, 30 ou 40 demières années, vous auriez fait mieux que le DJ sur la période considérée. En d'autres termes, l'appréciation du titre et le dividende auraient été plus élevés que sur les titres à plus faibles rendements. Pourtant, les titres à faible rendement, qui versent peu de dividendes ou pas du tout, ont d'habitude des PER élevés et sont donc perçus comme des titres de croissance.

Sur le long terme, les compagnies un peu laborieuses avec de gros dividendes et de faibles PER ont tendance à faire mieux que les titres de croissance. Il n'y a donc pas d'objections à acheter des actions avec de gros dividendes. Je voulais juste vous mettre en garde, dans la mesure où une petite partie des sociétés qui ont les plus gros dividendes peuvent vous faire prendre des risques.

Faut-il rechercher les nouvelles émissions?

Il y a de bonnes et de mauvaises introductions en Bourse. Cela a tendance à suivre des cycles. Lorsque le marché est spéculatif, des émissions intéressantes arrivent sur le marché. Il s'agit de titres offrant une grosse prime sur le prix d'émission. Imaginons une introduction à 20 dollars. Si vous parvenez à être servis à ce prix, le titre peut débuter à 25 ou 30. Cependant, pendant ces périodes propices des sociétés de moins bonne qualité se ruent sur le marché. Si vous êtes en période de spéculation effrénée, comme en 1961 en 1968 ou en 1983, vous pourrez vraiment avoir dans le lot des introductions de sociétés qui ne méritent pas le détour. Quelqu'un devra bien garder ce papier sur les bras...

Si vous achetez des émissions nouvelles, sélectionnez les meilleures. Les statistiques tendent à prouver que les nouvelles émissions font mieux que le marché durant les trois ou six premiers mois après l'introduction. Si vous aviez acheté à la fin 1968, cela aurait été un désastre l'année suivante. Tout comme en 1983. Si vous aviez acheté durant la vague de folie sur les nouvelles émissions à la fin 1983, vous l'auriez regretté au début 1984. En fait, les émissions nouvelles sont parfaites, à condition que vous sachiez où vous vous aventurez.

J'éviterai les émissions nouvelles à PER très élevés. Il faut éviter les sociétés dont la qualité est discutable. Je ne m'aventurerai pas dans les sociétés qui viennent de se monter. J'éviterai aussi les sociétés dont les propriétaires vendent une grande partie du capital. C'est parfait si la société cherche des fonds, mais ce n'est pas très bon si les propriétaires désirent réaliser une partie de leur patrimoine. Un faible flottant est très bien. Mais plus la société vend de titres, plus vous devrez être prudents.

Il y a-t-il une technique pour identifier les situations spéciales, comme les OPA?

On a gagné beaucoup d'argent sur les situations spéciales. Selon moi, les Offres Publiques d'Achat sont l'affaire de professionnels, qui se spécialisent dans ce domaine et y consacrent beaucoup de temps.

En gros, pour dénicher les cibles potentielles d'OPA, il faut cherchez les sociétés dont la valeur des actifs dépasse la capitalisation boursière. Une société peut, par exemple, avoir des terrains à Dallas, qu'elle a acheté il y a 50 ans pour un million de dollars et valant 100 millions aujourd'hui. Ce n'est pas pour autant que cela apparaîtra dans sa comptabilité. Il vous faudra donc dénicher une astuce pour trouver cette information.

Si vous avez envie d'éplucher les rapports annuels et toutes sortes d'autres documents, vous parviendrez peut-être à repérer des cibles d'OPA. Mais cela ne signifie pas pour autant qu'elle feront l'objet d'une OPA.

Vaut-il mieux acheter des titres à cours unitaires faibles plutôt qu'élevés?

Le public est souvent tenté par les titres peu chers, disons ceux à moins de 10 dollars. Les gens pensent souvent qu'en achetant une action à cinq dollars, il leur suffit de mettre 500 dollars pour avoir un chiffre rond. Et qu'il sera plus facile à un titre à cinq dollars de progresser à 10 ou 20 que pour une action de 50 dollars de monter à 100 ou 200. En fait, cela est vérifié sur les marchés haussiers. Cependant si le marché est en baisse, c'est exactement le contraire. Au plus haut d'un marché haussier, il y a beaucoup de titres se vendant à 15 ou 20 dollars et venant de cinq dollars. Ces actions vont plonger. Vous avez donc beaucoup plus de risques de pertes avec des titres peu chers. De plus, vous achetez un titre de moins bonne qualité.

Une action se vend quelques dollars pour une raison simple: c'est un mauvais titre. Il y a des exceptions. En 1974, après que le marché eût baissé pendant des années, de nombreuses actions se traitaient à cinq dollars, alors qu'elles en valaient 30 ou 40 quelques années auparavant. Sur le long terme, je pense que vous gagnerez plus d'argent avec des titres de qualité, ayant de véritables revenus et des actifs réels derrière eux.

Toujours dans le même registre, il y a pire que les titres à cinq dollars. Ce sont les titres à un « penny stocks », qui se traitent en-dessous d'un dollar. Vous les trouvez sur les marchés régionaux comme à Salt Lake City ou à Denver. La plupart sont des mines... souvent sans revenus miniers. A Salt Lake City et à Denver se traitent des titres de haute technologie à quelques « pennies » qui, la plupart du temps, n'ont même pas de production. Il faut être très prudent. Mais en période de spéculation effrénée, un titre valant 10 cents peut monter à cinq dollars. Les gens croient souvent qu'ils vont faire des miracles, mais la plupart du temps ils se brûlent les doigts. En règle générale, je vous conseille de ne pas toucher aux titres « penny stocks », surtout pour votre plan d'épargne retraite.

Devrais-je acheter des titres sur La Bourse américaine, l'AMEX ou sur le hors-cote, l'OTC?

Il n'y a pas de problème majeur sur l'AMEX ou sur l'OTC, si ce n'est pour placer vos ordres. Vous obtenez de meilleures conditions sur le NYSE (Bourse de New York). Quant aux titres, ils ont tendance à être plus spéculatifs sur l'AMEX ou sur l'OTC, car les sociétés sont plus petites que sur le NYSE.

Toute la question est de savoir si vous souhaitez acheter des titres de second rang ou des grosses valeurs de la cote. J'ai tendance à me placer significativement sur les valeurs de second rang, quand le marché est très très porteur, que le super modèle est très positif et donc que la Fed allège les conditions du crédit (plus particulièrement si l'on sort d'une récession). Si la conjoncture est moins favorable et si les modèles ne sont pas tous positifs, j'ai tendance à investir sur les valeurs plus sûres. Et, si les modèles sont négatifs, vous n'investirez pas du tout sur ces valeurs.

Vour parlez la plupart du temps des actions. Et les obligations? Devrais-je en acheter? Comment les sélectionner?

Lorsque le marché obligataire est en hausse, c'est généralement un bon signe pour les actions. Mais les actions ont même tendance à faire mieux que les obligations. Bien que les actions perdent plus de terrain que les obligations dans les marchés baissiers, elles ont de meilleures performances que les obligations sur le long terme. En tout cas, c'est le cas depuis 50 à 60 ans. Par contre, les actions sont plus volatiles et risquées que les obligations.

Même si j'étais un investisseur à long terme sur un plan d'épargne retraite par exemple, sur 10, 20 ou 30 ans, je préférerais les actions aux obligations. De nombreux courtiers vous conseilleront les obligations à coupon zéro, qui ont des maturités de 20 ou 30 ans et servent des intérêts de l'ordre de 6,5 à 7%. Même si cela paraît tentant pour un plan d'épargne retraite, j'ai le sentiment que si vous avez autant de temps devant vous, il vaut mieux se placer en actions, même s'il y aura des périodes de baisse pendant un an ou deux. Je pense que des actions vous rapporteront davantage à la fin de votre plan.

Faut-il se procurer le dernier rapport annuel avant d'investir dans une société?

Je ne me sers pas beaucoup des rapports annuels. Si vous voulez vraiment acheter des sociétés en fonction de leur valeur, il faut consulter le rapport annuel. Bien entendu, il vous faudra également des statistiques sur la société, comme en fournissent Standard and Poor's, Moody's ou Value Line, où vous trouverez des éléments comptables et des données historiques sur les finances de la compagnie. Si cela vous dit, vous pourrez tout éplucher. Vous pouvez passer un temps fou à analyser un seul titre. Mais, comme vous le savez, j'ai une approche différente.

Le marché peut-il être un indicateur de l'activité économique à venir?

Oui, effectivement. La Bourse fait partie d'une batterie de 12 indicateurs avancés publiés par le gouvernement - et c'est le meilleur indicateur pour anticiper l'activité économique. Ironie du sort, vous entendrez souvent des prévisions de marché assises sur ce que va faire l'économie. Or le marché est un mécanisme d'anticipation. Il prend en compte, à un moment donné, ce que va faire l'économie et non le contraire. La Bourse a tendance à toucher son plus haut bien avant que l'économie ne fonctionne à plein, de même pour les plus bas. En général, le marché accuse son plus bas six mois avant l'économie. Le meilleur moment pour acheter des actions, c'est pendant une récession. Lorsque la reprise économique a été largement identifiée, cela ne sert plus à grand chose de savoir ce que l'économie va faire. Dans l'autre sens, si vous voulez avoir une idée de la conjoncture à venir, observez le marché.

Dans quelle mesure le Dow Jones des Valeurs Industrielles reflète-t-il le marché?

Le Dow Jones des Valeurs Industrielles n'est pas très représentatif: il ne comprend que 30 valeurs de premier rang. Il y a des périodes, comme en 1972, où le Dow Jones gagnait 10% alors que la moyenne des titres baissait d'autant. À d'autres moments, comme en 1977, la moyenne progressait légèrement, mais le Dow Jones perdait 15%. Il peut donc arriver que les rendements des valeurs de premier rang diffèrent sensiblement de ceux des plus petites sociétés.

Des décisions arbitraires peuvent aussi substantiellement affecter le Dow Jones. Par exemple, IBM fut retiré du Dow Jones dans les années 30 pour y être réintégrée à la fin des années 70. La société a affiché une croissance extraordinaire durant les années 40, 50 et 60. Si IBM n'avait pas été retirée, le Dow aurait peut-être atteint 1.700 ou 1.800 dans les années 70, alors qu'en fait il n'affichait que 1.000. Durant toute cette période, ATT (une société de services plutôt qu'une affaire industrielle) était incluse dans le Dow Jones.

Si le Dow Jones n'est pas très représentatif de la cote, il n'en demeure pas moins que s'il monte en flèche ou s'il plonge, le reste du marché ne tardera pas à suivre.

Certaines publicités émanant des courtiers affirment que les rendements sur Ginnie Mae sont garantis par le gouvernement. Y a-t-il un piège?

Les rendements sont bien garantis. Les titres de Ginnie Mae correspondent à un pool de titres hypothécaires garantis par le gouvernement, mais qui peuvent être très volatils. Les échéances vont de 10 à 20 ans. Plus la maturité est éloignée, plus les titres sont sensibles aux mouvements sur les taux d'intérêts. Par exemple, une variation d'un point sur les taux, peut entraîner un mouvement de 7% sur votre portefeuille. En d'autres termes, si les taux passent de 6,5% à 7,5%, le portefeuille peut perdre 7%. Voila ce que l'on ne vous dit pas.

Comment choisir son intermédiaire?

Si vous êtes quelqu'un de très indépendant - c'est-à-dire si vous avez vos propres idées sur les titres que vous voulez acheter et sur les mouvements du marché - allez chez un courtier faisant des prix « discount » et gagnez 50%, si ce n'est plus, sur les commissions. De tels courtiers ne vous offriront guère de conseils, mais passeront vos ordres et vous donneront les cours. Ils ne vous appelleront pas. Il faut que vous les appeliez. Cette situation sera très satisfaisante si c'est cela que vous rechercher. Par contre, si vous recherchez davantage de services, il faudra choisir un autre courtier. Mais quels sont ces services? En premier lieu, il vous tiendront la main, ils vous rassureront. Certaines personnes en ont besoin. Ils peuvent aussi vous donner des conseils.

Il existe par exemple des produits financiers avec une fiscalité avantageuse, certaines obligations municipales, certaines options, que vous ne trouverez pas chez un « discounter ». Mais il vous faudra précisément payer pour ces services. Si vous êtes un gros client, il est possible que l'on vous conseille des émissions nouvelles particulièrement intéressantes.

Recommandez-vous au petit porteur d'investir à la marge?

En premier lieu, laissez-moi vous expliquer ce que signifie investir à la marge. La marge est la différence entre vos actifs en compte et la valeur des titres sur le marché. Par exemple, si vous avez 25.000 dollars, vous pouvez les mettre sur un compte à la marge, afin de pouvoir emprunter encore autant. C'est-à-dire que vous pouvez disposer de 50.000 dollars. Mais il vous faudra payer un intérêt sur ce que vous avez emprunté, au-delà de vos 25.000 dollars possédés. Le taux est toujours au-dessus du taux de base bancaire.

Les courtiers empruntent un peu au-dessous du taux de base auprès des banques en déposant vos titres en garantie. Le prêt est très intéressant pour les banques à cause des garanties de titres. Les courtiers vont ajouter quelques points sur le taux qu'ils vous consentent. Si vous êtes un client ordinaire, ils ajouteront deux ou trois points. Si vous êtes un bon client, la fourchette sera plus faible. Dans tous les cas, le taux que vous payez est élevé et débité sur votre compte. C'est une bonne affaire pour les courtiers. En fait, certaines maisons font plus d'argent sur les marges que sur les commissions. C'est la raison pour laquelle les courtiers adorent les prêts à la marge, mais ce n'est peut-être pas si bon pour vos finances!

Si vous avez 25.000 dollars, vous ne devriez pas acheter davantage. L'investisseur moyen se dit qu'il peut acheter pour 50.000 dollars avec les prêts à la marge. Si le marché baisse quelques jours, il a peur d'être ruiné et vend. Mais lorsqu'il était sur le marché, il payait des intérêts substantiels.

De plus, si vous utilisez les transactions à la marge, vous avez tendance à acheter trop de titres. Prenons un exemple. En 1966, lorsque je gérais mon propre portefeuille, j'avais décidé, au terme de recherches approfondies, d'investir dans Sperry Rand. Je pensais que le titre était relativement peu cher et devait bien se comporter. Croyant faire davantage d'argent en achetant plus de titres, j'ai pris un compte à la marge. Je disposais de 20.000 dollars. J'en ai emprunté autant et j'ai acheté 2.000 titres à 20 dollars pièce. J'avais bien choisi le titre, mais comme presque tout mes fonds étaient sur un titre, je n'avais plus de capacité d'attente. Peu de temps après, je vendais mes actions, sans bénéfice. Par la suite, Sperry s'est mis à décoller comme je l'anticipais. Il est monté jusqu'à près de 70 dollars deux ans plus tard. Si j'avais conservé les titres, j'aurais gagné 50 points et engrangé 100.000 dollars avec seulement 20.000 dollars. Mais c'est un rêve.

En premier lieu, je n'aurais certainement pas vendu au plus haut. Deuxièmement, j'avais une trop grosse position sur ce titre. Il aurait mieux valu acheter tout au plus 500 actions. Avec plus de capacité d'attente, j'aurais gagné une partie des 50 points de hausse. Je repense toujours à Sperry quand j'évoque les transactions à la marge. Je ne me sens pas très à l'aise avec cette technique.

CHAPITRE SEIZE

Quelques mots de conclusion pour l'investisseur intelligent.

« Les gens n'ont pas l'air de bien saisir le B-A-BA des transactions boursières. J'ai souvent dit qu'acheter dans un marché en hausse est la meilleure manière d'acheter ... Souvenez-vous qu'une action n'est jamais trop chère pour être achetée ou trop bon marché pour être vendue. Mais, après la première transaction, n'engagez pas la seconde tant que la première ne vous a pas rapporté un bénéfice » .

Ces mots plein de sagesse, avec lesquels je suis totalement d'accord, sont de Jesse Livermore, l'un de mes modèles. Il fut un grand spéculateur dans le premier tiers de ce siècle, et fut immortalisé dans un livre d'Edwin Lefevre, intitulé « Mémoires d'un spéculateur » publié en 1923, puis réédité près de 40 ans plus tard. Je vous recommande fortement ce livre.
Les remarques de Livermore sont toujours d'actualité. Voilà ce qu'il dit sur les mouvements du marché et les cours.

« Vous ne deviendrez jamais pauvre en prenant vos bénéfices. Effectivement. Mais vous ne deviendrez pas riche non plus en prenant quatre points de bénéfice sur un marché en forte hausse » .

En d'autres termes, comme je l'ai souligné tout au long de ce livre, il faut laisser vos profits s'accumuler et limiter vos pertes. Trop de gens prennent leurs bénéfices trop tôt. Dans un marché en forte hausse, ils se retrouvent avec des profits minimes. Tout cela pour voir les actions qu'ils ont vendues continuer à progresser.

Afin d'éviter ces erreurs, reportez-vous à mes modèles - le modèle monétaire, le modèle des 4% et le super modèle. Ils vous permettront d'identifier les mouvements de hausse et de baisse. Bien entendu, vous devrez réaliser la plus grosse partie de vos achats lorsque les modèles, plus particulièrement le super modèle, deviennent haussiers.

Acheter sur un mouvement de baisse peut vous attirer beaucoup d'ennuis. Bien sûr, il y a baisse et baisse. Si le marché est très haussier, qu'il se replie pendant une demi-heure et que votre titre cède 1/8 de dollar, rien ne vous empêche d'acheter à ce moment-là. Mais, si la Bourse est mal orientée pendant plusieurs séances et que votre titre perd 4 ou 5 dollars, acheter peut vous attirer des ennuis.

Quelle que soit la conjoncture, il faut réaménager votre portefeuille régulièrement, même si le marché est haussier. Par exemple, si une société dont vous détenez des titres annonce de mauvais résultats, ou si trop d'initiés commencent à vendre, ou que le titre grimpe à un PER incroyable, vous devrez vendre ce titre et le remplacer par un autre.

Que se passe-t-il lorsque les modèles sont relativement neutres, ou faiblement haussiers? Dans ces cas-là, il peut être préférable de n'être investi que partiellement. Le risque, bien que n'étant pas exceptionnellement élevé - ce qui serait le cas si vos modèles étaient complètement baissiers - est suffisant pour éveiller votre prudence et éviter les titres spéculatifs. Dans de telles conditions, je préfère les titres les plus défensifs. A l'inverse, je me porte sur les titres plus agressifs, lorsque les modèles passent de baissiers à haussiers, comme cela a été le cas mi 1982, à l'automne 1984 et début 1991.

Midlantic par exemple est un titre défensif, car le dividende est très stable, mais le PER est assez bas. Les titres plus agressifs sont d'habitude des titres de croissance, dont les revenus ont fortement progressé récemment mais dont les PER sont également élevés. Emulex constitue un bon exemple en 1982. J'aime bien ces titres agressifs lorsque tous les indicateurs sont positifs. Dans les périodes d'hésitations sur les marchés haussiers, ce type de titres a tendance à faire mieux que le reste de la cote. Mais lorsque les indicateurs ne sont pas totalement haussiers, je préfère me rabattre sur des titres plus défensifs et sûrs, avec des PER plus faibles et un dividende stable, même si cela implique un rendement inférieur.

Je suis prêt à être un peu plus agressif lorsque l'ensemble des conditions favorables sont vérifiées. Mais si les indicateurs ne vont pas tous dans le même sens, je peux très bien m'alléger et rester un peu liquide. Si les indicateurs sont très négatifs, je vends la quasi-totalité de mes titres et reste liquide. J'ai appris à ne pas chercher une aiguille dans une botte de foin. Si je garde quelques titres dans de telles circonstances, disons 10% ou 20% de mon portefeuille, je préfère rester sur des titres défensifs.

L'investisseur moyen achète lorsque le marché est en baisse et vend au début de la reprise. C'est ce qui est arrivé en 1973-74, lorsque le Dow Jones a perdu près de 500 points. Les données, recueillies par Bob Farrell chez Merrill Lynch montrent que les achats ont débuté en février 1973, près de deux ans avant que le marché ne touche son plus bas. Il est vrai qu'en décembre 1974, lorsque le marché était au plus bas, les gens achetaient massivement. Il semblait alors que la masse avait raison. Mais en fait cela n'était que l'effet cumulé d'achats qui avaient persisté pendant près de deux ans, et bien des gens y ont laissé des plumes.

Enfin, lorsque vous achetez, il faut diversifier votre portefeuille. Jusqu'à quel point? Cela dépend de la taille de votre portefeuille. L'inconvénient de la diversification, est que si vous avez un petit portefeuille, vos coûts de transactions seront élevés. Voici donc quelques conseils. Si vous disposez de moins de 5.000 dollars, il vaut mieux se placer en SICAV, qui peuvent apporter une diversification, de préférence aux actions.

Si vous avez entre 5.000 et 20.000 dollars, je vous conseille d'acheter 4 ou 5 actions. Si vous avez 50.000 dollars, achetez en 8 ou 9. Avec 100.000 dollars, vous pouvez ouvrir 10 à 12 positions. Pour 250.000 dollars, un portefeuille d'une vingtaine de titres serait plus approprié.

Des études universitaires ont montré que si vous vous diversifiez sur différents secteurs, vous obtiendrez sept-huitième des mérites maximum pouvant être tirés d'une diversification en disposant simplement de 8 titres. Il est essentiel de ne pas mettre tous vos oeufs dans le même panier. Si vous n'achetez qu'un, deux ou trois titres, vous pourrez gagner la bataille en achetant lorsque le marché monte. Mais vous perdrez la guerre si vos titres font moins bien que le marché, voire perdent du terrain, alors que la Bourse monte. Si vous êtes suffisamment diversifié, vous êtes assuré de faire de bonnes performances tant que le marché se comporte bien. De plus, si un ou deux titres baissent, cela ne vous fera pas grand mal si vous êtes diversifié. Mais si vous n'avez qu'un titre, attention aux dégâts.

Un dernier mot sur ma technique de sélection des titres. Il faut faire quelques recherches pour dégager des revenus au dessus de la moyenne. Cependant, si vous voulez réduire votre temps de travail, vous pouvez limiter vos recherches en fonction de vos préférences.

Par exemple, vous pouvez ne lire que les résultats des sociétés sur le NYSE si vous vous consacrez aux sociétés plutôt défensives. Mais, si vous voulez être plus agressif et souhaitez jouer sur un marché où il y a moins de concurrence, vous pouvez ne suivre que les sociétés du hors-cote. Un autre critère de sélection: choisir les titres ayant un chiffre d'affaires trimestriel supérieur à 100 millions de dollars. De cette façon vous ne suivrez que les grosses sociétés. A l'inverse, si vous recherchez davantage de risque, vous pouvez vous tourner vers les plus petites sociétés, avec des ventes trimestrielles de 10 millions.

De toute évidence, il y a de nombreuses manières de limiter votre choix pour réduire le nombre de titres que vous aurez à suivre. Pour ma part, j'aime suivre toute la cote. Il m'est arrivé de trouver des titres à mon goût avec de faibles capitalisations, comme CACI ou Emulex, que j'ai déjà eu l'occasion d'aborder, ainsi que des valeurs de premier rang comme IBM et American Téléphone, que j'ai recommandées à diverses reprises ces dernières années.

Quels que soient les titres que vous achetez, cela ne vaut pas la peine d'aller à l'encontre de vos préférences ou d'acheter trop de titres. Si vous accusez une faible perte, vous pourrez toujours vous refaire. Si vous perdez beaucoup, laissez tomber. Par exemple, si vous perdez 10% sur un titre, il vous faut un gain de 11% pour effacer la perte. Avec une perte de 20%, il vous faudra une hausse de 25%. Mais s'il vous arrivait de perdre 90%, disons en conservant un titre acheté 100 alors qu'il se traite 10, il vous faudrait une multiplication par dix du cours pour retrouver votre mise, ce qui est plutôt rare.

Plus réjouissant, je voudrais insister sur le fait que si vous vous êtes assuré un bon bénéfice en le laissant s'accumuler sur un marché en hausse, laissez faire. Vous pouvez également vouloir acheter davantage. Mais ne vendez pas trop tôt. Par exemple, sur le mouvement de hausse qui a débuté en novembre 1990, imaginez que vous ayez vendu en décembre ou janvier 1991. Vous auriez peut-être réalisé un gain de 15 ou 20% sur certaines de vos positions, mais vous auriez laissé passer une occasion de doubler votre mise initiale en conservant les titres trois, six ou douze mois.

Pour me résumer, je vous livre quelques idées claires et simples. Achetez sur un marché sur force, vendez sur faiblesse et suivez de près les mouvements du marché. Comme pour toutes les règles, il y a des exceptions, mais, je vous en supplie, mettez en pratique ces principes. Un trader aussi rusé que Jesse Livermore s'est rendu compte qu'il se faisait coincer lorsqu'il n'appliquait pas ses propres principes. Il a été ruiné deux ou trois fois après avoir fait des millions de dollars. Je ne peux pas vous garantir des millions de profits en Bourse, mais si vous suivez les conseils évoqués dans ce livre, je pense que vous accumulerez les bonnes performances, prendrez du plaisir et n'aurez pas trop de problèmes pour trouver le sommeil la nuit.

NOTRE COLLECTION DE LIVRES D'INVESTISSEMENT

Secrets pour gagner en Bourse
Stan Weinstein

L'investisseur intelligent
Benjamin Graham

Découverte de l'analyse technique
Antoine Dublanc

Les nouveaux maîtres de l'argent
John Train

Le guide des indicateurs de marché
Antoine Dublanc & Florent Barrioz

Les secrets des grands traders
Jack Schwager

Le momentum
Martin Pring

Les chandeliers japonais
Steve Nison

L'alchimie de la finance
George Soros

Et si vous en saviez assez pour gagner en Bourse
Peter Lynch

Acheter en Bourse au bon moment
Martin Zweig

L'investisseur visuel
John Murphy

Le portefeuille de Warren Buffett
Robert Hagstrom

Actions ordinaires et profits extraordinaires
Philip Fisher

NOS SITES INTERNET

www.valor-editions.com

www.metastock.fr

www.supergraphe.com

Couverture - Création par Idée Attitudes
www.id-attitudes.com
et Impression par
Gráficas Santamaría, S.A.
Bekolarra, 4
01010 Vitoria-Gasteiz
España

Dépôt légal: 2ème trimestre 2000